불확실성 시대 신재테크

부동산·주식·해외투자… 혼돈의 시장에서 돈 버는 비법

불확실성 시대 신재테크

매일경제 서울머니쇼 취재팀 지음

매일경제신문사

서문

아시아 최대 재테크 박람회인 '2019 서울머니쇼'가 5월 16일부터 사흘간 서울 삼성동 코엑스에서 열렸다. 제10회 행사에 걸맞게 지금까지 머니쇼 가운데 가장 많은 120여 곳의 금융회사들이 참여했다. 재테크 세미나 역시 역대 최대인 33개를 준비함으로써 재테크에 관심이 많은 4만여 명이 현장을 찾았다.

특히 한국을 대표하는 핀테크 '빅Big 3'로 꼽히는 카카오뱅크, 케이뱅크, 비바리퍼블리카(토스)가 모두 부스를 낸 금융 4차 산업혁명관은 참관객들의 뜨거운 관심을 모았다. 관람객들은 핀테크 기업 부스에서 소개하는 서비스가 무엇인지보다는 어떻게 활용해야 돈을 불리거나 비용을 아낄 수 있는지를 더 궁금해했다. 인터넷 전문은행이나 간편송금 서비스를 잘 알고 일상적으로 쓰고 있는 '똑똑한 소비자'들도 의외로 많았기 때문이다.

머니쇼를 찾는 많은 참관객들은 국내 재테크 환경이 불안정하다고 입을 모았다. 유례없는 서울 아파트 가격 고공 행진과 2018년 4월 전격 개최된 남북정상회담 영향으로 코스피가 2,500선을 돌파하며 투자에 대한 열기가 뜨거웠던 1년 전과 비교하면 시장 상황이 180도 바뀌어서다. 2019년 1분기 우리나라의 실질 GDP 증가율은 2008년 글로벌 금융위기 이후 가장 낮은 전 분기 대비 마이너스 0.3%를 기록했다. 실업률 역시 글로벌 금융위기 후폭풍이 남아 있던 2010년 이후 가장 높은 4.5%까지 치솟으며 고용지표가 악화됐고 자동차처럼 수출역군 역할을 하던 주력 산업 분야는 역성장의 늪에 빠졌다. 2018년 호황을 누린 주식과 부동산 시장도 거시경제 침체로 맥을 못 췄다. 코스피는 상장사 순익 급락 등의 온갖 악재에 2,000선을 턱걸이 하는 수준으로 고꾸라졌고 부동산 역시 정부의 9·13 대책 여파에 반년 넘게 거래가 부진한 상태다. 국내외 경제를 둘러싼 저성장에 대한 우려, 과거와는 달라진 재테크 환경에서 투자자들이 제대로 된 전략을 세우는 것은 그 어느 때보다 어려울 수밖에 없다.

하지만 역설적으로 시장이 좋지 않기 때문에 국민들은 정확한 재테크

정보에 더 목말라 했다. 특히 2019 머니쇼에 준비된 11개의 부동산 관련 모든 세미나는 자리가 부족해 서서 듣는 관람객이 넘쳐날 정도로 엄청난 인기였다. 국내와 달리 호황인 미국 시장을 겨냥해 애플 회사채 같은 대체투자 아이템을 소개한 세미나에도 발 디딜 틈이 없을 만큼 사람들이 모였다.

2019 서울머니쇼는 국민을 부자로 만들고 나라를 부강하게 만들자는 매일경제의 핵심 사명에 맞춰 국민 누구나 부자가 될 수 있는 재테크 전략을 제시하는 것을 목표로 삼았다. 특히 10주년을 맞아 10년간의 국내외 재테크 시장을 돌아보고 향후 10년을 좌우할 투자 해법을 제시했다는 평가다. 50~60대와 고액 자산가, 20~30대 사회초년생과 40대 직장인, 주부·대학생·취업준비생 등 모든 세대가 자신에게 가장 잘 맞는 재테크 전략을 찾을 수 있는 상담 기회와 세미나를 준비해 명실상부한 '전 국민의 재테크 행사'로 자리매김했다. 핀테크의 핵심 아이콘으로 급부상한 QR코드와 가상화폐를 결합한 '서울머니SM' 이벤트도 큰 사랑을 받았다.

《불확실성 시대 신재테크》는 2019년 서울머니쇼에서 부동산, 증권, 생애설계, 절세, 대체투자 등 각 재테크 분야를 대표하는 최고의 투자 전문가 54명이 현장에서 공개한 분야별 재테크 노하우의 정수를 담았다.

머니쇼 세미나에서 청중들과 만난 전문가들은 "계속되는 미·중 무역 분쟁과 저조한 글로벌 경제 성장, 정부의 규제 영향으로 올해 재테크 시장은 쉽게 예측하기 힘든 것이 사실"이라면서도 "오히려 이럴 때일수록 위기를 기회로 만드는 새로운 투자 전략이 필요하다"고 강조했다. 예상과 반대로 하락 추세로 전환한 시중 금리를 인정하고 저금리를 벗어나지 못하는 전통적인 투자상품에서 눈을 돌려 달러 자산이나 해외 주식, 부동산 틈새 상품에 주목하는 발상의 전환이 절실하다는 것이다. 여기에 맞춰《불확실성 시대 신재테크》에는 투자자들이 바로 활용할 수 있는 실전 투자 비법을 최대한 담기 위해 노력했다.

아무쪼록 이 책이 불확실한 재테크 환경에서도 국민들의 성공적인 투자를 돕는 지침서가 되기를 기대한다.

김대영 매일경제 금융·부장

차례

Part 2. 주식시장

Part 3. 해외 투자

Part 4. 신재테크

Part 5. 20~60대 인생설계부터 절세까지

Part 6. 창업, 취업 뽀개기

Part 1

부동산 투자 전략

위기를 기회로 바꾸는
2019~2020 부동산 재테크 전략

이남수, 안명숙, 함영진

올랐다 섰다를 반복하며 상승 릴레이를 이어오던 서울 집값은 지난 2018년 정부가 발표한 9·13 부동산 규제 이후 백기 투항을 했다. 이후 6개월 가까이 하락세가 이어졌지만 최근 '바닥 다지기' 기미를 보이는 지역이 일부 나타나며 투자자들과 수요자들은 혼돈에 빠졌다.

9·13 대책 이후 큰 폭으로 떨어지던 서울 아파트 가격은 2019년 5월 현재 그 폭을 줄였지만 여전히 어려운 상태다. 그럼에도 신규 아파트 청약 시장은 여전히 뜨겁다. 소위 '로또 단지'라 불리는 신규 아파트 청약은 수십 대 1이 넘는 대박을 쳤다. 서울 청량리역 해링턴 플레이스, 경기도 하남시 힐스테이트 북위례는 1순위 최고 경쟁률이 100 대 1을 넘어 흥행을 예고했다. 반면 일부 서울 시내 분양 단지에선 미분양이 나오기도 하며 이번

을 연출했다. 서울 광진구 e편한세상 광진 그랜드파크는 미분양되며 서울 불패 공식을 깨뜨렸다.

이처럼 냉탕과 온탕을 오가는 부동산 시장 한가운데 서 있는 투자자들로서는 의문부호가 더 커질 수밖에 없는 것이다. 그렇다면 이런 시장 분위기 속에서 우리는 어떻게 대응해야 할까?

"올해 전국에서 40만 가구에 육박하는 새 아파트에 주민들이 입주한다. 새 아파트를 노리는 무주택자의 전략이 필요하다."

2019 서울머니쇼에서 열린 '매일경제 부동산부 차장의 족집게 교실- 위기를 기회로 바꾸는 2019~2020 부동산 재테크 전략' 세미나에 참여한 전문가들은 부동산 침체 가운데 청약을 통한 '로또 기회'가 열려 있다

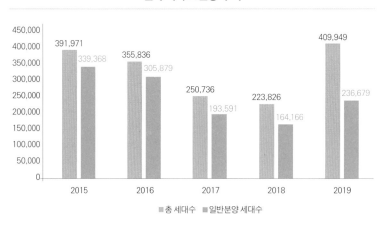

전국 아파트 분양 추이

자료: 직방

고 공통적으로 말했다.

무주택 실수요자는 신규 분양시장이 정답

함영진 직방 빅데이터랩장은 "정부는 3기 신도시 발표를 끝으로 당분간 규제 카드를 꺼내기 어려울 것"이라며 "무주택 실수요자 입장에서는 신규 분양시장이 답"이라고 강조했다.

함 랩장은 "2019년 하반기 서울 주택시장이 더 불안해지거나 고분양가 논란이 계속되지만 않는다면 정부는 추가 규제를 꺼내기 어려울 것"이라며 "입지 여건이 괜찮은 사업장 위주로 청약하되, 단기 차익보다는 장기 보유로 가는 전략이 필요하다"고 말했다.

함 랩장은 2019년 분양을 앞둔 단지 가운데 빅 3로 개포그랑자이, 청담삼익롯데캐슬, 과천지식정보타운을 꼽았다. 서울 강남구 개포동 개포주공4단지를 재건축한 개포그랑자이는 2019년 분양을 앞두고 있다. 그는 "개포그랑자이의 분양가는 $3.3m^2$당 4,000만 원 중·후반대로 예상된다"면서 "입주가 곧 시작되는 인근 단지 디에이치아너힐스의 시세가 $3.3m^2$당 6,000만 원을 넘어섰다는 점에서 여전히 매력적인 투자처"라고 설명했다.

자금력이 부족한 무주택자들은 수도권 공공택지지구를 노리는 게 좋다. 과천지식정보타운은 경기도 대규모 택지개발지구에 속해 분양가상한제 적용 주택이다. 함 랩장은 "올해 과천지식정보타운 공공주택지에서 새 아파트 분양이 시작된다"면서 "과천지식정보타운의 분양가는 $3.3m^2$당

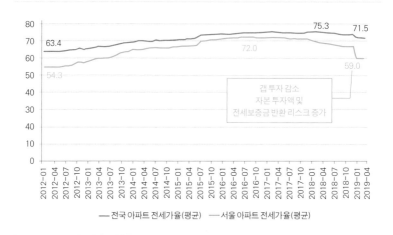

하락하는 전세가율, 갭 투자 수요 제한

자료: 한국감정원(2019년 1분기)

2,000만 원 초·중반대 예정이어서 공공택지와 민간 재건축 단지의 분양
가 격차가 1,000만 원 가까이 벌어질 것으로 보인다"고 말했다.

함 랩장은 최근 주택시장이 조정기 국면을 거치고 있는 게 당연한 것이
라고 했다. 그는 당분간 조정기 국면이 지속될 것으로 내다봤다. 함 랩장
은 "거시경제 위축으로 시장의 구매력이 떨어지고, 정부의 대출 규제로 부
동산 수요와 거래가 위축된다"면서 "작년에 유행했던 갭 투자도 올해 입주
공급 속 전세금 인하로 어렵다"고 말했다.

재개발·재건축 투자는 장기 전략으로 바꿔야

이날 함께 강연한 안명숙 우리은행 부동산투자지원센터장은 "올해 부동산 시장은 실물경기의 불확실성 증대, 대출 규제·세제 강화, 부동산 매물 거래 실종 등으로 부정적 심리가 확산되고 있다"며 "특히 정부가 지난해 도입한 9·13 부동산 대책의 여파로 주택 가격이 내리막길을 타고 있는 만큼 자신의 투자 전략을 검토해볼 필요가 있다"고 말했다.

안 센터장은 현명한 재개발·재건축 투자 원칙을 공유했다. 그는 "사업 추진 속도가 빠르고 거주와 투자가 동시에 가능한 재건축 단지는 가격 상승폭이 크고 하락기 변동성이 작았다"면서 "가치를 높이고 장기적인 부동산 투자 전략으로 선회해야 한다"고 강조했다.

안 센터장은 "2013년 이후 새 아파트 선호도가 증가하는 추세"라며 "새 아파트에 선제적으로 투자하는 수요가 늘면서 재건축의 인기도 상승했다"고 진단했다. 재건축 아파트는 상승기에는 더 많이 오르고, 하락기에는 더 많이 떨어졌다. 따라서 재건축 아파트는 매도·매수 타이밍이 특히 중요하다. 그는 실제 사례를 들면서 설명했다. 재건축 아파트인 잠실주공5단지와 신축 아파트인 판교푸르지오그랑블을 비교했다.

대표적인 재건축 단지인 잠실주공5단지(전용 76.5㎡)의 2013년 1~3월 실거래가는 8억 8,400만~9억 4,500만 원이었는데 2019년 1~3월 실거래가는 16억 1,000만~17억 5,000만 원으로 올랐다. 6년 만에 2배 가까이 오른 셈이다. 상승장이었던 2018년 7~9월 실거래가는 18억 5,000만~19억 1,000만 원에 달했다.

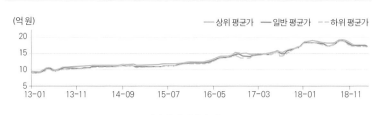

최근 주택시장 동향: 잠실주공5단지

(억 원)   ──상위 평균가 ──일반 평균가 --하위 평균가

시기별 매매가격 비교

구분	2013년 1~3월	2018년 7~9월	2019년 1~3월
실거래가(최고가)	9.45억 원	19.10억 원	17.50억 원
실거래가(최저가)	8.84억 원	18.50억 원	16.10억 원
실거래 건수	27건	28건	3건
상위 평균가	9.00억 원	19.15억 원	17.00억 원
일반 평균가	8.90억 원	18.90억 원	16.55억 원
하위 평균가	8.65억 원	18.65억 원	16.30억 원

분당구 백현동에 위치한 판교푸르지오그랑블은 신축 아파트(2011년 입주)다. 판교역 초역세권 단지다. 판교푸르지오그랑블(전용 97.71m²)의 2013년 1~3월 실거래가는 9억 1,500만 원이었고, 2018년 7~9월 실거래가는 17억 5,000만~18억 5,000만 원까지 올랐다. 2019년 1~3월에는 거래가 이뤄지지 않았다. 재건축을 앞둔 단지는 입지가 좋은 새 아파트만큼 오른다는 것이다. 안 센터장은 "재건축 아파트의 가치는 사업 추진 단계에서 속도에 따라 결정되고, 입주 후 새 아파트는 입지에 따라 결정된다"고 요

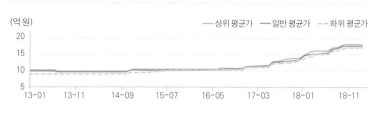

최근 주택시장 동향: 판교푸르지오그랑블

시기별 매매가격 비교

구분	2013년 1~3월	2018년 7~9월	2019년 1~3월
실거래가(최고가)	9.15억 원	18.50억 원	–
실거래가(최저가)	–	17.50억 원	–
실거래 건수	1건	2건	–
상위 평균가	10.25억 원	17.20억 원	17.90억 원
일반 평균가	9.75억 원	16.50억 원	17.40억 원
하위 평균가	9.00억 원	16.00억 원	16.75억 원

약했다.

안 센터장은 새 아파트 인기는 당분간 지속될 것으로 내다봤다. 미래 수요인 젊은 층 사이에서 비싸더라도 새 아파트에 대한 선호도가 높기 때문이다. 그는 "서울 서초구 소재 반포주공1단지 아파트가 재건축 사업이 끝나면 반포 지역 최고가를 경신할 가능성이 높다"고 말했다. 반포동 인근 새 아파트인 아크로리버파크는 입주한 시점인 2016년 8월에 26억 원에 거래됐는데 2019년 3월 33억 원으로 올랐다. 인근 아파트인 래미안퍼스티지는 입주한 시점인 2009년 7월에 18억 원에 거래됐고, 2019년 3월 28억 원으로 올랐다.

그는 "부동산 가격 조정기 땐 긴 호흡으로 투자하고, 노후 재테크를 위해 수익 가치가 높은 부동산은 지속적으로 보유해야 한다"며 "특히 GTX, 신안산선, 신분당선 등 호재가 있는 부동산은 장기투자를 하라"고 강조했다.

안 센터장은 강연을 마무리하며 재개발·재건축 투자 원칙을 네 가지로 요약했다.

- 정부 정책을 읽어라: 정부 정책 변화에 따라 재개발·재건축 사업 속도가 달라지기 때문이다. 사업 속도는 곧 수익성이다.
- 시간을 이기는 투자를 하라: 재건축은 시간과의 싸움이다. 재건축 사업 속도가 빠른 곳을 집중 공략해 이익 실현 후 재투자하는 게 좋다.
- 조합 내 문제를 파악하라: 단지·구역 내 속사정을 파악해야 재개발·재건축 사업 속도를 예상할 수 있다. 대형·소형 면적의 조합원 간 분쟁은 없는지, 조합원 간 이익 배분은 잘돼 있는지 등을 살펴봐야 한다.
- 투자 가치를 선별하라: 사업 완료 후 수익 가치가 증가할지 가능성을 판단해야 한다. 입지, 인근 가격 대비 수익성을 따져봐야 한다.

점포 겸용 주택·단지 내 상가 등
'월세 나오는 부동산'을 노려라

마지막으로 등장한 이남수 신한은행 부동산투자자문센터장은 수익형 부동산에 대한 꿀팁을 아낌없이 나눴다.

대다수 사람은 부동산 하면 '아파트'를 떠올리지만 우리나라 부동산 포트폴리오에 아파트만 있는 것은 아니다. 오히려 지금 같은 주택시장 규제 국면 속에서는 비非아파트 상품으로 눈을 돌려보는 것도 나쁘지 않은 선택일 수 있다. 상가, 오피스텔 등 수익형 부동산에 대한 관심이 부쩍 커진 상황이다.

하지만 2017년부터 수익형 부동산에 대한 공급이 많아지면서 공급과잉 우려도 커졌다. 투자수익률 자체도 하락하는 추세이다 보니 뭉칫돈이 수익형 부동산으로 몰리지 못하고 있다.

이 센터장은 주목할 투자 대안으로 '월세 나오는 부동산'을 추천했다. 그는 "이제 부동산 투자의 패러다임이 토지에서 수익형 부동산으로 바뀌었다"며 "대부분 중년층이 노후대비책이 마땅치 않기 때문"이라고 말했다. 이 센터장은 이를 '부동산의 연금화'라고 규정했다. 그는 "우리나라는 빠른 속도로 초고령 사회에 접어들고 있는데 국내 사적연금 가입률은 23%에 그치고 있다"고 설명했다.

경제협력개발기구OECD 국가 중 노인빈곤율이 가장 높은 불명예를 안고 있는 것도 우리나라다. 65세 이상 노인빈곤율은 2007년 44.6%에서 2013년 49.6%로 증가, OECD 평균 노인빈곤율의 3배가 넘는 수준이다.

그렇다고 국민연금이 정답은 아니다. 현실적으로 공적연금의 소득대체율은 40% 수준에 불과하기 때문이다.

이 센터장은 자발적인 노후대비 차원에서 수익형 부동산에 관심을 기울여야 하고, 또 관심이 늘어났기 때문에 부동산 투자의 패러다임이 바뀌고 있다는 입장이다.

이 센터장은 "상업용 부동산도 상품의 희소성을 따져야 하는데, 최근에는 점포겸용 주택과 단지 내 상가가 인기가 많다"고 말했다. 1층 상가와 2~4층 주거공간이 결합된 점포겸용 단독주택 용지는 주거와 임대수익이라는 '두 마리 토끼'를 다 잡을 수 있다. 이 센터장은 "입찰 때마다 평균 경쟁률이 수백 대 1에 달하고, 일부 인기 필지는 수천 대 1을 기록 중"이라고 말했다.

상가주택 용지에 대한 인기가 치솟자 정부는 경쟁입찰 방식으로 바꿨다. 원래 상가주택 용지는 추첨 방식으로 공급했었다. 2018년 11월 원주기업도시 내 상가주택 용지가 최고 7,035 대 1의 경쟁률을 기록, 과열 양상을 보이자 국토교통부가 법 개정을 통해 2019년부터 경쟁입찰 방식으로 변경했다.

입찰가를 가장 높게 써내는 사람이 낙찰받는 구조로 바뀌면서 입찰자는 줄었지만 실수요자들이 몰리면서 낙찰가율(공급예정 가격 대비 낙찰가 비율)은 최소 120% 이상을 기록하고 있다.

반면 공급이 몰린 오피스텔 투자는 조심해야 한다고 했다. 이 센터장은 "13년 만에 입주물량이 최대로 몰린 오피스텔의 경우 투자 위험성이 좀 있

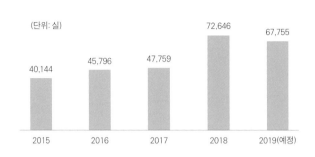

오피스텔 입주물량 추이

(단위: 실)

2015	2016	2017	2018	2019(예정)
40,144	45,796	47,759	72,646	67,755

자료: 부동산114

다"면서 "오피스텔보다는 오히려 역세권 주변 지역에 전용 40m² 이하 미니 아파트를 수익용으로 추천한다"고 말했다.

1인 가구가 빠르게 증가하면서 전용 40m² 이하 미니 아파트를 주목할 만하다는 것이다. 방 1~2개와 화장실 1개로 이뤄져 혼자 살기에 적합하고, 임대 수요도 풍부하기 때문이다. 그는 "서울 강남 일대 초소형 아파트는 2000년대 초 재건축 사업 과정에서 전체 건립 가구 수의 60% 이상을 국민주택 규모로 짓도록 한 규제(재개발·재건축 아파트는 전용 40m² 이하 8%) 때문에 등장했다"면서 "1인 가구 외에도 월세 수입을 노리는 50대 이상 베이비붐 세대들이 초소형 아파트를 선호한다"고 말했다.

그래도 부동산!
부자들만 아는 알짜 부동산 투자 해법
고준석

서울 노원구 4계동을 주목하라

"여전히 서울에 3~4억 원으로 살 만한 아파트가 있습니다."

'그래도 부동산! 부자들만 아는 알짜 부동산 투자 해법'을 주제로 2019 서울머니쇼에서 강연한 고준석 동국대학교 겸임교수는 서울 아파트 가운데 3~4억 원으로 투자할 만한 곳으로 노원구 '4계동(상계동, 중계동, 하계동, 월계동)'을 꼽았다. 이 일대는 서울에서 준공 30년차에 접어든 아파트가 가장 많은 지역이다. 정부가 재건축 규제를 강화하면서 사업 속도는 아직 더딘 편이지만, 기존 학군과 개발호재로 여전히 잠재력이 높다는 것이다.

고 교수는 "노원구는 대치동, 목동과 함께 3대 학군으로 불려왔지만 서울 도심 접근성이 떨어지고 노후화된 주택들이 많아 크게 주목받지 못했다"면서 "서울시의 강북 균형발전사업과 GTX-C 노선사업 등 개발호재가 진행되면서 실수요자는 물론 투자자들까지 노원구에 관심을 보이고 있다"고 말했다. 아울러 노원구 숙원사업인 광운대 역세권 개발사업도 한창 진행 중이다. 이 사업은 지하철 1호선 광운대역 코레일 물류기지 부지·민자역사에 총사업비 2조 5,000억 원 규모로 주거·업무·상업용 시설을 조성하는 프로젝트다.

고 교수는 "이 일대 아파트들은 가격적인 면에서 아직 저평가된 부분이 있기 때문에 잠재력이 높다"면서 "추가 공급이 꽉 막힌 상황에서 상계주공아파트 첫 분양 단지인 노원꿈에그린(상계주공8단지 재건축) 등 새 아파트는 희소성이 커질 수밖에 없다"고 말했다. 또 "이 일대에서 유일하게 정

고준석 교수

밀 안전진단을 통과한 상계주공5단지도 강북 재건축 유망주로 주목할 만하다"고 덧붙였다.

고 교수는 "이미 가격이 오를 대로 오른 강남만 바라봐서는 안 된다"며 "아직도 서울 중계동 등에는 1억 원만 투자하면 전세 끼고 아파트 한 채를 살 수 있는 단지들이 남아 있다"고 설명했다. 그는 이런 집을 매매 가격 대비 전셋값이 비싼 서울 중계동 등에서 찾을 수 있다고 추천했다.

고 교수는 과거 신한은행에 근무하며 1994년 부동산과 인연을 맺은 이후 20여 년 동안 수많은 부자를 만났다. 그는 우리나라 최초의 자산관리 전문가PB 겸 부동산 전문가 1호로 꼽힌다. 2002년부터 기업인, 연예인 등 유명인들의 부동산 자문을 맡아왔다.

고 교수는 "일반 투자자들이 부동산으로 돈을 벌지 못하는 이유는 오늘의 가격을 인정하지 못해서"라고 강조하며 "어제의 가격을 알기 때문에 현재의 가치를 인정하지 않는 것인데, 부자들은 투자의 방점을 미래 가치에 둔다"고 설명했다. 부동산 투자란 어제와 오늘의 가치가 아닌 미래 잠재력을 보고 판단해야 한다는 뜻이다. 그는 "매입을 하려고 하는데 가격 하락을 걱정하면 투자를 실천하기가 어려울 수밖에 없다"고 말했다.

고 교수는 "제일 중요한 것은 실행 여부"라며 "지금까지 만나본 부자들은 의사결정이 굉장히 빨랐다"고 설명했다. 그렇다고 고액 자산가들이 '묻지마 투자'를 하는 것도 아니다. 그는 "부자들도 의사결정을 할 때는 매우 신중하다"며 "그러나 결정을 내릴 때는 매우 빠르다"고 말했다.

그렇다고 아무 집이나 무작정 사라는 것은 아니다. 이에 대해 고 교수는 '잘 골라야 한다'는 점을 분명히 했다.

고 교수는 "미래 가치가 있는 부동산은 지금도 많다"고 강조했다. 그는 우선 대단지 내 소형 아파트의 약진을 예고했다. '초소형 아파트가 여전히 매력적인가?'라는 질문에 대해 그는 "물론이다"라며 "작으면 작을수록 좋다"고 밝혔다. 여기서 그가 말하는 소형이란 전용면적 40㎡ 이하 아파트다. 고 교수는 "의외로 착각하는 경우가 많은데, 20평대는 소형이 아니다"라고 강조했다.

고 교수는 2019년 분양하는 단지 가운데 서울 서초구 방배동 일대를 주목할 만한 단지로 꼽았다. 단독주택 밀집 지역이었던 서울 서초구 방배동 일대가 재건축을 통해 대규모 아파트 단지로 탈바꿈하고 있다. 방배동에서는 분양이 완료된 구역을 제외하고 총 12곳에서 정비사업을 추진 중인데, 주로 단독주택 중심으로 정비사업이 진행되고 있다.

2019년 5월 현재 방배동 정비구역 내 사업 진행 속도가 가장 빠른 곳은 방배경남아파트 재건축이다. 방배그랑자이로 최근 분양한 방배경남 재건축은 1순위 청약에서 일반분양 총 256가구 모집에 2,092명이 청약해 평균 8 대 1, 최고 13 대 1의 경쟁률을 기록했다. 특히 전 가구 분양가가 9억 원이 넘어 중도금 집단대출이 되지 않는 조건 속에서도 1순위에서 청약이 마감되며 업계의 주목을 받았다.

현대건설은 2019년 하반기 방배5구역의 재건축 아파트 디에이치방배를 분양할 예정이다. 디에이치방배는 방배그랑자이보다 규모가 크다. 방배그랑자이는 758가구인데 디에이치방배는 3,000가구에 이른다. 방배그랑자이는 2호선 방배역과 인접하고, 디에이치방배는 지하철 4·7호선인 이수역과 7호선 내방역 인근이다. 입지 면에서 디에이치방배가 밀리지 않으면서 규모는 더 커 잠재 수요가 집중되고 고분양가가 책정될 소지가 많다는 분석이다.

또 방배6구역(대림산업), 방배13구역(GS건설) 등도 분양을 앞두고 있다. 고 교수는 "올해 하반기에도 서울시 방배동에서 3.3㎡당 분양가가 4,000만 원대 후반에 이르는 아파트가 등장할 것으로 전망된다"면서 "가구당 분양가가 9억 원이 넘으면 중도금 대출이 불가능하므로 분양가를 면밀히 살펴볼 필요가 있다"고 말했다.

건강관리 하듯 24시간 자산 챙기는 '부자들의 습관' 따라야

고 교수는 부자들은 시장이 좋든 나쁘든 자기만의 원칙이 있다고 강조했다. 부자의 자산관리 중심에는 부동산이 있다. 그는 "20년 전 IMF 외환위기였을 때 부동산을 계속 갖고 있는 사람과 처분한 사람은 달라졌을 것"이라면서 "마찬가지로 10년 전 글로벌 금융위기 때 부동산을 산 사람과 판 사람은 현재 달라졌을 것"이라고 말했다. 이처럼 현재 어떻게 부동산을 사느냐 파느냐에 따라 향후 10~20년 후 모습이 달라질 것이라는 얘기다.

어느 시대나 '천리마'의 가치를 지닌 부동산은 있다. 고 교수는 "현재도 투자하면 돈이 되는 부동산은 당연히 있다"면서 "다만 그 천리마를 알아보기 위해 평생에 걸쳐 부동산을 공부해야 한다"고 말했다.

드물지만 월급쟁이 가운데 부자가 나오기도 한다. 이들은 공통적으로 부동산을 한다는 특징이 있다. 고 교수는 "30년 동안 3~4번 집을 갈아타서 부자가 되더라"면서 "부동산을 사고파는 여러 과정을 통해 부자가 되는 것이지, 한 번에 바로 부자가 되는 경우는 없다"고 말했다.

고 교수는 강연을 마무리하면서 "부자들은 본인들의 자산을 건강관리 하듯 24시간 챙긴다"고 소개했다. 그는 "요즘 신혼부부 등 젊은 커플을 상담해보면 대부분 자산관리를 따로 하더라"며 "이럴 경우 부자가 될 수 있는 확률은 제로(0)에 가깝다"고 못 박았다. 그는 "부동산은 전 재산의 70~80%를 움직여야 하는 투자"라며 "그러려면 부부가 공동체 뜻과 돈을 모아야 한다"고 말했다. 그는 이어 "부부의 수입은 서로 공유하고 지출은 한 사람이 통제해야 한다"며 "이게 부자가 되기 위한 기본 중에 기본"이라고 설명했다.

끝으로 고 교수는 "실수요자라고 해서 내 집 마련을 안 하고서는 부자가 되기 어렵다"며 "현금을 모아 부자 되는 사람은 없다고 봐야 한다"고 말했다. 이어 '전문가'의 필요성도 강조했다. 그는 "부자 옆에는 꼭 멘토mentor가 있다"며 "의사결정, 실행 전에는 전문가에게 반드시 자문을 구해야 실패 확률을 줄이고 성공 확률을 높일 수 있다"고 주장했다.

대한민국 부동산,
10년 후 미래 가치에 주목하라
박합수

2019 서울머니쇼 최고 인기 부동산 강사로 꼽히는 박합수 KB국민은행 WM스타자문단 수석부동산전문위원은 청중들에게 10년 후 수도권이 어떻게 바뀔지 상상해볼 것을 끊임없이 주문했다. 10년 후 수도권 청사진의 핵심은 수도권 광역급행철도GTX에 있다는 것이다.

박 위원은 "GTX 노선도는 부동산의 큰 맥을 잡는 길잡이"라며 "수도권의 발전 축과 기존 도시의 업그레이드 차원의 변화에 주목해야 한다"고 강조했다. 그는 '바뀐 환경에 새롭게 해석한 대한민국 부동산, 10년 후의 미래 가치에 주목하라'는 주제의 세미나에서 GTX 노선에 따라 대한민국 부동산 판도가 어떻게 뒤바뀔지를 다뤘다.

10년 미래 가치를 GTX에서 찾아라… 남양주, 시흥 주목

박 위원은 GTX발 미래 가치에 눈을 돌려야 한다고 했다. GTX 열차는 지하 50m 터널에서 평균 시속 100km로 달리기 때문에 정거장 1개당 4~5분이 소요된다. 서울역에서 청량리역까지, 청량리역에서 삼성역까지 각 5분 만에 돌파가 가능해지는 셈이다. 그는 "GTX 개발로 수도권 외곽에서의 서울 접근성이 대폭 개선된다"면서 "GTX뿐 아니라 GTX와 연계된 지하철 노선도 함께 파악해야 10년 후 미래의 모습을 제대로 그릴 수 있다"고 말했다.

GTX 시대의 개막

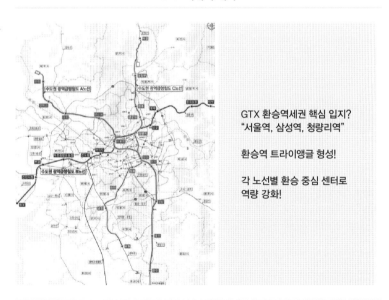

GTX 환승역세권 핵심 입지?
"서울역, 삼성역, 청량리역"

환승역 트라이앵글 형성!

각 노선별 환승 중심 센터로
역량 강화!

자료: 국토교통부

지난 2018년 12월 착공한 GTX-A노선은 파주 운정에서 킨텍스~대곡~연신내~서울역~삼성역~수서역~성남 이매~용인 구성~화성 동탄까지 총 83.3km를 경유하는 노선이다. 개통 시 동탄역에서 삼성역까지 20분, 용인 구성역에서 15분 내에 도달할 수 있다. 박 위원은 A노선에 대해 "파주 운정의 반전과 화성 동탄의 희망이 될 것으로 기대한다"고 평가했다.

GTX-B노선은 인천 송도에서 인천시청~부평~부천종합운동장~신도림~여의도~용산~서울역~청량리역~망우역~별내역~왕숙~평내호평~남양주 마석까지 80km 구간에 이르는 노선이다. 2019년 내에 예비타당성 조사를 통과하면 2022년 착공 후 2025년 개통을 목표로 사업이 추진된다. 이 노선에 대해 박 위원은 '인천 송도의 권토중래捲土重來와 남양주의 비상飛上'으로 요약했다.

특히 남양주에 주목해야 한다. 남양주 왕숙지구가 3기 신도시에 포함되며 광역교통망 개선 방안의 수혜가 예상된다. 그는 "남양주시 별내신도시 일대가 10년 후 동북권 '판교'로 부상할 것으로 기대된다"고 말했다. 현재 남양주시에는 경춘선과 중앙선이 지나고 있는데, 지하철 4호선 연장선인 진접선과 8호선 연장 별내선도 건설 중이다.

최근 정부가 별내선과 진접선 구간(3.0km)을 연결하기 위해 광역교통부담금 900억 원을 지원키로 확정해 4호선과 8호선이 남양주시 내에서 직접 연결되며 서울 도심과 강남권으로의 이동이 한층 쉬워질 전망이다.

여기에 GTX-B노선이 신설되면 남양주 왕숙1지구 내에 위치하는 풍양역에서 서울역까지 15분, 청량리역까지 10분 만에 도달할 수 있게 돼 서울 도심과 수도권으로의 이동이 획기적으로 개선된다.

GTX-C노선은 양주 덕정~의정부~창동~광운대~청량리~삼성~양재~과천~금정~수원까지 74.2km를 연결하는 노선이다. C노선은 2018년 말 예비타당성 조사를 통과해 2021년 말 착공 2026년 개통을 목표로 사업을 진행하고 있다.

박 위원은 GTX의 최대 수혜자로는 삼성역을 지목했다. GTX 덕분에 삼성역이 서울역, 일산·파주, 분당·용인, 청량리·의정부, 과천·수원 등과 모두 연결되기 때문이다. 결국 삼성역이 강남 상권의 중심으로 역량이 확대될 것으로 기대된다는 것이다. 강남역, 선릉역, 삼성역, 잠실역 벨트가 강남의 핵심 입지가 되는 셈이다. 그는 "삼성역은 GTX와 기업, 컨벤션 융화로 미래 가치가 확보됐다"면서 "이 일대는 코엑스, 현대차GBC, MICE 복합지구의 결정판이 될 것"이라고 말했다.

이와 함께 서울역, 용산역은 전국 철도 네트워크의 중심이 될 것으로 예상된다. 서울역은 KTX, GTX, 1호선, 4호선, 공항철도 등이 지나고, 용산역은 KTX, GTX, 1호선, 4호선, 경의중앙선, 경춘선, 신분당선 등이 지나게 된다. 서울역과 용산역은 대규모 개발호재가 잇따르고 있다. 서울역 서쪽 서계동, 청파동 일대 복합개발이 예정돼 있다. 용산역 일대는 ① 용산역~서울역 철도 지하화 사업 ② 국제업무지구 사업 재개 ③ 용산역 전면 한강로 개발사업 진행 ④ 원효로 일대, 용산전자상가 활성화 ⑤ 삼각지 정비사업 등이 추진되고 있다.

박 위원은 GTX의 A, B, C노선 외에도 신안산선을 강조했다. 신안산선은 안산·시흥 지역과 여의도까지며 전체 노선 길이는 44.6km에 달한다. 신안산선 개통 시 안산·시흥 지역에서 여의도까지 30분대 접근성이 확보된다. 신안산선의 수혜 지역으로는 시흥을 지목했다.

박 위원은 "경기도 시흥시가 개발호재로 수도권 서남부의 핵심 미래도시로 급부상하고 있다"면서 "시흥시청역은 신안산선(2019년 착공 예정)을 비롯해 서해선, 2026년 개통 목표의 월곶판교선을 모두 품는 트리플 역세권으로 거듭나게 된다"고 설명했다. 또 "시흥은 인근 광명과 연계한 신도시 역량이 강화될 것으로 기대된다"고 덧붙였다.

10년 후 서울 주거공간의 핵은
'반포, 압구정, 용산' 트라이앵글

박 위원은 10년 후 서울 주거공간의 핵심으로 '트라이앵글'을 강조했다. 트라이앵글은 서울 한강 주변에 분포하는 반포, 압구정, 용산 일대를 가리킨다. 그는 "반포는 교육, 교통, 주거환경 등 3박자를 갖춘 서울의 중심"이라며 "재건축 속도 역시 빨리 서울 아파트 가격을 선도해나갈 것"이라고 말했다. 향후 신반포 2차, 4차 아파트가 반포의 대장주 아파트로서 자리매김할 것으로 내다봤다.

이어서 압구정 일대는 재건축 시 명실상부한 전국구 아파트가 될 것으로 봤다. 재건축 시 한 변 높이 가이드라인 완화, 지구단위계획 등이 여전히 과제다. 박 위원은 "압구정은 1 대 1 재건축을 통한 대형 면적 아파트 위주

서울 주거공간의 핵심(정비사업)

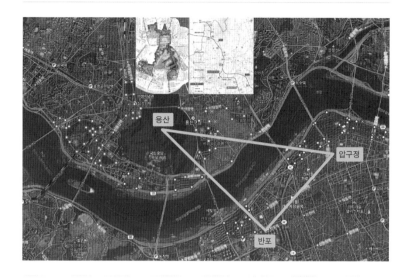

로 개발해 '고급 프리미엄' 가치를 유지할 것으로 보인다"면서 "재건축 시 부유층 집결지로 젊은 층의 새로운 수요처로 각광받을 것"이라고 말했다.

용산 일대는 강북 최대의 정비사업 지역으로 서울 랜드마크 지역으로 격상될 것으로 전망된다. 정비사업 이후 용산은 남향으로 한강뷰를 갖춘 서울 최고의 조망권 지역이 된다. 박 위원은 "용산은 한강과 용산공원의 탄생으로 글로벌 역량을 확보하게 된다"면서 "한강맨션과 신동아아파트 는 용산공원과 한남뉴타운을 아우르는 중심이 될 것"이라고 설명했다.

이 밖에 박 위원은 미래 가치가 기대되는 지역으로 '도노동(도봉구, 노원 구, 동대문구)'을 지목했다. 서울시가 청량리역, 광운대역, 창동역 역세권 일대 복합개발을 추진하고 있어서다. 서울 동대문구 청량리역 일대가 '슬럼가' 이미지를 벗고 환골탈태 중이다. 청량리역은 일대 복합개발로 부도심 역량을 회복하고, 동북 지역 및 강원도까지 아우르는 철도 중심으로 거듭나고 있다.

서울 노원구 광운대역 역세권 복합개발사업도 진행 중이다. 광운대역 역세권 물류기지 부지개발사업은 총사업비만 약 2조 5,000억 원 이상이 투입될 것으로 예상되는 사업으로 2017년 말 HDC현대산업개발이 코레일과 추진협약을 체결해 속도를 내고 있다. 도시기반 시설을 확충하고 약 3,000가구의 주거시설 및 상업시설 조성을 목표로 하고 있다. 박 위원은 "광운대역은 GTX-C노선으로 삼성역과 접근성이 강화될 것으로 보인다"면서 "또 동부간선도로 지하화 사업, 장위뉴타운 등과 함께 시너지 효과가 일어날 것으로 기대된다"고 말했다.

서울 도봉구 창동역 일대도 복합개발을 재개한다. 서울시가 창동역 일대 개발을 위해 용역을 진행하는 등 개발사업이 가시화되는 모양새를 보이고 있다. 2만 석 규모의 국내 최초 K-팝 전문 공연장인 아레나 민간사업 투자자 공모와 함께 2019년 착공한 동북권 세대융합형 복합시설과 창업문화단지 조성이 한창이다.

아울러 박 위원은 지방 부동산의 기대주로 여수, 통영, 속초, 서귀포를 꼽았다. 그는 "지방 부동산이 현재 어려움을 겪고 있다"면서 "역발상으로 지금이 지방 부동산의 바닥이므로 주목해야 한다"고 말했다. 여수는 남해안 다도해 관광 중심으로 역량 강화, 통영은 KTX 등 접근성 개선으로 거제와 연결하는 핵심 요충지 부각, 속초는 용산~춘천~속초 동서고속철도 KTX 2025년 개통(예정) 시 동해안 관문 부각, 서귀포는 제주 제2공항 개항으로 관광 인프라 확충이 기대된다.

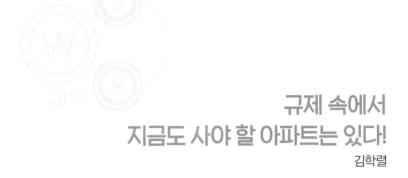

규제 속에서
지금도 사야 할 아파트는 있다!
김학렬

"위기 속에도 기회는 있습니다."

2019 서울머니쇼 강단에 오른 김학렬 더리서치그룹 부동산조사연구소장은 "최근 부동산은 단기간 상승 기류가 꺾였지만 장기적인 상승 추이는 이어지는 상황"이라며 "이제는 5~10년 후를 내다보는 투자를 해야 한다"고 말했다. 그는 "오히려 조정기에 상승 국면 당시 풀리지 않았던 물건들이 매물로 나온다"며 "그래서 지금이 기회라는 것"이라고 설명했다. 시장 안정·하락기일수록 실수요자들이 원하는 물건을 골라 담을 수 있는 쇼핑 기회가 많다는 뜻이다.

김 소장은 "지금은 조정기라고 보통 얘기를 한다"며 "9·13 대책 이후로 시세 상승 기류는 꺾였다"고 말했다. 하지만 그는 "그런데 장기적으로

강연 중인 김학렬 소장

보면 우상향 추세는 이어지고 있다"며 "5~10년 후를 본다면 시장이 달리
보일 것"이라고 밝혔다.

그는 지난 2008년도와 2018년 시장이 유사하다고 진단했다. 지난
2007년 금융위기 이후 집값이 곧바로 빠지지 않고 2010년도에 본격적으
로 떨어지기 시작했다. 다만 김 소장은 "그때와 달리 지금은 사람들이 돈
을 들고 떨어지길 기다리고 있다"며 "2008~2010년 당시에는 가격이 더
떨어질 수밖에 없었지만 지금은 조금 더 애매한 상황"이라고 밝혔다.

김 소장은 "따라서 단기 시장만 보면 안 된다"며 "5년, 10년 후 지금보
다 가격이 올라갈 매물을 찾아야 한다"고 강조했다. 그는 "정부 정책 때문
에 결국 집값이 빠질 것이라고 보는 사람들이 많지만 사실 지난 40년 동
안 부동산 정책이 발표되지 않았던 적은 없다"고 말했다.

반복되는 주택 가격 하락과 상승

일자리, 배후 수요 많은 서울 신축 아파트를 잡아라

김 소장은 일자리가 많은 지역의 새 아파트를 '필패' 투자 대상으로 적극 추천했다.

김소장은 "특히 서울 집값 상위 10개 지역 내 새 아파트는 경쟁 상대가 없다"고 말했다. 서울 내 재건축·재개발 속도가 더디고 1·2기 신도시 아파트들이 노후화하면서 서울과 수도권 지역 내 새 아파트 수요가 늘어나고 있다는 이유에서다. 그는 '준공 10년 미만 아파트'를 새 아파트의 기준으로 제시했다.

김 소장은 "사람들이 새 아파트에 살아보면 오래된 아파트를 못 간다"며 "정부도 간과하고 있는 게 새 아파트의 중요성"이라고 말했다. 그는 "신도시 조성 당시 서울에 새 아파트가 없어서 근교에 있는 신도시 아파트로 간 수요자들이 많다"며 "그런데 지금은 그 신도시의 아파트들도 낡았다"

고 덧붙였다.

최근 발표된 '3기 신도시'에 대해 김 소장은 "서울 수요를 분산시키는 효과보다 고양시, 파주시 등에서 수요를 끌어올 가능성이 크다"고 예측했다.

그는 배후 수요지의 중요성을 강조했다. 김 소장은 "3기 신도시도 배후 수요지 측면에서 보면 문제를 알 수 있다"고 말했다.

김 소장은 "서울은 경기도라는 배후 수요지가 있고, 그래서 서울의 새 아파트는 안전한 것"이라고 말했다. 그러나 경기도 끝 지역은 배후 수요가 없다는 것이 김 소장 설명이다. 그는 "양주, 파주, 김포, 화성, 평택, 안산, 안성은 경기도에서도 끝자락이라 배후 수요지가 없다"며 "그래서 그 지역 내에서 해결을 해야 한다'고 말했다. 이런 지역일수록 해당 지역 내에서 제일 좋은 입지가 아니면 성장 가능성이 낮다는 것도 이 때문이다.

김 소장은 "그런 면에서 보면 3기 신도시의 배후도시는 2기 신도시"라며 "이렇게 되면 2기 신도시는 가뜩이나 배후 수요가 없는데 더욱더 수요를 잃게 생겼다'고 우려했다.

그는 "새 아파트 입지를 따지는 데 있어 가장 중요한 것 중 하나가 일자리"라며 "실거주 수요가 많기 때문"이라고 밝혔다. 안정·하락기에는 실수요가 받쳐줘야 한다는 것이다. 특히 그는 "소유주가 거주하는 비율이 50% 이상인 단지가 최고의 안전자산"이라고 추천했다. 실거주자가 많은 아파트는 그만큼 수요가 많다는 이유에서다.

김 소장은 "서울에는 500만 개 이상의 일자리 있다"며 "이걸 분산하기 전에는 서울 집값은 빠지지 않는다"고 밝혔다. 이 때문에 그는 강남을 중심으로 10km 이내에 위치한 지역은 안전자산이라고 평가했다. 김 소장은 "20km까지도 괜찮다"고 분석했다. 그는 "따라서 1기 신도시까지는 안전 지역인데 2기 신도시부터는 물음표"라며 "3기 신도시는 안전 지역으로 볼 수 있지만 아직 10년 이상은 더 기다려야 하기 때문에 먼 미래의 얘기"라고 진단했다.

김 소장은 "강남·서초·송파를 합치면 150만 개 일자리가 있다"며 "그에 따른 기반시설이 확충되기 때문에 집값이 오를 수밖에 없는 것"이라고 말했다. 그는 "강남권은 확실한 지역"이라며 "대구 수성구, 부산 해운대구 등도 일자리 측면에서 좋은 지역"이라고 소개했다. 김 소장은 또 "고양 덕양구 집값이 오른 이유와 일산동·서구가 내린 이유도 덕양구에는 일자리가 늘어났기 때문"이라고 말했다. 그는 "삼송테크노밸리를 포함해 스타필드, 이케아 같은 대규모 상업시설도 들어섰다"며 "여기에 새 아파트촌인 향동지구, 삼송지구 등이 조성돼 가격이 오른 것"이라고 설명했다.

압구정, 한남, 여의도, 목동… 조정기 후 집값 뛸 톱10

김 소장은 조정기 이후 집값이 가장 오를 지역 '톱Top 10'으로 압구정, 한남, 여의도, 목동, 상계·노원, 수색, 광명, 장위, 동대문, 고양 덕양구를 지목했다.

특히 '준準서울' 입지를 자랑하는 경기도 과천시와 광명시는 도시 전체가 재건축을 통해 새 아파트촌으로 변신하고 있다는 점에서 유망 지역으로 꼽았다. 그는 "10년 후 과천과 광명이 서울의 수요를 대거 흡수할 것"이라며 "과천은 서초구 수준의 도시로 성장하고, 광명은 목동을 추격하는 지역으로 거듭날 전망"이라고 말했다. 서울에서 새 아파트가 필요한데 공급을 못 하고 있는 와중에 과천과 광명이 대대적인 리뉴얼을 진행 중이라 주목해야 한다는 것이다. 김 소장은 이어 "고양 덕양구에는 교통과 3기 신도시 호재가 몰리고 있다"며 "그럼에도 아직 3.3m²당 1,000만 원 수준이라 서울에 붙어 있는 지역 중 가장 싸다"고 소개했다.

아울러 그는 서울 장위뉴타운에도 관심을 기울이라고 조언했다. 이 일대에서 공급되는 새 아파트들이 입주를 할 때가 되면 완전히 새로운 지역이 된다는 이유에서다.

또 김 소장은 혐오시설이 떠난 지역에 주목하라고 강조했다. 군사보호시설, 철로, 철도·차량기지, 발전소, 집창촌 등이 여기에 해당한다. 그는 "최근 분양시장에서 인기를 끌고 있는 청량리가 대표적인 사례"라고 소개했다. 경기도의 대형 쇼핑몰 인근 아파트와 서울에서 복합 쇼핑몰 역할을 하는 백화점 주변 입지도 주목해야 하는 지역으로 꼽았다.

특히 김 소장은 "신규 교통망은 반드시 내가 5년 안에 실제로 탈 수 있는 곳을 봐야 한다"며 "그 이상이나 단순 계획 단계라면 투자 시 고려할 요인이 아니다"라고 말했다.

아울러 그는 "규제 지역으로 지정된 곳들이 사실은 가장 좋은 지역들"이라며 "투자할 사람들만 많은 게 아니라 실수요까지 몰리니 가격이 오르고 있는 것"이라고 말했다. 김 소장은 "투기과열지구, 조정대상지역 외에는

4가지 키워드로 분석하는 핵심 지역

프리미엄 상권을 주목하라!

신규 교통망을 주목하라!

환경 쾌적성의 회복 지역을 주목하라!

대형 학원가 입지를 주목하라!

가급적이면 보지 말아야 한다"며 "비규제 지역은 수요가 없으니까 규제를 안 하는 것이다"라고 설명했다.

다만 그는 "모든 아파트가 다 오르는 건 아니다"며 "미래 자산 가치가 없기 때문"이라고 말했다. 개발 가능성이 없고 사람들이 선호하지 않는 특성을 갖고 있는 아파트는 피하라는 뜻이다.

김 소장은 조정·안정기에는 갭 투자를 지양하라며 '갭 투자 경계령'을 내렸다. 김 소장은 "지난 1~2년간 단기적으로 상승하며 거품이 낀 갭 투자 인기 지역은 어김없이 집값이 빠지고 있다"고 말했다. 그는 "단기적인 목적의 갭 투자는 지금 같은 시장 분위기 속에서는 절대 하면 안 된다"고 충고했다.

한편 강연 도중 김 소장은 서울 서초구 소재 반포주공1단지 32평(전용 84.62m²) 아파트가 '투자 가성비'가 최고인 곳 중 하나라고 소개했다. 그는 "반포주공1단지 중에서도 10년 이상 소유하고 5년 거주한 집주인들은 매도할 수 있다"고 말했다. 김 소장은 "2019년 5월 현재 32평 가격이 35억~36억 원 수준"이라며 "이 아파트를 사면 30평대 아파트를 2채 받을 수 있기 때문"이라고 강조했다. 미래 가치가 확실한 지역 소재 아파트를 두 가구 받을 수 있다는 것이다. 그는 "찾아보면 이런 아파트가 서울에 꽤 많다"고 말했다.

사야 하나 팔아야 하나, 혼돈의 부동산 시장 생존 전략

강영훈, 심교언

"서울 내 뉴타운·재개발 물량은 10년 안에 씨가 마를 것입니다. 이제 막차를 탈 시간이 얼마 안 남았다는 뜻입니다."

2019 서울머니쇼에서 '혼돈의 부동산 시장 생존 전략'을 주제로 강단에 오른 강영훈 '붇옹산의 부동산스터디' 대표는 이같이 밝혔다. 강 대표는 "우리가 흔히 생각하는 '전면 철거 후 건설' 형태의 뉴타운이나 재개발 구역은 생각보다 많이 안 남았다"며 "부동산 투자나 내 집 마련을 고민 중이라면 그런 지역들을 집중해서 봐야 한다"고 말했다. 붇옹산의 부동산스터디는 회원 68만 명을 보유하고 있는 국내 최대 부동산 온라인 커뮤니티다.

수색·증산, 노량진, 한남뉴타운 등 대규모 뉴타운 주목

'막차론'의 이유로 강 대표는 서울시의 정책 변화를 꼽았다. 서울시는 2019년 4월 전면철거 방식인 현행 재개발사업을 '보존·재생'을 병행하는 형태로 바꾸는 내용의 '2030 서울시 주거환경정비기본계획'을 수립하겠다고 발표한 바 있다. 강 대표는 "이 계획이 현실화되면 과거와 같은 재개발 아파트는 앞으로 못 볼 수 있다"고 설명했다. 아울러 서울시는 박원순 시장 취임 이후 7년간 700곳 가까운 정비구역을 해제했다.

결국 2000년대 초·중반 이명박·오세훈 전 서울시장 시절 지정된 뉴타운이 서울 내 대규모 정비사업의 끝물이 될 가능성이 있다는 것이다. 강 대표는 "정비구역 일몰제로 인해 더 많은 정비사업이 무산될 수 있다"고 덧붙였다.

따라서 강 대표는 "남아 있는 대규모 뉴타운 중에서 주요 업무지구와 가깝고 교통 접근성이 편리한 곳을 눈여겨봐야 한다"고 말했다. 사업을 진행 중인 지구 중 수색·증산, 노량진, 한남뉴타운이 대표 주자로 꼽힌다.

서울 인근 지역 중 최근 가장 주목을 받고 있는 3기 신도시에 대해서는 전문가 간 의견이 엇갈렸다. 강 대표와 함께 연단에 오른 심교언 건국대학교 부동산학과 교수는 "과천이나 남양주는 기다려볼 만하다"고 말했다. 반면 강 대표는 "공공분양 물량은 배제되는 수요자가 많고, 민영 물량도 당첨될 수 있다고 확신하기 힘들다"며 "불확실한 미래에 베팅을 하는 건 피해야 한다"고 조언했다.

강 대표는 "분양시장의 경우 올해와 내년 공급 예정 물량 중 북위례가 뜨겁다"며 "과천 공공택지 물량들도 높은 청약 가점을 보유하고 있다면 노려볼 만하다"고 말했다. 그는 "하락기에는 새 아파트가 상대적으로 안전한 자산"이라며 "전세 가격이 받쳐주기 때문"이라고 설명했다. 그는 "이번 상승세 끝에 하락 국면이 오더라도 새 아파트는 버틸 수 있는 힘이 될 것"이라고 강조했다.

한편 3기 신도시에 대해 심 교수는 "서울 집값을 잡는 데 신도시가 효과 있다는 건 학계에서 여러 번 증명됐다"며 "특히 강남 집값을 잡기 위해서는 30~40분 거리에 지으면 안정 효과가 있다는 논문도 많다"고 설명했다.

다만 그는 "강남 주변에 지어야 강남 집값을 잡고 서울 집값도 잡는데, 문제는 수도권 광역급행철도GTX가 시간 맞춰 운행을 시작할 가능성이 높지 않다는 것"이라고 말했다. 교통 인프라 개선으로 서울 접근 시간대가

주요 도시의 초고가 아파트 평당 가격

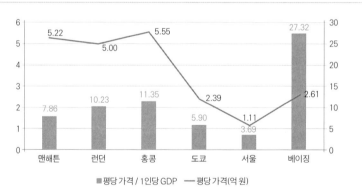

줄어들지 않으면 서울 수요를 흡수하기 어렵다는 뜻이다. 심 교수는 "정부가 광역교통망을 철저하게 추진하고 기업 유치를 열심히 해서 일자리를 창출하지 않으면 3기 신도시가 1·2기 신도시에 대한 부작용 일으킬 가능성이 크다"고 말했다.

서울 부동산 시장은 버블 초·중반, 상승 요인 여전히 남았다

현 시장 상황에 대해 강 대표는 "아직 서울 부동산 시장은 버블의 초·중반 단계"라며 "규제가 없는 상황에서 주춤하고 있다면 폭락 우려를 할 수 있지만 현재는 온갖 규제를 동원해 시장을 눌러놓은 상황"이라고 분석했다.

심 교수도 "우리나라 집값은 주요 선진국 대도시와 비교하면 여전히 안정적인 수준"이라며 상승 요인이 여전히 남아 있다고 강조했다. 그는 "글로벌 대도시들의 최고가 아파트 $3.3m^2$당 가격을 보면 뉴욕 맨해튼, 런던, 홍콩 모두 5억 원 이상"이라며 "베이징 또한 2억 원대"라고 소개했다.

심 교수는 "정부가 주거복지 등 내용을 발표할 때는 선진국 사례를 들지만, 집값 대책을 발표할 때는 선진국 언급을 전혀 안 한다"며 질타했다. 그는 "대부분 해외에서는 한국 부동산 시장이 안정적이라고 평가한다"고 밝혔다.

이어 심 교수는 "서울 거주자 중 40%가 집을 갖고 있고 60%는 전세나 월세로 산다고 정부가 말하는데, 서울은 싱가포르를 제외하고 자기 집에

물가상승률에 못 미치는 집값상승률

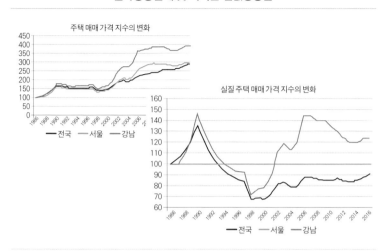

사는 사람이 가장 많은 도시 중 하나다"고 목소리를 높였다. 서울의 주택난
은 다른 선진국 대도시에 비해 평균적인 수준이라는 것이다. 특히 심 교수
는 "실질 물가상승률을 고려하면 서울은 거의 안 올랐다"고 밝혔다. 그는
"물론 물가상승률을 고려해도 강남 집값은 확실히 올랐다"고 덧붙였다.

중·장기적인 관점에서는 우리나라 거시경제의 흐름에 따라 시장 분위
기가 바뀔 수 있다고 전문가들은 진단했다.

심 교수는 "지금은 거래량이 적기 때문에 시장을 정확히 판단하기가
어렵다"며 "오히려 몇 개의 거래가 있으면 그 방향으로 가는 것 같은 착시
효과를 일으킨다"고 설명했다.

심 교수는 "이럴 때일수록 국내총생산GDP과 부동산 가격을 같이 보는

게 중요하다"고 말했다. 그는 "우리나라가 2%대 GDP 성장률을 유지하면 큰 변화는 없겠지만, 1%에 가까워진다면 부동산 시장에도 충격으로 작용할 것"이라고 진단했다. 특히 심 교수는 "평택이나 포항 등 특정 산업이나 기업에 의존하는 도시들의 경우 이제는 주의를 기울여야 한다"고 말했다. 해당 산업이나 기업이 무너지면 지역 경기가 악화돼 악순환에 빠지기 쉽기 때문이다.

'인구'와 '부동산'의 관계에 대해 심 교수는 "OECD 40여 개 국가 중 일본만 인구 감소와 집값 하락이 같이 움직였다"고 말했다. 그는 "인구가 갑자기 100만, 1,000만 명씩 줄어드는 게 아니고 서서히 줄어들기 때문"이라며 "여기에 외국인 유입 등으로 감소폭이 예상보다 크지 않을 수 있다"고 주장했다.

심 교수는 인구 하락보다 '소득 효과'가 크다고 진단했다. 그는 "소득이 늘어나면 더 넓은 공간에 대한 수요가 증가하게 된다"며 "집 하나만 있어도 되는 소비자가 한 채를 더 사는 것도 이 같은 심리 때문"이라고 말했다. 심 교수는 "최근 통계를 보면 우리나라에서는 주택 방 하나당 0.7명이 살고 있다"며 "1인당 4만 달러 소득을 돌파한 국가들의 경우 0.4명이 산다는 걸 감안하면 인구 감소에 따른 집값 하락은 먼 미래의 얘기"라고 강조했다. 다만 그는 "베이비부머 세대가 집을 팔기 시작할 때는 물량을 받아서 소화할 인구가 적어 집값이 떨어질 수도 있다"고 우려했다.

심 교수는 지역별로 상승과 하락 가능성이 다른 이유에 대해 "가장 큰 이유는 유동성"이라며 "지방 시장이 하락세이니 비서울 지역 사람들이 대거 서울로 들어오면서 유동성과 수요가 풍부해졌다"고 말했다. 그는 이 같은 시장 기조는 당분간 이어질 것으로 내다봤다.

강 대표는 금리 인상의 영향을 묻는 질문에 "과거 투자를 많이 하던 시절 금리는 아무리 낮아봤자 5.5~7% 수준이었다"며 "지금은 그때보다 2배 더 대출을 받아도 상환액이 똑같다"고 말했다.

한편 강 대표는 이날 부동산스터디 카페 접속 트래픽으로 시장의 분위기를 설명했다. 그는 "최근 들어 가장 트래픽이 높았던 시점은 9·13 부동산 대책 직전인 8월이었다"고 소개했다. 그는 "당시 월간 조회 수가 약 1억 3,000만이었다"며 "그 이후에 지속적으로 트래픽이 꺾이며 8,000만까지 떨어졌다"고 말했다. 대책 발표 직전에 부동산 소비자들이 향후 시장 방향에 대한 관심이 가장 뜨거웠다고 볼 수 있다.

강 대표는 "그 후 올해 초인 1월부터 3월 사이에는 월간 조회 수가 6,000만 원대로 떨어졌는데, 3~4월 이후 다시 8,000만 원대를 회복했다"고 밝혔다. 강 대표는 "통상 사람들이 부동산을 매수할 때 가장 카페를 많이 찾는다"며 "그런 면에서 현재로서는 과거에 비해 '시장 에너지'가 뜨겁지 않다"고 설명했다.

두 사람 모두 상가 투자에 대해서는 '신중한 접근'을 강조했다.

심 교수는 "상가는 신규 상가와 기존 상가로 구분해서 봐야 한다"며 "신규 상가는 '선수들'의 영역이니 절대 보지 말아야 한다"고 조언했다. 반면 "기존 상가는 평일이든 주말이든 아침·점심·저녁 계속 가서 확인하면서 투자 가치를 분석해 매입하면 비교적 안전하다고 말했다. 주변 말만 듣고 사지 말라는 것이다. 그는 "오피스텔은 지금 나와 있는 물량이 많기 때문에 초역세권 입지가 아니면 안 보는 게 좋다"고 말했다.

강 대표는 "상가를 볼 때 유효 수요를 봐야 한다"며 "아파트 거주민이 몇 명이고, 그들이 소비할 수 있는 상가의 개수를 따져보는 것"이라고 설명했다. 특히 그는 "아파트 사람들이 다니는 동선을 잘 보고 그중 사려고 하는 상가가 어디에 있는지를 분석하라"며 "유동인구의 주요 동선 밖에 위치해 있으면 투자에 실패할 수 있다"고 말했다.

똘똘한 건물주 되는
틈새 투자 비법과
임대수익 높이는 밸류업 기법
김민수

"임대수익을 노리신다면 주거용 건물에, 시세 차익을 희망하신다면 꼬마빌딩에 투자해야 합니다."

2019 서울머니쇼에서 '똘똘한 건물주 되는 틈새 투자 비법과 임대수익 높이는 밸류업 기법'을 주제로 강연한 김민수 스마트하우스 대표는 건물에 투자할 때 목적에 따라 지역과 유형을 잘 선별해야 한다고 조언했다. 스마트하우스는 원스톱 부동산 자산관리 서비스를 제공하는 임대관리 전문회사다.

김 대표는 "부동산 경기의 '10년 주기설'을 고려해 상승기에는 시세차익 부동산에 올인하고 하락·안정세 시그널이 오면 임대수익형으로 갈아타야 한다"고 강조했다.

건물주 되는 부동산 경기 사이클 포트폴리오

구분	임대수익용 부동산	시세차익용 부동산
정의	매월 임대수익 나오는 부동산	시세차익이 많이 나는 부동산
종류	분양상가, 오피스텔, 상가빌딩 등	아파트, 토지, 주택, 빌라 등
장점	• 매월 고정적인 임대수익 • 투자 시세차익 가능	• 소액 투자 가능 • 임차인 관리가 편리
단점	• 임차인이 관리 문제 • 임대수익률 관리	• 매년 고정적인 세금 납부 • 부동산 경기 상승해야 투자수익 발생

　　김 대표는 "상승기에 사야 할 부동산은 뭐고, 하락할 때 사야 할 건 뭔가 명확하게 인지를 할 필요가 있다"고 덧붙였다. 이어 그는 "과거에는 부동산을 주거용과 상업용으로 구분했지만 이제는 시세차익형과 임대수익형 부동산으로 나눠야 한다"고 말했다. 내가 얻을 수 있는 수익이 무엇이냐에 따라 부동산 상품을 다르게 봐야 한다는 것이다.

　　김 대표는 꼬마빌딩과 원룸을 예로 들었다. 그는 노후에 시세차익보다 임대수익을 누리고 싶다면 원룸을, 반대라면 꼬마빌딩을 추천했다. 꼬마빌딩은 맛집 등을 유치해 상권이 살아나면 수배에 달하는 시세차익을 누릴 수 있기 때문이다. 그러나 김 대표는 "원룸 건물의 경우 20억 원이었던 건물 가격이 30억 원이 되는 건 쉽지 않다"고 설명했다.

주거용 건물-다가구주택(원룸주택) 상품 분석

상품 개념		주거지역 내 단독주택을 지주가 임대형 주택으로 개발한 전체 소유 방식
상품 종류	직영 임대형	역세권 입지 / 입지별 투룸형 개발 / 상가주택형 검토
	자기 관리형	단기임대 우량입지 / 외국 관광객 숙박 인기입지 / 확정 임대 수익률
상품 장점		• 입지 선정에 따라 높은 임대수익이 가능하다. • 체계적인 연체 관리를 하면 임대사업이 무난하다.
상품 단점		• 공급과잉으로 인한 공실률과 임대료 하락 가능 • 환금성이 낮으며 감가상각비용이 많이 소요된다.
상품 투자시기		부동산 조정시기 / 60~70대 / 생계형 임대사업자
상품 투자성		안전성- ○ / 수익성- ○ / 환금성- △

상업용 건물-상가빌딩 상품 분석

상품 개념		도시지역 내 공간적으로 개발해 근린시설과 업무시설 용도로 개발한 전체 소유 방식
상품 종류	상가주택형 상가빌딩	다가구주택 밀집상권 / 출퇴근 진입로 / 반드시 코너변 투자
	근린업무형 상가빌딩	Key-Store 블럭 투자 / 유동인구 흐름분석 / 3종 주거지역
	업무중심형 상가빌딩	대기업이나 관공서 밀집지 / 6차선 이내 / 의료시설 입점
상품 장점		고정 임대수익으로 안정적인 노후를 보장한다. 상권 활성화 시 높은 시세차익을 얻을 수 있다.
상품 단점		상권 입지분석에 실패하면 공실률이 높다. 체계적인 자산운영관리(PM)가 안 되면 스트레스 받는다.
상품 투자시기		부동산 조정시기 / 40~60대 / 투자형 임대사업자
상품 투자성		안전성- ○ / 수익성- ○ / 환금성- ○

경의선숲길·연희동 인기 상권 꼬마빌딩이 유망

김 대표는 "꼬마빌딩의 경우 임대수익률은 4~5% 수준으로 높은 편은 아니지만, 인근 상권이 살아나면 5억~10억 원 투자로 10억~20억 원에 되팔 수 있다"고 말했다.

그는 "꼬마빌딩은 20~30대 여성 유동인구가 많은 인기 상권이 유망하다"며 "여전히 홍대를 중심으로 인근 상권이 확장되는 중이니 망원동을 포함해 경의선숲길·연희동 사이 일대를 관심 있게 봐야 한다"고 설명했다. 아울러 김 대표는 "홍대입구역 3번 출구와 경의선숲길 상권이 연남동 외곽으로 확대 중"이라며 "마포나 여의도에 있는 직장인들이 회식을 하러 자주 오는데, 돈 있는 직장인들이 모이는 지역이 소비 수준이 높다"고 추천했다.

특히 그는 "유명 프랜차이즈나 인기 맛집을 유치하면 건물의 가치를 극대화할 수 있다"고 말했다. 김 대표는 똘똘한 건물주가 되게 해줄 매물로 구옥 단독주택 등을 지목했다. 그는 이런 주택들이 셰프들의 선호도가 높아 맛집 유치에 용이하다고 진단했다. 스타벅스가 들어가 있는 건물이나 주변 블럭도 투자 가치가 있는 지역으로 꼽힌다.

이어 김 대표는 "임대수익형을 찾는다면 1~2인 가구가 수요가 많은 대학가 인근이나 역세권 주거용 건물을 추천한다"고 밝혔다.

그는 "특히 건물을 쉐어하우스(공유주택)로 조성하면 연간 3% 안팎의 임대수익을 올리는 건물도 8~12% 수준으로 수익률을 끌어올릴 수 있다"고 말했다. 쉐어하우스는 한 명이 아닌 여러 명의 입주자를 유치하기 때문에 총 임대료를 더 많이 받을 수 있다.

김 대표는 "요즘 뜨고 있는 건 공유주택"이라며 "5~6년 전만 해도 자동차를 공유하는 걸 상상을 했었나"라고 말했다. 이제 자동차를 공유하는 시대가 왔다면, 집도 공유해서 쓰는 시대는 더욱더 앞당겨졌다는 뜻이다. 그는 "앞으로 부동산 투자를 한다면 공유주택을 염두에 둬야 한다"고 말했다.

아파트보다 비교적 저렴한 신축 빌라가 공유주택에 적합하다. 김 대표는 "쉐어하우스를 조성한다면 아파트는 비싸서 여유 자본이 있는 사람들에게만 추천을 한다"며 "신축 빌라의 경우 인테리어 비용이 많이 안 들어가도 되기 때문에 비교적 저렴한 가격에 사들일 수 있다"고 조언했다. 그는 대학교와 역세권 인근에 좋은 입지를 고르는 게 중요하다고 진단했다.

아울러 김 대표는 "쉐어하우스는 방 구조가 매우 중요하다"며 "방에 총 몇 명이 들어갈 수 있고 공용 시설은 어떤 동선에 어떻게 조성돼 있는지 잘 따져봐야 한다"고 설명했다. 물론 개발호재도 같이 봐야 한다.

김 대표는 다가구주택(원룸주택)을 집중적으로 분석해 소개했다. 그는 "일본의 경우 전문회사에 임대 관리를 맡기는 임대사업자가 많다"며 "일본은 1인 가구 추세가 우리나라보다 앞서고 있다"고 말했다. 그는 "처음에는 일본도 스스로 임대주택을 관리했다"며 "하지만 오랜 기간 관리하는데 들어가는 노력과 비용 때문에 누군가 관리를 대신 해주는 방식으로 전환했다"고 말했다.

부동산 밸류업 4대 기법

홈스테이징 기법
실내 공사나 리모델링 없이 가구 재배치와 소품 활용으로
실내 공간의 가치를 극대화시키는 일

건물 코스메틱 기법
낙후된 외관이나 불편한 건축물 등을 일부 수선 또는 개축하여 건물의 가치를
극대화시키는 방법

리노베이션 기법
기존 건축물을 헐지 않고 개선 및 보수하여 지어진 오래된 건물을 재투자해 가치를
극대화시키는 방법

인기 맛집·프랜차이즈 유치 기법
근린 생활에 일반적인 상각가 아닌 프랜차이즈를 유치해
건물의 가치를 극대화시키는 일

가구 재배치, 외형 리모델링으로 건물 가치 높여야

또 김 대표는 "부동산도 상품을 어떻게 단장하느냐에 따라 가치가 달라진다"며 '밸류업value up'의 중요성을 강조했다. 겉은 허름해 보이지만 미래 가치가 있는 지역의 건물을 저가에 매입해 가치를 끌어올리는 것이 '똑똑한 건물 투자'의 핵심이라는 뜻이다.

김 대표는 '호구형 건물주'가 아닌 '똑똑한 건물주'가 돼야 한다고 목소리를 높였다. 그는 "호구형 건물주는 당장 보기 좋은 걸 고른다"며 "똑똑한 건물주는 지금 건물이 허름하고 유동인구가 없어도 앞으로 좋아질 지역

의 매물을 고른다"고 말했다. 김 대표는 서울 가로수길에서 한 인기 연예인이 매입한 B빌딩을 사례로 들며 "지난 2012년 3억 원을 주고 밸류업을 통해 할리스를 유치한 후 지난 2017년에 95억 원에 매각했다"고 밝혔다.

김 대표는 이날 '부동산 밸류업 4대 기법'으로 ① 홈스테이징 ② 건물 코스메틱 ③ 리노베이션 ④ 맛집·프랜차이즈 유치를 꼽았다. 홈스테이징은 실내 공사나 리모델링 없이 가구 재배치와 소품 활용 등으로 간편하게 실내 공간의 가치를 끌어올리는 방식이다. 김 대표는 "원룸 오피스텔에 내부 옵션을 2~3개만 바꾸면 월세를 10만 원 더 받을 수 있다"며 "일본은 원룸을 분양하면 내부 인테리어를 다 주인이 하지만 우리는 분양 받은 그대로 임대한다. 조명이나 싱크대를 바꿔서 월세를 더 많이 받는 것이 바로 홈스테이징이다"라고 설명했다. 스마트하우스는 이 같은 부동산 밸류업 무료 상담 서비스를 제공하고 있다.

건물 코스메틱은 실내가 아닌 낙후된 건물의 외형을 개선하는 방법이다. 김 대표는 "코스메틱 기법은 건물을 리모델링할 때 잠재적 임차인들이 좋아할 만한 외관으로 바꾸는 기법"이라고 소개했다. 그는 "밸류업 부동산 투자를 한다면 3.3m²당 2,500만~3,000만 원 사이 매물이 가장 적합하다"며 "3.3m²당 5,000만~6,000만 원이면 이미 많이 오른 것으로, 이러한 매물을 살 경우 호구 건물주가 되는 지름길"이라고 경고했다.

한편 김 대표는 임대시장에서도 '펫코노미petconomy(반려동물 관련 시장)' 바람을 주목해야 한다고 조언했다. 그는 "일본은 반려동물 전용 임대주택이 활성화하기 시작하는 중"이라고 말했다. 우리나라도 '반려동물

1,000만 시대'에 접어들었기 때문에 앞으로 애완견 등을 키우는 사람들을 위한 임대시장이 형성될 수 있다는 뜻이다.

김 대표는 "애완견을 키우는 사람들은 전반적으로 금전적인 여유가 있는 사람들"이라며 "돈을 쓸 준비가 돼 있고 임대료를 더 낼 준비가 돼 있다"고 말했다. 그는 "우리나라는 강아지를 키우지 않는 소비자들을 위한 집을 짓지만, 일본은 어느덧 애완견 가구를 위한 집을 만들어 임대하기 시작했다"며 "임대료 수익도 훨씬 높다"고 설명했다.

이와 관련 김 대표는 "우리나라의 문제 중 하나가 집의 구조나 디자인이 다 똑같다는 것"이라며 "그래서 다시 고쳐 밸류업을 하는 게 중요하다"고 말했다. 그는 "임대주택은 상권이 중요하지 않고, 임차인이 좋아하는 집을 만들어주는 게 가장 중요하다"고 강조했다.

김 대표는 "하지만 대부분 우리나라는 집주인이 보기 좋은 집이 임대시장에 나온다"고 우려했다. 그는 "그런데 일본은 임차인을 연구해 집을 짓더라"고 소개했다. 김 대표는 "앞으로는 임차인이 왕"이라며 "고령화가 될수록 계속 수익형 부동산이 늘어나 공급은 많아진다"며 "내가 갖고 있는 오피스텔이 옆집하고 전혀 차별화가 안 될 것"이라고 말했다. 김 대표는 "일본은 임차인 맞춤형 임대주택들이 인기"라며 "평균적으로 다른 임대주택에 비해 20% 이상 높은 수익률을 누리고 경쟁률이 10 대 1"이라고 말했다.

강연을 마무리하면서 김 대표는 "매달 1,000만 원 수준의 임대료가 나올 수 있는 건물의 주인이 되는 게 목표여야 한다"며 "장기적인 관점에서 10년, 20년 포트폴리오를 짜시는 분들이 주로 건물주가 되더라"고 소개했다. 그는 20~30대를 내 집 마련 투자 단계, 30~40대를 평수 상향 투자 단계, 40~50대를 기호형 부동산 투자 단계, 50~60대를 수익형 부동산 투자 단계라고 정의했다.

Part 2

주식시장

매경 선정 베스트 애널리스트, 2019 하반기 신성장동력 전망

김준성, 박종대, 안재민

국내 주식시장에 안개만 짙어져간다. 지난 2018년 장중 2,600 위로 올라서며 기세를 올렸던 모습은 온데간데없다. 미·중 갈등은 글로벌 금융시장을 흔들었다. 중국은 수출에 직격탄을 맞았다. 세계 교역량이 둔화된다. 대형 수출주 중심인 코스피의 상장사 실적 전망은 하락세다.

향후 주식시장을 이끌어나갈 주도주가 뚜렷이 보이지 않는다. 2017년부터 '고점론'에 시달린 반도체 업황은 2018년 4분기부터 하락세가 완연하다. 하락폭이 과도했다는 인식에 2019년 초 반짝 상승세를 보였던 코스피와 코스닥은 도로 원점을 향해 돌아가고 있다. 내수 경기가 반등하는 움직임은 아직 찾아보기 힘들다.

이처럼 불투명한 시장환경에서 매경 베스트 애널리스트들이 투자의

맥을 짚어주기 위해 2019 서울머니쇼에 나섰다. 자동차와 유통·생활화장
품, 인터넷 분야에서 손꼽히는 전문가들이 '2019 대한민국 하반기 신성장
동력을 말한다'라는 주제로 각 산업의 현재와 미래, 투자 기회에 대해 설명
했다.

자율주행차 도입으로 새로운 기회 열리는 자동차 산업

김준성 메리츠종금증권 수석연구위원은 3년 연속으로 자동차 분야에
서 베스트 애널리스트에 오른 인물이다. 그는 먼저 자동차 기업의 실적 회
복에 주목해야 할 시점이라고 말했다. 자동차 업체의 주가는 실적과의 상
관관계가 매우 크기 때문이다.

김 수석연구위원은 "신차가 나오면 소비자를 끌어들이기 위한 할인이

현대차와 기아차 시가총액과 순이익 상관계수

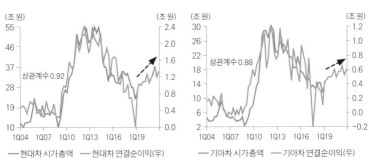

자료: 블룸버그, 현대차, 기아차, 메리츠종금증권 리서치센터

줄며 기업 이익이 개선된다"며 "2019년 초에는 올해 자동차 이익을 9조 원으로 추정했는데 현재 11조 원까지 올라가 있다. 자동차 주가가 재밌는 국면에 들어왔다"고 전했다.

현대차와 기아차 모두 2012~2013년 사이 연결재무제표 기준 순이익과 주가가 함께 정점을 기록했다. 그러나 자동차 모델 출시일로부터 시간이 지나며 제품 할인폭이 점점 커졌다. 할인이 늘어나자 순이익은 감소했다. 2018년 11월에는 현대차 주가가 고점 대비 3 수준으로 떨어졌다.

김 수석연구위원은 "최근 자동차 산업에서 이익과 주가의 상관관계가 90%를 넘었다. 이익이 늘어난다면 주가가 반등한다"며 "할인폭을 보면 지난 2013년부터 죽음의 기간이었다. 투자자들은 6년간 주가가 흘러내리는 것만 봐왔다"고 전했다.

그렇기에 새로운 자동차 모델이 출시될 경우 첫해가 가장 중요하다고 김 수석연구위원은 강조했다. 첫해 할인폭이 어느 수준까지 늘어나느냐에 따라 자동차 사이클의 향방을 좌우하기 때문이다. 일반적으로 현대차나 기아차, 혼다, 토요타 등 판매 규모가 큰 업체의 사이클은 5년마다 반복된다. 이번 소나타와 팰리세이드 신차가 현대차의 향후 5년 수익을 좌우할 수 있는 셈이다.

지난 2014년부터 시작된 현대차의 신차 사이클은 세단 판매실적이 두드러지게 악화됐다. 2014년 현대차는 세단 380만 대와 SUV 87만 대를 팔았다. 그러나 2018년에는 세단 270만 대와 SUV 161만 대를 팔았다. SUV 판매는 74만 대가 늘었으나 세단은 110만 대 감소한 것이다. 기아차 역시 2014년에 비해 2018년 세단 판매가 39만 대 줄어들며 판매 부진을 이끌었다. 김 수석연구위원은 "SUV가 잘나가는 동안 세단 판매량이 크게 줄었다. 세단 판매 감소가 멈추고 SUV 판매가 계속 오르는지 지켜볼 때"라고 현 상황을 진단했다.

중·장기적으로 자율주행차가 산업의 판도를 바꿀 것으로 예상된다. 자율주행차가 정착하기 위해 필요한 기술이 이미 완성 단계에 접어들었기 때문이다.

자율주행차가 실제로 운행되기 위해서는 어마어마한 수준의 데이터 처리가 필요하다. 주위 사물을 인식해야 하고, 신호등과 상호작용이 필요하다. 자율주행차가 하루에 요구하는 데이터 용량은 4,000기가바이트 수준으로 추정된다. 그런데 GPU의 발달로 연산처리 속도가 크게 증가했고, 5G 기술이 도입되며 안정적이고 빠른 데이터 전달이 가능해졌다.

자율주행차 시대에 전체 차량 판매대수는 분명 감소하겠지만 그렇다고 이익 규모가 줄어들지 여부는 지켜봐야 한다는 것이 김 수석연구위원의 분석이다. 그는 "100명이 이동하기 위해서는 50대의 자동차가 필요했는데 완전 자율주행 시대에는 2대만 있으면 될 것으로 추정된다"면서도 "그러나 자동차 산업의 중심은 플랫폼으로 변하고, 차 안에서 이용할 수 있는 콘텐츠 시장이 새로 열린다"고 밝혔다.

실제로 2019년 CES에서는 아우디와 디즈니의 협업이 주목을 받았다. 아우디 차량 내에서 영화를 다운받고, 이로 인해 발생한 수익의 일부를 아우디가 가져가는 형태다. 가령 기존 자동차 산업에서 완성차 업체가 자동차를 팔 경우 1억 원의 매출이 발생한다고 하면 실제 이익은 약 500만 원을 가져간다. 이용자끼리의 중고 거래 등을 모두 고려한 수치다. 그러나 완전 자율주행 시장에서 플랫폼 업체에는 필요한 차량 대수가 줄고, 콘텐츠 수입도 발생할 수 있다. 둘 모두 기존 제조업에 비해 원가가 적은 산업이다. 최근 현대차그룹이 모빌리티 시장 투자를 적극적으로 펼치는 이유가 여기에 있다.

유통·생활소비재는 호텔신라, 클리오, 연우에 주목

유통과 생활소비재 두 분야에서 베스트 애널리스트에 오른 박종대 하나금융투자 수석연구위원은 이날 호텔신라와 클리오, 연우 세 종목을 자신의 '톱 픽Top Pick'으로 꼽았다. 한국이 기존 화장품 생산을 넘어 아시아 지역 글로벌 화장품 판매 허브로 거듭나고 있기 때문이다.

먼저 박 수석연구위원은 2019년 한국 증시는 철저히 '종목장세'라고 설명하며 세미나를 열었다. 그는 "최근 한국 증시의 경우 개별 종목으로 보면 펀더멘탈이 좋아지고 주가도 연초 대비 2~3배로 뛴 종목이 꽤 있다. 개인 투자자가 좋은 성과를 낼 수 있는 시장"이라며 "작년과 재작년은 개인 투자자에게 힘든 시장이었다. 2018년은 나스닥만, 2017년은 반도체만 좋았다. 지금 코스피 지수는 평탄한데 개별 종목의 주가는 크게 움직인다"고 설명했다.

국내 유통과 소비재는 결국 중국의 영향을 크게 받을 수밖에 없다는

1분기 시내 면세점 점포별 매출 및 성장률 비교

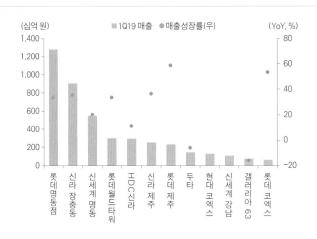

자료: 면세점협회, 하나금융투자

게 박 수석연구위원의 설명이다. 그런데 최근 중국에서는 글로벌 럭셔리 브랜드 화장품 성장이 두드러지게 나타나고 있다. 그는 "1995년 이후 중국에서 태어난 소비자들은 '랑콤부터 쓴다'고 할 정도로 글로벌 화장품에 대한 수요가 높다. 에스티로더와 로레알 주가도 주가 상승세가 좋다"며 "전 세계에서 글로벌 화장품을 가장 싸게, 많이, 다양한 카테고리의 신제품을 살 수 있는 곳이 한국 면세점"이라고 밝혔다.

용기 공급업체 연우는 럭셔리 브랜드에 납품하는 매출이 늘며 가파른 실적 개선세를 이어나가고 있다. 연우는 2019년 1분기 영업이익 36억 원을 기록했다. 전년 동기 대비 203% 늘어난 수치다. 원가율도 하락하며 4월 한 달 영업이익이 1분기 영업이익을 넘어선 것으로 알려졌다.

신규 면세점 허가가 늘며 면세점주 주가에 대한 우려도 늘었으나 크게 염려할 일은 아니다. 글로벌 브랜드가 아무 면세점에나 물건을 주지 않기 때문이다. 국내에서는 호텔롯데와 호텔신라, 신세계가 이에 해당한다. 이 곳에서는 여전히 10시에 문을 열면 12시만 돼도 화장품이 품절된다는 게 박 수석연구위원의 설명이다. 한화갤러리아는 면세점 사업에서 빠졌으나 호텔신라와 호텔롯데는 1분기 뛰어난 실적을 거둔 이유다.

그는 "호텔신라 실적과 주가 변화는 네 단계로 나뉜다. 내국인 아웃바운드가 늘어난 2010년까지는 영업이익이 3배 늘며 주가도 2배가 됐다. 2011년부터는 중국 인바운드가 시작돼 영업이익도 640억 원에서 1,490억 원까지 늘었지만 주가수익비율PER은 40배까지 갔다. 주가가 난리가 난 것"이라며 "메르스와 대기업 면세점이 늘어난 2015~2017년에는 영업이익이 3분의 1로 줄며 주가도 3분의 1로 줄었다. 이 흐름이 바뀌기 시작한 게 2018년"이라고 설명했다.

박 수석연구위원은 화장품 업체 가운데서는 클리오와 애경산업이 유망하다고 전망했다. 중국에서 '메이드 인 코리아' 화장품이 잘나가던 시기는 지났으며, 지금은 한국에서 브랜드 인지도가 높은 제품이 중국에서도 잘나간다는 이유에서다. 그는 "중국 소비자들의 한국 화장품 선호도 역시 한국에서 브랜드 인지도가 높은 상품으로 이동하고 있다. 클리오와 애경산업이 여기에 해당한다"며 "애경산업은 브랜드가 하나밖에 없다는 점이 한계다. 새로운 브랜드가 출시될 필요가 있다. 그런 측면에서 클리오는 사업 전략도 잘 짜고 있다"고 설명했다.

그러나 박 수석연구위원은 오프라인 매장을 기반으로 하는 중저가 화장품 업체들은 2019년에도 고전을 이어갈 것으로 전망했다. 화장품 시장도 점차 온라인의 비중이 커지고 있어 오프라인 매장의 매출이 큰 업체에는 쉽지 않은 환경이라는 이유에서다. 새로운 아이디어로 중무장한 화장품 벤처업체가 늘고 있다는 점도 중저가 화장품 업체의 실적을 악화시키는 요인으로 지목됐다. 그는 "화장품 벤처업체들이 통통 튀는 신규 브랜드를 내놓고 있다. 비상장 화장품 업체의 춘추전국시대"라며 "이니스프리와 더페이스샵 등 오프라인 매장을 중심으로 한 화장품 업체는 점차 올드해 보일 것"이라고 설명했다.

통신 세대별 변화 특징: 3G~5G

	3G	4G	5G
속도	14Mbps	75~300Mbps	10~100Gbps
주요 서비스	음성, 문자, 영상통화	음성, 문자, 영상통화, 데이터	음성, 문자, 영상통화, 데이터, IoT/M2M, 자율주행 AR/VR
국내 상용화 시기	2006년 5월	2011년 7월	2019년 3월
고속 이동성	250km/h	350km/h	500km/h
응답 속도	100ms	10ms	1ms
주요 사용 주파수 대역	800MHz 1.8GHz 2.1GHz	800MHz 1.8GHz 2.1GHz 2.6GHz	10GHz 이상
주파수 대역폭	10~20MHz	20~80MHz	1~10GHz

자료: NH투자증권, 리서치본부

5G 시대 맞아 훨훨 날 콘텐츠·플랫폼 기업

5G 시대가 열리며 여러 변화가 예고됐다. 그러나 이를 투자 기회로 연결시키기는 쉽지 않다. 안재민 NH투자증권 연구위원은 이날 강연에서 5G 도입으로 열릴 세상과 이 가운데 수혜가 예상되는 종목을 짚었다. 안 연구위원은 5G 통신뿐 아니라 미디어와 콘텐츠 산업, 게임, 인터넷 등 전방위적인 변화가 예상되는 만큼 해당 업종에서 변화에 잘 대비하고 있는 기업을 주의 깊게 살펴볼 필요가 있다고 설명했다.

안 연구위원은 먼저 5G의 특성에 대해 설명했다. 가장 큰 특징은 속도다. 4G망만 해도 인터넷과 유튜브 등을 사용하는데 속도가 느려 불편을 호소하는 소비자는 적다. 그러나 앞서 언급한 것처럼 자율주행차가 실생활에서 사용되기 위해서는 더욱 빠른 데이터 전송이 필요하다. 증강현실 AR과 가상현실VR 게임이 상용화되는 데도 5G의 데이터 속도가 중요하다는 게 안 연구위원의 설명이다.

안정성도 5G의 중요한 요소다. 자율주행 중인 자동차에 데이터가 1~2초만 끊겨도 사고로 이어질 수 있기 때문이다. 안 연구위원은 "자율주행을 위해서는 데이터 전송 속도뿐 아니라 안정성도 중요하다. 통신사 가치가 더욱 커질 수 있는 상황"이라며 "LTE 속도에서는 자동차 제동 거리가 나오지 않았다. 어린이나 개가 뛰어 들었을 때 왔다 가는 신호가 오래 걸렸으나 5G 속도에서는 이런 염려가 없다"고 밝혔다. 그는 또 "지금까지 통신사는 개인 소비자에게 주목해왔다. 그러나 5G를 이용해 자율주행과 원격조정 등이 가능해지면 개인 소비자뿐 아니라 기업 간 거래B2B로 수익 창출이 가능해질 전망"이라고 진단했다.

5G 도입으로 일반 소비자가 체감할 수 있는 변화로는 동영상이 꼽혔다. 가령 야구 중계의 경우 현재는 시청자가 투수와 타자를 볼 수 있다. 그러나 5G가 도입된 이후에는 1루수나 3루수, 외야수의 시야에서도 경기를 볼 수 있도록 변화가 일어난다는 것이다. 아이돌 가수의 공연 영상을 볼 때도 자신이 좋아하는 한 명만 볼 수 있게 영상 시청 양상이 변화할 전망이다. 여러 카메라에서 오는 영상을 받기 위해서는 5G망이 필요하기 때문이다.

5G망으로 가능해진 클라우드 게임도 게임업계에 큰 변화를 가져올 수 있는 요인으로 꼽힌다. 현재는 게임을 구동하는 기기에서 데이터가 처리되지만 클라우드 게임은 데이터 처리는 서버에서, 구동은 기기에서 일어나는 형태다. 구동 기기가 데이터 처리를 하지 않으므로 사양에 크게 구애받지 않으며, 휴대폰에서 하던 게임을 TV에서도 할 수 있게 된다. 역시 5G망의 속도가 있어야 가능한 변화다. 안 연구위원은 "5G 도입으로 클라우드 게임 시장이 열린다. 게임은 클라우드에서 돌리고 각 플랫폼에서 모두 진행할 수 있는 형태"라며 "국내에서는 엔씨소프트나 펄어비스가 클라우드 게임 시장이 열린 뒤에도 충분한 게임 개발 역량을 갖춘 곳으로 보인다"고 설명했다.

콘텐츠 시장도 큰 폭의 성장이 예상된다. 특히 드라마 제작사가 수혜를 입을 것으로 예상된다. 넷플릭스가 성공을 거두며 좋은 드라마를 확보하기 위한 경쟁이 치열해졌고, 결국 소비자들이 좋아하는 콘텐츠를 만드는 제작사의 몸값도 뛴다는 것이다. 웹툰 시장도 국내 기업들이 경쟁력을 갖고 있는 분야 중 하나다. 네이버와 카카오는 검색광고 시장을 넘어 콘텐츠와 인공지능AI에 대한 대응이 모두 뛰어난 기업으로 꼽혔다.

안 연구위원은 "2000년대 검색광고가 등장하고 2010년대에 모바일 시장이 큰 성장을 보였다. 그러나 모바일 시장도 성장이 둔화되며 네이버와 카카오의 사업 모델도 고민에 빠진 상태"라며 "두 기업 모두 인공지능에 대한 대응이 뛰어나다. 네이버 웹툰과 카카오페이지 등 플랫폼도 해외 시장 성장 가능성이 크다"고 전했다.

우리 함께 주식으로
부자 되는 방법
강방천

"주식·펀드 투자로 돈을 벌고 싶다면 해외로 눈을 돌리세요. 그리고 산업별 1등 기업을 찾아 반드시 분산투자해야 합니다. 갖가지 소문이나 일시적 침체에 흔들리지 않고 뚝심을 지키는 것도 중요합니다."

2019 서울머니쇼에서 '우리 함께 주식으로 부자 되는 방법'이라는 주제로 강연에 나선 강방천 에셋플러스 회장은 "불황일수록 기업의 옥석이 가려진다는 점에서 지금은 역설적으로 주식·펀드 투자에 나서기 좋은 시기"라며 이같이 말했다.

강 회장은 "평균도, 평균 이하도 아닌, 평균 이상의 기업에 투자를 해야 성공할 수 있는데 국내에선 그런 회사를 찾기 힘들다"며 "혁신이 성장을 만들고, 성장이 소득을 만들고, 소득이 소비를 만드는 경제 시스템이 이어지려면 우리나라가 역동성을 갖춰야 하는데 그렇지 않기 때문"이라고 진단했다.

당분간 국내 주식시장은 상·하방 제약 요인으로 박스권에 갇힐 전망이다. 강 회장은 상방 제약 요인으로 반도체 및 은행 산업의 성장 정체를 꼽았다. 그는 "지난해 반도체 기업들과 다수 은행들이 놀라운 이익을 기록했지만 둘 다 무한한 동력을 지닌 분야가 아니기 때문에 상당 기간 제한된 모멘텀을 나타낼 것"이라고 설명했다. 현 정부의 지나친 규제로 인해 규모 있는 혁신 기업이 탄생하기 어려운 상황이라는 점도 언급했다.

하방 제약 요인으로는 코스피 자본총계에 비해 지나치게 낮은 시가총액, 주가순자산비율PBR을 꼽았다. 강 회장은 "자본총액은 2010년 809조 원에서 2018년 1,659조 원으로 2배 이상 커졌으나 PBR은 같은 기간 1.41배에서 0.8배로 쪼그라들었다"며 "이는 2009년 글로벌 금융위기 이후 최저 수준"이라고 말했다. 이어 "2012~2015년 14~18배였던 PER도 2016년 13.7배, 2017년 11.3배, 2018년 8.5배로 저평가된 상태"라고 덧붙였다.

금리 인상을 비롯한 여러 가지 규제로 부동산 시장이 침체되면서 주식에 대한 투자 매력도가 상승한 것도 하방 제약 요인 중 하나다. 스튜어드십 코드, 행동주의 펀드 등의 움직임이 활발해진 것 역시 주식시장에 영향을 미치고 있다. 강 회장은 "요즘 각 기업들이 대내외적 영향으로 주주친화 정책을 강화하면서 배당수익률이 증가하고 있다"며 "현재 국내 주식시장 시가 배당률은 2.3%, 배당 성향은 20% 초반인데 이 또한 확대될 가능성이 높다"고 말했다.

문제는 투자자 입장에서 박스권 시장은 매력적이지 않다는 점이다. 강 회장은 "부자가 되려면 부자가 될 사람·기업·산업과 가까이해야 한다"며 "우리나라에서 한정적인 선택지를 두고 고민하기보다는 해외로 눈을 돌려 주식과 펀드를 통해 글로벌 기업들의 주인이 되는 것이 중요하다"고 말했다.

이어 그는 "주식 혹은 펀드는 지혜로운 경제활동"이라고 말했다. 모든 사람이 기업의 소비자가 아닌 공급자로 거듭날 수 있는 특권을 지니고 있다는 설명이다. 다만 채권자 지위를 가질지, 주식 투자 지위를 가질지는 개인의 선택에 달려 있다고 덧붙였다.

해외 펀드, 지역·속성별 분산투자가 핵심

강 회장은 해외에서 기회를 모색하되, 산업별 1등 기업을 선별할 줄 알아야 한다고 강조했다. 그는 "불황일 때 모든 기업이 힘들지만 1등 기업은 버티는 힘을 갖고 있고 꼴등 기업은 사라져버린다는 데서 차이가 생긴다"며 "자연스러운 구조조정 과정에서 살아남은 1등 기업은 다시 경기가 회복됐을 때 축제를 즐긴다"고 말했다.

대표적인 예로 삼성전자와 SK하이닉스를 꼽았다. 강 회장은 "두 회사가 지난 2~3년간 엄청난 돈을 번 것도 그 이전에 불황 사이클을 극복했기 때문"이라며 "1등 기업에 투자해 어떤 시기든 함께 견뎌내는 것이 중요하다"고 말했다. 최근 벌어지고 있는 미·중 무역 충돌도 궁극적으로는 중국 경제에 큰 도움을 줄 것으로 내다봤다. 미국과의 마찰을 극복하는 과정에서 중국의 부실 기업들이 사라지게 될 것이라는 설명이다.

강 회장은 "최근 글로벌 경제는 지난 10여 년간 이어진 금융 팽창기를 지나 금융 수축기로 옮겨 가고 있다"며 "이럴 때일수록 시장의 평균을 추종하는 패시브펀드보다는 평균 이상에 투자하는 액티브펀드를 택해 장기간 가져가는 것이 옳다"고 말했다.

간과하지 말아야 할 것은 해외 자산에 직접 투자할 경우 세금이 최대 40%까지 부과된다는 점이다. 강 회장은 "일례로 증권사 계좌를 만들어 아마존이나 에르메스, 구찌 등의 주식을 사면 양도차익으로 21~22%의 세금을 내야 한다"며 "그렇다고 해외 주식이나 펀드에 투자하지 않는 건 어리석은 행동"이라고 말했다.

다만 분산투자를 절대 잊어서는 안 된다고 당부했다. 강 회장은 "가장 염두에 둬야 할 위험관리 방안은 분산투자"라며 "이때 개수가 아닌 속성의 분산이 필요하다"고 말했다. 가령 중국 펀드 2개에 투자할 때 증권주 1개, 소비주 1개로 반드시 나눠야 한다는 것이다. 혁신을 선도하는 미국, 다수 명품 브랜드를 보유한 유럽, 자체 구조조정이 활발히 이뤄지고 있는 중국 등 지역별로도 투자처를 분산하는 것이 필요하다고 덧붙였다.

강 회장이 제안하는 투자처는 '슈퍼아시아'다. 슈퍼아시아는 총인구 19억 명(세계 26%), 생산가능인구 11억 4,000만 명(세계 24%)에 달하는 인적자원과 풍부한 천연자원, 안정적인 산업구조, 성장잠재력 등을 갖춘 인도

슈퍼아시아의 잠재력: 균형 잡힌 비즈니스 모델의 잠재력

- 슈퍼아시아 국가 기업은 콘텐츠, IT, 에너지, 은행 등 다양한 영역에서 균형 잡힌 비즈니스 모델 보유
- 균형 잡힌 구조에서 기업들이 자기 역할 기대와 새로운 기업의 등장도 용이하며 이들의 성장잠재력도 높이 평가됨

혁신의 과정	산업 구분	글로벌		슈퍼아시아		
정신적 혁신 & 소비력 증대	콘텐츠	NETFLIX	Walt Disney	인도 1위 채널 사업자	hotstar	인도 1위 OTT 업체
	관광	BOOKING HOLDINGS	ROYAL CARIBBEAN	AOT	태국 공항공사	동남아 1위 LCC 기업
	IT SW	Google	amazon	TATA 인도 1위 IT 서비스 기업	Infosys 인도 대표 IT 서비스 기업	
	자동차	Ferrari		인도 1위 자동차 기업	ASTRA 인니 1등 자동차 기업	
	음식류		HEINEKEN	필리핀 1등 주류 기업	태국 1등 음식료 기업	
	IT HW	Apple	intel	글로벌 1위 파운드리 기업	MEDIATEK 대만 1위 팹리스 기업	
물질적 혁신	통신	stat	verizon	말레이 대표 통신사	Singtel 싱가포르 1위 통신사	
	산업	AIRBUS	CAT	ST Engineering 현지 1등 MRO 업체	현지 해양 플랜트 기업	
	에너지	Chevron	Schlumberger	인도 최대 복합기업 Reliance	동남아 대표 석유 기업	
자본의 축적	금융	Goldman Sachs	Morgan Stanley	DBS 싱가포르 1위 은행	Great Eastern 현지 대표 보험사	
	은행	Bank of America	JPMORGAN CHASE	HDFC BANK 인도 1위 은행	Maybank 말레이시아 1위 은행	

* 위 자료는 펀드의 이해를 돕기 위한 참고 자료로서 특정 시장이나 종목을 투자 권유하는 것은 아니다. 또한 실제 투자 기업과 다를 수 있다.
* 자료는 작성 시점에서 취득 가능한 데이터를 사용하여 작성됐으나, 시장의 환경이나 그 외의 상황에 의해 변경될 수 있다.

자료: 각 사, 에셋플러스 편집

와 동남아시아를 말한다. 이들의 GDP는 6조 5,000억 달러로 세계 8%를 차지하고 있다.

특히 주목해야 할 기업으로는 인도 1위 채널 사업자인 GTV, 인도 최대 에너지·섬유·통신 기업 릴라이언스Reliance, 아세안 최대 은행 DBS, 태국 공항공사 AOT, 베트남 1위 종합 부동산·리조트 그룹 빈그룹Vingroup, 동남아시아 1위 저비용 항공사 에어아시아Air Asia 등이 거론됐다. 말레이시아 대표 통신사 악시아타Axiata, 동남아시아 대표 석유 기업인 페트로마스PetRomas, 인도네시아 1등 자동차 기업 아스트라Astra, 인도 대표 정보통신IT 서비스 기업 타타Tata와 인포시스Infosys, 대만 1위 팹리스 기업인 미디어텍MediaTek 등도 해당한다. 팹리스Fabless란 시스템 반도체의 설계 및 개발만을 수행하는 회사를 일컫는다.

강 회장은 "슈퍼아시아 지역의 기업들은 콘텐츠, IT, 에너지, 은행 등 다양한 영역에서 균형 잡힌 비즈니스 모델을 보유하고 있다"며 "기존 산업의 성장뿐 아니라 새로운 기업들의 탄생도 기대해볼 수 있는 경제 여건"이라고 말했다.

빅데이터·경험 소비에서 투자 기회 찾아라

2008년까지만 해도 생산의 기본 요소는 사람, 자본, 토지였다. 이듬해 스티브 잡스가 스마트폰을 개발하면서 3대 기본 요소에 모바일 디지털 네트워크가 더해졌다. 강 회장은 "모바일이 세계를 지배하기 시작하면서 스마트폰 자체의 하드웨어가 중요해졌다"며 "스마트폰을 만드는 사업으로 가치를 창출하는 삼성전자가 크게 활약한 시기"라고 말했다. 이어

"2013~2014년부터는 아마존, 알리바바와 같은 플랫폼 서비스 기업이 뜨기 시작했다"고 말했다.

이제는 빅데이터가 각광받는 시대다. 강 회장은 "제약·의료·금융·자산운용·자동차 등 모든 산업이 인공지능을 비롯한 빅데이터를 기반으로 성장해가고 있다"며 "빅데이터를 적절히 활용해 생존한 기업과 그렇지 못해 도태된 기업으로 나뉠 것"이라고 말했다.

강 회장은 현대인들의 달라진 소비 패턴에도 주목해야 한다고 강조했다. '소유의 소비'와 '경험의 소비'로 나눠 각각의 산업에서 새로운 투자 기회를 모색해야 한다는 설명이다. 그는 "소유의 소비는 명품 분야, 경험의 소비는 여행 분야로 연결된다"며 "앞으로는 이를 장악한 플랫폼을 가진 산업군이 끊임없이 성장할 것"이라고 말했다.

강 회장은 그중에서도 경험의 소비에 주목해야 한다는 입장이다. 그는 "우리나라 해외 출국객 추이를 살펴보면 2014년 1,608만 명, 2015년 1,931만 명, 2016년 2,238만 명, 2017년 2,650만 명, 2018년 2,870만 명으로 꾸준히 늘어나고 있다"며 "중국도 15억 명의 인구 가운데 10%인 1억~1억 6,000만 명이 매년 해외로 떠나고 있다"고 말했다. 이어 "경제 패러다임이 바뀜에 따라 경험의 소비가 앞으로 무궁무진한 가치를 만들어 낼 것"이라고 말했다. 여행 플랫폼을 장악한 기업들이 성공을 거둘 가능성이 높다는 분석이다.

강 회장은 좋은 투자처도 중요하지만 인내 없이는 어떤 투자도 성공할 수 없다는 점을 기억해야 한다고 당부했다. 그는 "주식 투자 전문가와 일

주식으로 부자 되는 방법

원칙1   견고한 비즈니스 모델을 가진 기업

원칙2   불황 속에서도 끝까지 살아남을 일등기업

원칙3   미래 환경 속 변화를 담은 기업

반 사람들의 차이는 갖고 있는 지식의 양에서 비롯되지 않는다"며 "주식을 대하는 자세가 다르다는 데서 결정된다"고 말했다. 이어 "어떤 사람은 본인이 들고 있는 주식 가격이 5%가량 하락하면 자괴감에 빠지곤 한다"며 "여기서 기억해야 될 건 누군가의 말 한마디로 기업이 흔들릴 리 없다는 점"이라고 말했다. 미국 도널드 트럼프 대통령이 최근 한국 경제에 대해 부정적인 입장을 밝혔고, 이것이 주가 하락으로 이어졌어도 기업이 생산하는 재화나 서비스가 한순간 사라지는 건 아니라는 설명이다.

노후자금, 자녀 창업
종잣돈 만드는 장기투자의 힘!

존 리

한국은 OECD 회원국 중에서 노인빈곤율이 가장 높은 국가로 꼽힌다. 그만큼 사람들의 노후 대비가 되어 있지 않다는 의미다. 2019 서울머니쇼 연단에 오른 투자 거장, 존 리 메리츠자산운용 최고경영자CEO는 "부유한 노후를 보내려면 하루라도 빨리 주식을 사야 한다"고 강조했다. 이슈에 일희일비하는 단기 매매형 주식 투자가 아닌 주식 장기 보유를 통해 노후자금을 마련하라는 충고다.

존 리 대표는 "빈곤한 노후를 막기 위해서는 자본주의 속성을 알고 장기적인 관점에서 투자해야 한다"고 지적했다. 100세 시대 노후 빈곤에 대한 사람들의 두려움을 보여주듯 그가 맡은 '노후자금, 자녀 창업 종잣돈 만드는 장기투자의 힘!' 세션은 투자 노하우를 얻으려는 사람들로 가득 찼다.

존 리 대표는 최초의 한국 투자 펀드 '코리아펀드'를 스커더인베스트먼트에서 15년간 운용하며 유명세를 얻었다. 1958년생인 그는 연세대학교 경제학과를 다니다 중퇴한 뒤 미국 뉴욕대학교에서 회계학 학사를 받았다. 이후 라자드자산운용, 도이치투신운용, 스커더인베스트먼트 등에서 주식 운용 매니저로 활약했다. 메리츠자산운용에 최고경영자로 합류한 2014년부터는 가치투자 전략을 꾸준히 내세우며 시장에서 인정받고 있다.

'복리의 마법' 누릴 투자 타이밍은 "바로 지금!"

존 리 대표는 먼저 노동으로 돈을 버는 데에는 한계가 있다고 지적했다. 그는 "노동자는 자신의 시간과 노동에 대한 대가로 돈을 벌지만 사람

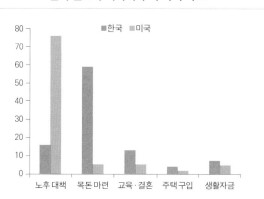

한미 펀드 투자자의 투자 목적 비교

자료: 한국금융투자협회, 미국자산운용협회

이 늘면 더 이상 노동이 불가능해지기 때문에 노동과 투자를 함께 해야 한다"며 "사람들은 월급을 받을 때는 스스로를 중산층으로 생각하지만 은퇴하고 나서야 자신이 중산층이 아니라는 것을 깨닫는다"고 설명했다.

존 리 대표는 "미국에선 젊은 사람들의 경제독립과 노후준비를 중요하게 생각한다. 창업하지 않아도 기업의 주인이 될 수 있는 게 주식"이라며 "라이프스타일을 바꾸지 않으면 은퇴 후 힘들어진다. 한국 친구들을 봐도 노후준비가 안 돼 있는 경우가 많다"고 거듭 강조했다.

주식에 투자하겠다고 마음먹었다면 중요한 것은 타이밍이다. 존 리 대표는 "복리의 마법으로 투자기간이 길어질수록 수익률이 현저히 뛴다"며 "투자는 지금 바로 이뤄져야 한다"고 주장했다. 투자 타이밍보다는 좋은 주식을 일찍 사는 것이 더욱 중요하다는 의미다. 그는 "단기적으로 큰돈을 버는 게 주식이 아니고 5년 또는 10년씩 장기투자를 하는 게 주식"이라며 "오늘 좋은 얘기를 들었다고 그냥 집에 가면 안 되고 지금 바로 주식 투자를 시작해야 한다"고 말했다.

복리란 원금뿐 아니라 이자에 다시 이자가 붙는 형태를 말한다. 단기적으로는 큰 차이가 없는 것으로 보일 수 있다. 그러나 투자기간이 길어질수록 원금이 눈덩이처럼 불어나는 결과로 이어진다. 주식 역시 마찬가지다. 만약 현재 A라는 종목의 가격이 1만 원이고 연간 주가 상승률이 10%라면, 2년 뒤 이 종목의 가격은 1만 2,000원이 아니라 1만 2,100원이 된다. 두 번째 해에는 1만 1,000원에서 10%가 오르기 때문이다.

존 리 대표는 "차가 없으면 한 달에 80만 원을 투자할 수 있다. 차는 나를 빨리 가난하게 만든다. 그걸 주식으로 바꿔야 한다. 한국은 보험금만으로 노후준비가 안 되는 사람도 많다"며 "부자가 되는 건 나를 불편하게 하는 것이다. 차가 없으면 불편하지만 월급은 한정돼 있다"고 전했다.

존 리 대표는 또 월급의 일부를 무조건 노후준비에 투자하라고 조언했다. 연령대별로 20대에 시작한다면 월급의 10%를, 30대에 시작한다면 20%씩을 투자하는 식이다. 늦게 시작할수록 월급에서 노후준비에 들어가는 비중이 커진다. 일찍 투자하는 사람이 유리하다는 이유다. 구체적으로는 연금펀드와 퇴직연금부터 시작해야 한다고 밝혔다. 이러한 사적 연금에는 세제 혜택도 주어지는 만큼 적극적으로 활용할 필요가 있다는 것이다.

존 리 대표는 "미국에서는 퇴직연금으로 돈을 번 사람이 많다. 주식 투자는 샀다 팔았다 하는 게 아니다. 비가 오나 눈이 오나 모으고, 기다리는 게 주식이다"며 "한국은 OECD 주요국 중 퇴직연금 자산에서 주식 비중이 너무 낮다. 개인 연금펀드도 모두 주식에 투자돼 있어야 한다"고 설명했다.

1년 생활비로 자산의 4% 이상을 쓴다면 30년 이상 노후걱정할 필요가 없다는 게 존 리 대표의 설명이다. 사망할 때까지 남에게 도움을 요청하지 않을 수 있다는 것이다. 그는 "부자처럼 보이려고 노후준비를 못 한 채 과소비한다. 좋은 동네에서 살고, 좋은 차를 타려고 한다"며 "그러면 절대로 경제적인 자유를 얻을 수 없다. 하루에 1만 원, 5,000원이 나중에 큰돈이 된다는 걸 믿어야 한다"고 거듭 강조했다.

사교육 할 돈으로 주식을 사주는 게 자녀 위한 최고의 선물

존 리 대표는 교육비를 쓰는 것보다 주식을 사주는 게 자녀를 위해 보다 나은 선택이라고 주장했다. 사교육비와 함께 자동차 구입, 보험 등에 돈을 지출하는 것은 주식 투자 대비 비효율적이라는 설명이다.

그는 "새로 태어난 아이들에게 주식을 사주는 것만큼 큰 축복이 없다. 아이들이 자라면서 주식이 몇 배로 뛴다"며 "기대수익률이 연 7%일 때 태어나자마자 매달 50만 원씩 투자한다면 30세 때 6억 원을 만들 수 있다. 그런데 10세에 시작하면 3억 원이 안 되고, 20세에 시작하면 1억 원이 안 된다. 복리가 중요한 이유"라고 강조했다.

월 50만 원씩 30세까지 꾸준히 투자한다면?

• 주식 포트폴리오의 기대수익률 연 7% 가정

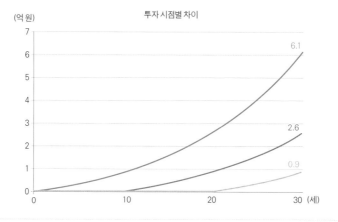

투자 시점별 차이

존 리 대표는 또 "전 세계 많은 백만장자들이 중학생 때부터 돈을 벌어 봤다는 공통점이 있다"며 "아이의 생일에 물건 대신 주식이나 펀드를 사 주고 자본주의와 복리를 이해시킬 경우 이후 더욱 큰 차이를 만들 것"이라 고 덧붙였다.

자녀에게도 자본주의를 가르쳐야 한다고 그는 거듭 말했다. 아이들이 경제적으로 자유로운 삶을 살기 위해서는 돈에 대한 감각이 있어야 한다 는 이유에서다. 존 리 대표는 "한국은 아이들에게 돈을 가르치지 않는다. 미국 유대인은 자신의 월급과 부채를 다 아이들에게 교육한다"며 "학생 때 도, 취직했을 때도, 사회에 진출해서도, 결혼할 때도 돈 감각이 없는 경우 가 많다. 아까운 돈을 다른 데 쓰지 말고 주식에 투자하게 해야 한다"고 전 했다.

특히 존 리 대표는 자녀를 위해선 사교육비에 들어가는 돈으로 주식을 사주는 게 낫다는 의견을 밝혔다. 자녀가 공부를 잘하는 것과 부자가 되 는 건 다르다는 이유에서다. 그는 "2015년에 태어난 아이들은 140세까지 살 수 있다고 한다. 오래 살수록 가장 중요한 건 돈이다. 일본은 금융문맹 률이 한국보다 높지만 사교육비를 잘 쓰지 않는다"며 "사교육을 시키는 건 효율적인 투자가 아니다. 한 살 때부터 기계적으로 투자하면 나중에 큰돈 이 된다. 워런 버핏은 열한 살 때부터 주식을 했다"고 말했다.

그는 "주위에도 노후준비가 되지 않은 친구가 많다. 만약 자동차를 팔 고 사교육을 하지 않았다면 어떻게 됐을까, 계산해보면 지금 15억 원 정도 는 보유하고 있었을 것"이라며 "복리 효과를 생각했을 때 사교육비에 돈을 쓴 사람과 주식에 투자한 사람의 차이는 크다"고 전했다.

존 리 대표는 현재의 '소확행小確幸(소소하지만 확실한 행복)' 트렌드에도 안타까움을 드러냈다. 소확행은 부자가 되지 않겠다는 예고와도 같다는 것이다. 그는 "자본주의를 이해하는 게 중요하다. 금융문맹은 전염된다. 소확행 트렌드는 자그마한 행복을 누리기 위해 부자가 되지 않겠다며 예고하는 것과 같다"며 "특히 젊은 사람들이 매일 황금알 낳는 거위를 죽인다. 여행 가서 얻는 게 많더라도 그 돈을 모아 1,000만~2,000만 원, 1억 원을 만든 다음에 가야 한다"는 의견을 밝혔다.

그는 "나는 어차피 부자가 안 된다는 생각은 잘못됐다. 악착같이 투자 자금을 만들어야 한다"며 "커피 사 먹고, 술 먹고 낭비하는 돈을 투자로 바꿔야 한다. 라이프스타일의 전환이 필요하다"고 덧붙였다.

여의도 라이징! 스타 펀드매니저에게 듣는
제2의 벤처붐 시대, 중소형 황금주 찾기

황준혁

"국내 공모펀드 시장이 줄어드는 가운데 국민연금은 주식 비중을 현재 수준으로 유지할 예정입니다. 이에 따라 외국인 수급이 시장에 미치는 힘이 커졌습니다. 상대적으로 외국인 수급에 덜 영향을 받는 중소형주에 주목해야 하는 이유입니다."

2019 서울머니쇼에서 '제2의 벤처붐 시대, 중소형 황금주 찾기'를 주제로 강연에 나선 황준혁 KTB자산운용 과장의 말이다. 황 과장은 KTB 리틀빅스타 중소형주 펀드를 운용하며 누적 수익률 50.8%를 기록해 벤치마크 대비 42.8%포인트를 웃도는 성과를 낸 스타 펀드매니저다. 청중들이 그의 투자 비법에 주목한 이유가 여기에 있다.

정부의 중소기업 지원책으로 각광받는 중소형주

황 과장은 대형주 위주로 구성된 코스피 시장이 향후 박스권으로 움직일 것으로 내다봤다. 국내 증시 등락은 기업 이익에 따라 결정되는데, 2019년 5월 현재 아직 기업 이익이 회복되는 움직임은 보이지 않고 있기 때문이다. 그는 "한국 시장은 기업 이익만 따라 성장해왔다. 제조업 위주로 구성돼 PER 등 비율지표의 재평가가 이뤄진 적이 없다"며 "올해 기업 이익 추정치가 회복되지 않아 코스피 시장은 고평가돼 있지도 않지만 그렇다고 저평가로 보기도 힘들다. 펀더멘털 개선 없이는 박스권 움직임이 예상된다"고 설명했다.

이런 상황 때문에 중소형주에 주목해야 한다는 것이 황 과장의 주장이다. 그는 네 가지 측면에서 중소형주의 전반적인 레벨업이 예상된다고 설명했다. 정부 정책과 기업공개IPO 기업 실적, 밸류에이션이 그 근거다.

먼저 정부 정책상 중소기업의 고용 여력을 확대할 필요가 있다는 게 황 과장의 설명이다. 최저임금을 올리며 고용도 확대를 해야 하지만 쉽지 않다. 그렇기에 정부가 우수한 중소기업의 연구개발을 도와주고 재무구조가 괜찮은 기업에는 직접 투자하는 스케일업펀드 등 자금 지원을 아끼지 않는다는 것이다. 그는 또 IPO 규제 완화의 영향으로 중소기업도 상장시장에 나서며 코스닥 지수의 전반적인 상승도 예상된다고 밝혔다.

황 과장은 "정부는 중소기업에 정책 지원을 할 수밖에 없는 상황이다. 정권이 바뀌어도 어떤 식으로든 중소기업 지원은 이어질 것으로 보인다"며 "지난해 코스피와 코스닥 공모액은 줄었으나 IPO 규제 완화 효과로 오

지수별 2019년 컨센서스

- 지수의 방향은 이익의 방향에서 결정된다고 봤을 때, 2019년은 중소형주가 대형주보다 월등한 이익 개선을 보일 것
- KOSPI 순이익의 50% 비중을 차지하는 IT와 금융업은 2019년 성장에 대한 불확실성이 매우 커진 상황

(단위: 조 원, %)

Name	매출액	영업이익	순이익	순이익 비중	매출 성장	영업이익 성장	순이익 성장
KOSPI	2,081	171	118	100.0	2.69	-13.40	-15.49
KOSPI 대형주	1,662	144	103	86.9	1.94	-16.91	-16.79
KOSPI 중형주	361	23	13	11.2	5.21	10.35	-9.95
KOSPI 소형주	57	3	2	1.7	9.18	32.62	32.37
에너지	233	15	7	5.9	0.75	8.94	16.35
소재	200	15	10	8.5	4.64	-5.33	2.05
산업재	448	24	12	10.3	3.73	7.59	-14.11
경기소비재	411	20	15	13.1	5.65	18.80	24.06
필수소비재	57	6	4	3.2	7.94	15.23	15.49
의료	13	2	1	1.1	16.86	17.75	-6.46
금융	111	25	19	15.9	17.12	1.26	-1.15
IT	355	53	41	34.9	-6.18	-41.12	-38.58
통신 서비스	54	4	4	3.3	2.72	1.70	-15.61
유틸리티	95	5	2	1.8	1.12	244.29	-528.97
KOSDAQ	103	11	8		16.12	30.76	34.11

* 2019년 3월 말 기준

자료: DataGuide, KTB자산운용

히려 건수는 늘었다"고 밝혔다.

황 과장은 2019년 실적 측면에서도 중소형주가 대형주에 비해 월등한 이익 개선을 이뤄낼 것이라고 전망했다. 코스피 순이익은 역성장이 예상되지만 전체 상장사 영업이익은 오를 것으로 예상된다. 결국 주가가 올라가기 위해 기업 실적 개선이 필요하다면 중소형주가 대형주보다 높은 성장이 예상되는 만큼 중소형주에 기대할 수 있는 수익률이 보다 높다는 논리다. 그는 또 밸류에이션 측면에서 무형자산의 가치가 높게 평가받는 특성상 제조업 위주의 대형주에 비해 중소형주가 더욱 매력이 있다고 평가했다.

황 과장은 "대형주들은 이익이 줄어들 것으로 예상되는 반면 전체 기업 이익은 올해 늘어날 것으로 보인다. 이는 중소형주 이익 개선폭이 대형주 대비 월등할 것이라는 의미"라며 "우버나 아마존, 페이스북 등 PER이 높은 기업은 무형자산 중심이다. 제조업보다 무형자산을 갖고 있는 중소형주에 주목해야 하는 이유"라고 전했다.

이 같은 낙관론에도 불구하고 국내 경제의 저성장 국면은 완연하다. 그는 이 같은 저성장 상황에서도 투자 매력을 갖춘 중소형주는 얼마든지 있다고 강조했다. 황 과장은 "성장성 있는 기업이 희소해진 반면 시중 유동성은 여전히 풍부한 까닭에 '희귀한 성장성'을 지닌 종목에 쏠림이 있을 것으로 본다"며 "저성장·고비용으로 기업 생존 위협이 커졌기 때문에 가성비를 갖추고 높은 기술력을 바탕으로 피인수 가능성이 높은 중소기업에 투자하라"고 조언했다.

배터리·모바일 게임·로봇…

저성장 시대 주목받는 3대 아이템

황 과장은 이와 같은 전제를 깔고 살펴봐야 할 기업 요인들도 강조했다.
그는 "아직까지 이익 성장이 힘들더라도 매출 성장이 기대되는 기업과 불
황으로 인해 역설적으로 성장성을 보이고 있는 사업에 투자하라"고 조언

자동차 전지시장 전망(금액)

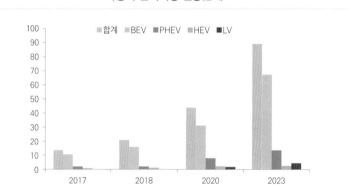

(단위: 조 원)

	2017	2018	2020	2023	CAGR
합계	14.2	21.5	44.0	89.8	33%
BEV	11.3	16.7	31.5	68.1	32%
PHEV	2.2	3.1	8.2	13.9	35%
HEV	0.7	1.4	2.5	2.9	16%
LV		0.3	1.8	4.9	75%

자료: SNE research

했다.

먼저 황 과장은 전기차를 비롯한 친환경 자동차의 수요가 크게 늘고 있다는 점에 주목했다. 폭스바겐이 배기가스 배출량을 조작한 '디젤 게이트' 이후 점차 자동차 트렌드가 친환경을 향하고 있기 때문이다. 기술이 발전하며 전기차 주행거리가 늘어나고, 유지비가 낮아 전기차 사업의 수익성도 개선될 것으로 예상된다.

이처럼 전기차가 더욱 확산될 경우 전기차의 핵심 부품인 배터리 사업도 큰 폭의 성장이 예상된다. 이 경우 2차전지 수요가 증가하며 주요 원재료 업체도 함께 수혜를 입을 수 있다는 것이다. 또 현재 생산 공정상 검사 장비와 스태킹 장비업체 역시 이익 성장이 나타날 수 있다.

황 과장은 "2차전지 원재료는 2020~2021년에 공급 부족이 일어난다. 원재료 가격이 상승하며 매출이 늘어나고, 가격이 떨어지더라도 판매량이 늘어나며 기업 이익이 증가한다"며 "음극재와 전해액에 대한 연구도 지속적으로 이뤄지고 있다. 시장 성장이 클 것"이라고 예상했다.

콘텐츠 산업도 성장성이 큰 시장으로 지목됐다. 특히 게임의 경우 과거처럼 대형 MMORPGMassive Multiplayer Online Role Playing Game가 나오지 않고 모바일 기반의 캐주얼 게임으로 넘어가고 있는 트렌드다. 이러한 게임의 기반 콘텐츠가 되는 지적재산권IP의 가치가 늘어날 수 있는 변화다. 게임 데이터 처리를 서버에서 하는 클라우드 게임도 업계의 판도를 바꿀 수 있을 것으로 전망된다. 황 과장은 "IP를 보유한 기업들이 개발은 외부에서 하며 로열티만 가져가는 구조가 된다. 한국 콘텐츠의 인수 가치가 늘어나는 요인"이라며 "클라우드 게이밍 서비스로 서버와 개인 간 데이터 교환이 늘고 더욱 많은 데이터센터가 필요해진다"고 말했다.

경제 불황은 광고 시장에 변화를 몰고 온다. TV와 신문광고에서 인터넷 포털 사이트 광고로, 여기서 다시 광고 대상을 세분화한 타깃 마케팅과 프로그래매틱 마케팅으로 변화하는 추세다. 광고 형태도 동영상에 삽입되는 비디오 커머스 시장이 확대되고 있다.

저성장으로 수혜를 볼 수 있는 또 다른 산업으로는 로봇이 꼽혔다. 인건비가 올라가는 가운데 로봇을 활용해 비용을 줄이려는 수요가 점차 커지고 있기 때문이다. 첨단 정밀 부분을 국내 기업이 대체하기는 힘들지만 간단한 작업은 로봇을 사용하는 방향으로 넘어갈 가능성이 크다는 게 황 과장의 설명이다.

그는 "로봇에서 핵심은 관절 역할을 하는 엑추에이터Actuator다. 엑추에이터 안에 들어가는 감속기도 중요하다"며 "이러한 부품을 만드는 해외 기업은 높은 가치로 평가받고 있다. 국내 로봇 부품 기업의 주가도 높은 수준에서 결정될 수 있다"고 밝혔다.

마지막으로 황 과장은 바이오 섹터에 투자할 때의 주의점에 대해 설명하며 강연을 마쳤다. 바이오 기업의 경우 가치 평가에 어려움이 있다. 현재 수익이 나지 않는 경우가 많고, 개발 중인 신약이 임상을 통과할지도 미지수인 데다 상용화가 되더라도 어느 정도의 매출이 발생할지는 추정이 힘들다.

황 과장은 "과거에는 미국도 바이오 기업의 가치 평가를 제조업처럼 매출과 영업이익 위주로 했다. 그러던 중 개발 중인 신약(파이프라인)에 가치를 부여하며 폭발적으로 주가가 뛰었다"며 "파이프라인에서 발생할 수 있는 미래의 현금 흐름이나 이익을 임상 단계별 확률을 반영해 적정 주가를 결정한다. 시장 규모와 예상 점유율도 고려한다"고 설명했다.

그는 또 "임상 통과에 영향을 미칠 수 있는 데이터는 학회에서 주로 나온다. JP모건 헬스케어 컨퍼런스 등 큰 행사에서는 라이선스를 사고파는 딜이 일어나기도 한다"며 "결과가 부정적이면 주가가 급락하기도 한다. 일정을 염두에 두고 투자할 필요가 있다"고 조언했다.

Part 3

해외 투자

과거 10년 앞으로 10년, 글로벌 투자 전략의 변화와 향후 전망

스티브 브라이스

국내외 경기 침체 우려가 커지면서 '투자 피난처'를 찾는 이들이 늘고 있다. 당장 우리나라의 경제 기초체력을 보여주는 지표들은 악화일로다. 2019년 1분기 실질 GDP 성장률은 전 분기 대비 −0.4%를 기록해 역성장 했다. 2008년 글로벌 금융위기 이래 최악의 실적이라는 헤드라인이 신문 지면을 도배했다. 물가 변동이 반영된 명목 GDP 성장률도 −0.8%로, 약 20년 만에 처음으로 2분기 연속 마이너스를 기록했다. 전 분기 −0.3%를 기록한 데서 감소폭은 더 커졌다. 경제의 절대 규모가 그만큼 쪼그라들었 다는 얘기다.

그동안 경제를 떠받쳐온 성장동력이 위태롭다는 게 더 큰 문제다. 특히 의존도가 높았던 반도체 수출과 설비투자가 부진했다. 한국은행에 따르면 수출은 LCD 반도체 등 전기 및 전자 기기를 중심으로 2.6% 줄었다. 지난 2017년 4분기(-5.3%) 이후 최저치다. 설비투자는 전 분기 대비 10.8% 급감하면서 성장률 쇼크를 이끌었다. IMF 외환위기 시절이었던 1998년 1분기(-24.8%) 이후 84분기 만에 가장 많이 감소한 것이다.

여기에 미·중 무역 전쟁으로 글로벌 금융시장에 불안감이 깔리자 변동성은 최고조로 치솟았다. 2019년 5월 두 나라의 최종 합의가 결렬된 후 보복 관세, 미국의 중국 화웨이 규제 등 기술 봉쇄, 미국의 중국에 대한 환율조작국 지정 이슈 등 갈등이 쏟아져 나왔다. 달러당 원화값은 속절없이 흔들렸다. 4월 중순까지만 해도 1,130~1,140원 선에서 움직이던 달러당 원화값이 한 달여 만인 5월 17일 1,195.7원(종가)까지 치달은 것이다. 이는 2년 반 만에 최저 수준이었고, 여타 아시아 신흥국과 비교해서도 눈에 띄는 약세였다.

신흥국 중심 상승 여력 남았다

이렇게 사뭇 암울해 보이는 한국과 글로벌 경제이지만, 스티브 브라이스 스탠다드차타드SC그룹 글로벌투자전략 수석전략가는 "아직 경기 반등 여력이 남아 있다"는 긍정적인 전망으로 한국 투자자들을 독려했다. 그는 영국에 본사를 둔 SC그룹에서 투자 전략을 총괄하며, 글로벌투자위원회 핵심 멤버다.

2019 서울머니쇼에서 개막 강연을 맡은 브라이스 수석전략가는 "달

러 강세가 이미 정점에 이르렀기 때문에 앞으로 6개월 이내에 약세로 돌아설 가능성이 크다"며 "원화·파운드화 등 다른 통화가 강세로 돌아서며 환율도 안정화할 것"이라고 말했다. 이어 "이 흐름을 타면 향후 6~12개월 내 가장 매력적인 투자처는 중국 등 아시아 주식"이라며 "2019년 하반기 한국 주식시장도 글로벌 경기 반등에 힘입어 살아날 것"이라고 내다봤다. 그가 예상하는 달러 가치 하락의 모멘텀은 2019년 하반기 중국과 유로존의 경기 회복이다. SC그룹은 2019년 하반기 달러당 원화값이 1,100~1,150원 선에서 움직일 것으로 예상한다.

미국 달러화 약세는 신흥국 자산 가격 상승에 영향을 끼친다는 점에서도 중요하다. 달러가 약세로 돌아서면 수익성을 좇는 글로벌 자금은 신

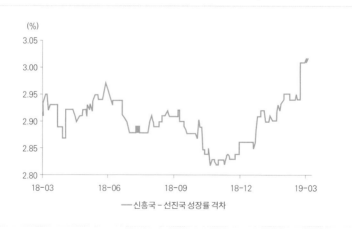

신흥시장과 선진시장의 2019년 경제성장률 전망치 격차

자료: 블룸버그, SC제일은행

흥국 시장으로 쏠리는 경향을 보인다. 신흥국 내 자산 가치가 오를 것으로 예상되는 데다 이익을 달러로 환산하면 환차익까지 기대할 수 있는 환경이 만들어지기 때문이다. 브라이스 수석전략가는 "향후 1년간 아시아 신흥시장 주도로 주식시장이 상승할 것으로 예측한다"고 말했다.

신흥국 경제성장률이 점점 선진시장과 격차를 벌려 빠른 성장세를 보이는 점도 SC그룹의 전망을 뒷받침한다. 블룸버그와 SC제일은행에 따르면 2018년 4분기에 신흥국과 선진국의 성장률 격차는 2.8%포인트까지 벌어졌는데, 2019년 1분기에는 이 격차가 더 벌어져 3.0%포인트 남짓일 것으로 전망된다. 브라이스 수석전략가는 "신흥시장은 글로벌 평균을 웃도는 높은 성장률을 보이고 있다"며 "이에 더해 달러화 가치가 떨어지면 그만큼 신흥시장에 대한 투자 비중이 높아질 것"이라고 말했다.

글로벌 주요국이 경기 부양을 위해 펼치고 있는 재정 완화 정책도 주식 등 투자자산 가치 상승에 긍정적이라고 브라이스 수석전략가는 설명했다. 일본과 유럽은 금리가 0% 수준인 '제로금리'를 유지하고 있다. 물가상승률을 감안하면 사실상 마이너스 금리를 장기간 용인하고 있는 것이다. 개인과 기업이 지불해야 하는 금융비용을 낮춰 성장을 부양한다. 미국도 2019년 들어 기준금리 동결 내지 1~2차례 인하하며 성장세 둔화를 방어할 것이란 전망이 나오는 상황이다. 그는 "각국 중앙은행은 경제를 부양하기 위해 저금리 정책을 비롯한 적극적인 관리에 나설 것"이라고 전망했다.

중국 주식이 매력적인 이유

신흥시장 중에서도 가장 매력적인 자산으로는 중국 본토 주식을 꼽았다. 브라이스 수석전략가는 "중국은 1분기 경제성장률이 6.4%를 기록하는 등 각종 경제지표가 반등하고 있다"며 "중국 정부의 세금 인하 등 재정·신용 완화 정책에 따라 경기 부양 효과가 나타나고 있다"고 평가했다. 그는 또 "중국이 점진적으로 자본시장을 개방하면서 외국인 투자 또한 늘리고 있어 자금 흐름 역시 견조하다"고 말했다.

그는 "미·중 무역 분쟁 등 최근 부정적인 뉴스가 나오고 있지만 중국은 오히려 올해 하반기에 지난해보다 더 탄탄한 경제 성장을 보일 것"이라며 "전혀 우려하지 않는다"고 말했다. 그 근거로 중국 정부의 소득세 인하 등 적극적인 경기 부양책, 중국 기업의 높은 성장세, 여전히 저평가된 중국 기업의 가치, MSCI의 중국 편입 비중 확대 등을 꼽았다. 그는 또 "최근 한국의 수출 감소와 경기 둔화 우려도 중국 경기 반등과 함께 완화될 것"이라고 전망했다.

반면 가장 선호도가 낮은 투자처로는 일본 주식시장을 꼽았다. 그는 "전반적으로 주식시장에 대해 긍정적 의견을 유지하지만 일본은 재정 정책 리스크가 높다는 점이 부담 요인"이라고 꼬집었다.

주식 종목별로는 IT 관련 주식이 높은 성장세를 이어갈 것으로 전망되는 반면 은행 주식은 그다지 매력적이지 못하다. 브라이스 수석전략가는 "무리한 주택 금융과 느슨한 은행 규제가 2008년 글로벌 금융위기를 불러오자 전 세계 금융당국은 은행에 대한 규제를 강화하고 있다"며 "대부

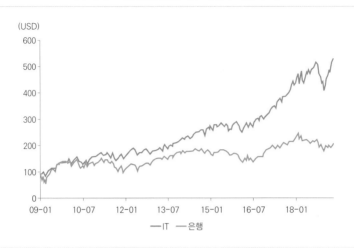

(USD)

* 2019년 4월 23일 기준

자료: MSCI, 블룸버그, SC제일은행

분 국가에서 이 추세는 이어질 것"이라고 말했다.

채권 중에서는 신흥시장 미국 달러화 표시 국공채를 추천했다. 변동성은 높지만 연 6%대의 높은 수익률을 추구할 수 있는 자산이기 때문이다. 좀 더 안정성을 지향한다면 4%대로 수익률은 다소 낮지만 디폴트 가능성도 낮은 아시아 국채를 눈여겨보라고 조언했다.

미·중 갈등과 변동성 확대

그렇지만 브라이스 수석전략가가 소위 '몰빵 투자'를 추천한 것은 아니다. 최근 부쩍 높아진 금융시장 변동성에 대비해 자산을 분산투자해야 한

과거 수익률 및 향후 기대 수익률(USD 기준)

• 모든 지수는 환헤지 기준

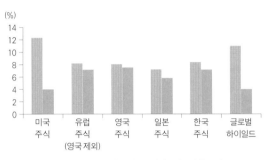

* 2018년 12월 5일 기준
* Mercer의 향후 7년 예측 모델에 근거한 전망치

자료: Mercer, 블룸버그, SC제일은행

다는 점을 강조했다. 그는 "과거 10년의 수익률과 향후 10년의 기대수익률을 비교해보면 주식·채권 등 모든 분야에서 기대수익률이 낮아질 것으로 예상된다"며 "한국 투자자는 특히 주식 투자 비중이 높은데 자산군별·지역별 분산이 필요하다"고 강조했다.

이어 "다양한 지정학적 리스크 요인이 상존하고 있는 지금 같은 시기에 한 가지 자산군에만 집중하는 투자법은 더욱 위험하다"고 경고했다. 특히 '통화'의 다각화를 강조하며 그는 "주로 한국 주식이 떨어질 때는 달러화 가치가 상승하기 때문에 한국 주식 비중이 높은 투자자라면 달러 투자가 더욱 중요하다"고 말했다.

대표적이고 또 치명적인 리스크 요인은 미·중 무역 분쟁이다. 도널드 트럼프 대통령 취임 이후 각국 보호무역주의가 강화되면서 국제 교역에 지속적인 차질을 빚고 있다. SC그룹이 과거 전 세계 148개국의 교역 세계화 지수를 종합해본 결과, 교역량이 늘어나는 시기는 하나의 패권 국가가 존재하는 시기였다. 브라이스 수석전략가는 "19세기 중후반엔 영국이, 20세기 중후반엔 미국이 패권을 쥐고 있으면서 교역량 또한 우상향 곡선을 그렸다"며 "그러나 그사이 패권국이 바뀌고 여러 강대국이 출몰하는 시기엔 교역에 어려움을 겪는다"고 분석했다.

중국이 성장세가 지속되는 지금도 딱 그런 시기다. 캐나다의 독립 조사기관 BCA리서치가 만든 지정학적 국력 지수 자료에 따르면 추세적으로 미국과 중국의 지수가 역전될 시기가 머지않은 것처럼 보인다. 브라이스 수석전략가는 "경쟁이 벌어지는 상황에서 갈등이 극단적으로 치달으면

미국, 중국, 러시아의 지정학적 국력 지수

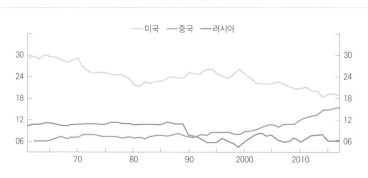

* 지정학적 국력 지수: 인구수, 경제 및 수입 규모, 국방 지출, 무기류 수출, 에너지 소비를 기반으로 산출한 국력
* 2017년 12월 31일 기준

자료: BCA, SC제일은행

무역 전쟁이 발생하게 되는 것"이라며 "미·중 갈등이 완전히 끝날 가능성은 낮으니 상황을 충분히 유념하고 예측해가며 투자하라"고 조언했다.

덧붙여 "미국과 중국이 당장은 무역 문제에서는 합의에 이른다 하더라도 중국은 향후 국제적 발언권 또한 강화될 것으로 기대하며 다양한 이슈에서 갈등을 빚을 것"이라며 "그때마다 시장 변동성 확대 구간이 주기적으로 나타날 수 있다"고 예상했다.

2019년 들어 경기 침체 전조 현상으로 받아들여지는 미국 국채 장·단기물 금리차 역전 현상이 벌어진 데 대해선 "정확한 침체 진입 시기를 알긴 어렵고, 과거 전조 현상이 틀린 신호로 밝혀지기도 했다"며 분석적으로 접근했다.

과거 장·단기 금리 역전 시기 데이터를 종합해보면 1966~2006년 미국채 10년물과 3개월물 수익률 곡선이 뒤집힌 경우는 10번 있었고, 이 가운데 7번이 경기 침체로 이어졌다. 역전 현상 이후 경기 침체가 시작(전미경제연구소 공식 선언 기준)되기까지는 평균 14개월이 걸렸다. 특히 경기 침체 6~9개월 전에는 주식시장이 고점을 찍은 것으로 분석됐다. 역전 현상이 나타나면 평균 5~8개월 뒤에는 주식시장에서 고점이 만들어져왔다는 계산이 나온다.

브라이스 수석전략가는 "단기적으로 주식 활황이 유지될 것이라 볼 수 있다"고 말했다. 그는 또 "경기선행지수 등 다른 지표를 종합적으로 보면 당장 경기 침체가 도래하진 않을 것"이라며 "2020년까지는 경기 회복세가 이어질 것"이라고 전망했다.

환경·사회를 생각한 투자가 수익도 보장한다

브라이스 수석전략가는 새로운 투자 트렌드도 소개했다. 최근 기관 투자자들 중심으로 주목받고 있는 '지속가능한 투자'는 사회참여적 성격뿐 아니라 수익성 추구를 위해서도 그 중요성이 커지고 있다. 환경·사회·지배구조ESG를 충분히 고려하고 이를 투자에도 반영해 성과를 낸다는 개념이다. 브라이스 수석전략가는 "여태까지 ESG를 말하면 기업 이미지 제고를 위한 마케팅 수법이라거나 투자수익을 포기한 시민단체의 구호라고만 생각한 분들이 많았을 것"이라며 "하지만 ESG는 세계를 위해 선행을 하면서 동시에 꽤 괜찮은 수익을 추구하는 전략"이라고 힘줘 말했다.

구체적으로는 환경·사회 문제를 충분히 고민하고 그에 대한 해결책을 경영 전략에 반영하는 기업에 투자하는 행위가 곧 지속가능한 투자다. 환경 정책을 준수하고 기후 개선 활동을 정기적으로 보고하는 기업인가, 노동 관행이 모범적이고 여성 직원에게 차별 없이 대우하는 조직 문화를 가지고 있는가, 경영진에 대한 견제와 균형이 제대로 이뤄지고 있는가 등이 중요한 투자 기준이 된다는 의미다.

이런 관점으로 기업을 보면 단순히 언론에 비친 모습이나 주가만으로는 설명할 수 없는 새로운 면을 발견할 수 있다. 브라이스 수석전략가는 미국의 전기자동차 제조사 테슬라를 예로 들었다. 그가 머니쇼에 참석한 1,000여 명의 관중에게 '테슬라는 ESG 측면에서 좋은 회사인가, 나쁜 회사인가?'라는 질문을 던졌을 때 선뜻 '나쁜 회사'라고 답하는 이는 거의 없었다. '좋은 회사라고 생각한다'는 의미로 손을 든 관중의 수가 압도적으로 많았다.

그러나 브라이스 수석전략가의 생각은 달랐다. 그는 "테슬라에 대한 평가는 사람마다 다르겠지만 지배구조 측면에서는 확실히 나쁜 회사"라고 말했다. 그가 지적한 부분은 최고경영자인 일론 머스크를 견제하지 못하는 이사회의 수동적인 태도다. 그도 그럴 것이 이사 중에는 머스크의 남동생 킴발 머스크, 머스크의 친한 친구인 제임스 머독, 테슬라의 초기 투자자 등 일론 머스크의 최측근들이 큰 목소리를 내는 것으로 알려졌다. 2018년에는 일론 머스크가 자신의 트위터에 '테슬라 상장폐지를 검토하고 있다'는 내용의 거짓 트윗을 올린 혐의로 미국 증권거래위원회SEC로부터 소송을 제기당한 뒤 이사회에서도 물러난 일이 있었는데, 이때도 테슬라 이사회는 일론 머스크를 지지하는 성명을 냈다.

브라이스 수석전략가는 이어 사실 테슬라가 환경적인 면에서도 한계를 지닌다고 설명했다. 그는 "테슬라 하면 '전기차'가 떠오르다 보니 대기환경 등에 긍정적인 회사라 생각하는 분들이 많은 것 같다"며 "하지만 전기차의 주요 부품인 전기모터를 환경에 해를 가하지 않고 재활용하는 방법은 요원한 상황"이라고 말했다. 전기차 자체는 환경친화적인 제품에 속할지 몰라도 전기차를 다 쓰고 남는 모터는 환경에 유해하다는 지적이다.

독일 자동차 회사 아우디와 폭스바겐은 또 어떤가. 폭스바겐은 지난 2015년 이른바 '디젤 게이트'로 전 세계에 파문을 일으켰다. 배기가스 저감 장치를 불법 조작해 주행시험에서는 환경 기준에 충족하는 것처럼 꾸몄다는 사실이 뒤늦게 밝혀진 것이다. 폭스바겐 책임자들은 우리나라는 물론 독일, 미국 등 각지에서 재판에 넘겨져 유죄를 선고 받았다. 폭스바겐 주가는 2015년 4월 한때 253유로(한화 약 33만 7,000원)를 호가했지만, 디젤게이트 직후엔 92유로(약 12만 2,000원)로 폭락했다.

이 사건에 대해 브라이스 수석전략가는 "투자자들이 폭스바겐의 배기가스 조작 사실을 쉽게 예측하긴 힘들었겠지만, 애초에 폭스바겐의 ESG 분야 점수가 낮았던 점에 주목했다면 주가 폭락을 피했을 수도 있다"고 말했다. 이어 "ESG 평가 점수가 높은 기업은 주가가 갑작스럽게 하락하거나 투매가 나올 가능성이 작다"고 강조했다.

ESG 평가 점수가 높은 기업일수록 주변 사람과 환경에 해를 가하지 않는다는 것이니 각종 소송에 휘말릴 위험도 적다. 향후 갑작스럽게 주가가 폭락할 만한 리스크도 비교적 낮다는 의미도 된다. 브라이스 수석전략가는 "시간이 지날수록 ESG에서 높은 성과를 보인 기업일수록 주가수익률도 높다는 상관성이 뚜렷해지고 있다"고 말했다.

해외 주식 투자,
미래 10년의 부를 결정할 메가트렌드
오현석, 유재흥, 엄재상

"중국 당국자들의 태도가 지난해와 180도 달라졌습니다. 지난해까지 중국 관료는 경기 부양만큼이나 부채 문제를 우려했는데, 올해는 경기를 살려야 한다는 의지가 강합니다. 천국과 지옥을 오갔던 중국 증시이지만, 올해는 상승 가능성이 큽니다. 도시화가 진행 중인 베트남도 기회의 땅입니다."

국내 투자환경은 그다지 좋지 못하다. 주식시장이 지지부진한 모습을 보이고, 부동산도 가격 하락이 예상된다. 채권금리 역시 낮은 수준에서 머무르고 있다. 국제신용평가사 S&P가 AA등급으로 평가하는 한국의 3년 만기 국채 금리는 연 1.5% 수준까지 떨어졌다. 경기 둔화 우려와 글로벌 금융시장 불확실성 확대, 한국은행 기준금리 인하 기대감 등으로 초장기

물까지 기준금리 1.75% 아래로 떨어졌다. 반면 이보다 한 단계 높은 AA+ 등급인 애플의 잔존만기 2년 채권 연수익률은 이보다 훨씬 높은 2.7%에 달했다.

최근 이 같은 국내 재테크 환경 때문에 돈을 불리려는 투자자들은 해외 자산으로 시야를 넓히고 있다. 2019 서울머니쇼에서는 이들을 위한 가이드라인이 제시됐다. '해외 투자, 미래 10년의 부를 결정할 메가트렌드' 세션에서는 해외 주식과 채권, 대체투자의 전문가들이 모여 향후 투자자산별 흐름을 분석하고 성과를 낼 수 있는 투자 방법, 주의해야 할 사항 등에 대해 언급했다. 참관객들은 세션이 끝난 뒤에도 패널들에게 열정적인 질문을 던졌다.

위험해도 고수익 원하면 중국·베트남을, 안정성 원하면 미국 ETF 투자를

첫 번째 연사로 나선 오현석 삼성증권 리서치센터장은 해외 투자의 중요성에 대해 강조했다. 저성장이 고착화된 한국에서는 점차 투자 기회가 사라져간다고 말했다. 오 센터장은 "한국은 저성장 기조가 장기화되고 있다. 예전만큼 성장 기회가 올라오지 않는다"며 "생산가능인구도 감소 추세에 들어섰으며 산업 동력 자체가 많이 약해졌다. 성장 중인 해외시장에 투자할 필요가 있다"고 밝혔다.

한 가지 통화에만 투자자산을 배분했을 때 위험성이 크다는 점도 문제로 꼽혔다. 국내 투자자는 대부분의 자산을 원화로 갖고 있다. 은행예금이나 주식, 채권, 보험 등을 포함해도 마찬가지다. 여전히 해외 주식 투자를 위해서는 정보를 찾기도 어렵고 세금도 높지만, 이러한 위험을 감수할 가치가 있는 게 해외라는 설명이다. 오 센터장은 "해외 정보가 부족할 수 있으나 정보가 너무 많아 혼란스러운 경우도 있다. 개별 종목 리스크를 줄이며 ETF를 사는 것도 방법"이라며 "과거 데이터를 살펴보면 한국, 미국, 중국 등 여러 곳에 분산해서 투자했을 때 변동성 대비 가장 수익성이 좋았다"고 설명했다.

그는 투자 대상을 자신의 투자 성향에 따라 선택할 것을 권했다. 위험을 감수하더라도 고수익을 원하는 투자자라면 중국이나 베트남 등 신흥국 시장에, 안정성을 추구한다면 선진국 상장지수펀드ETF 투자가 적합하다는 것이다. 오 센터장은 "중국이나 베트남은 우리나라가 성장해온 과정을 경험하고 있다"며 "리스크가 있어도 투자할 가치가 있다는 분도 있는 반면 시스템이나 제도가 열악한 만큼 이러한 측면이 잘 갖춰진 분은 미국에 투자한다"고 말했다.

국가별로는 미국에서는 4차 산업혁명 혁신을 주도해나가는 기업이나 소비재 기업이, 베트남에서는 경제 발전 과정에서 성장이 예상되는 기업을 추천했다. 오 센터장은 "1990년대에 마이크로소프트나 2000년대에 애플을 샀다면 주가가 10배씩 뛰었다. 이들의 공통점은 세계에서 가장 혁신적인 기업가가 경영했다는 것"이라며 "단기간에 10% 오르거나 5% 빠지는 것도 중요하지만 제프 베조스와 같은 전 세계 최고의 기업가를 산다는 측면에서 접근하면 전혀 다른 투자 스토리가 생긴다"고 설명했다.

그는 중국 시장에서도 기회를 찾을 수 있다고 강조했다. 2018년까지는 중국 관료들이 부양책과 구조조정 사이에서 갈팡질팡하고 있었다면, 2019년에는 경기를 살리는 방향으로 스탠스가 정해졌기 때문이다. 오 센터장은 "중국 스스로도 내수시장이 커지며 개방할 때가 됐다는 방향으로 컨센서스가 바뀌었다"며 "트럼프 노이즈로 중국 주식이 일시적으로 흔들리지만 1등주 쪽에 초점을 맞춰 접근하면 좋은 성과를 기대할 수 있을 것으로 본다"고 전했다.

오 센터장은 베트남 주식시장에서 유망한 업종을 세 가지로 꼽았다. 각각 철강·주택과 프리미엄 식료품, 보험과 증권업이다.

베트남에 찾아오고 있는 변화가 원인으로 꼽혔다. 전 세계 제조업 전초기지가 중국에서 베트남으로 이동하고 있으며, 도시화 역시 급속도로 진행되고 있다는 것이다. 이에 따라 인프라 투자가 늘어나며 철강에 투자 기회가 생기고, 소득 증가는 프리미엄 식료품 확대로 이어진다. 또한 금융시장 개방도 빠르게 진행되고 있어 과거 한국의 삼성화재처럼 보험사와 증권사에서 높은 수준의 주가 상승을 기대할 수 있다고 오 센터장은 전망했다.

그는 "한국은 80%, 중국은 50% 도시화가 진행된 데 비해 베트남은 아직 20% 수준이다. 베트남 전역에서 도시화가 빠르게 일어나는 중"이라며 "금융시장 개방까지 고려하면 어디에 투자할지는 보인다. 주택·철강과 프리미엄 식료품, 보험 및 증권 카테고리를 공략해야 한다"고 밝혔다.

해외 채권 투자할 때 '환리스크' 꼭 따져야

유재흥 얼라이언스번스틴 선임 포트폴리오 매니저는 해외 채권 투자 시에도 포트폴리오 구성이 중요하다고 밝혔다. 유 선임 매니저는 "올해나 내년에 어느 채권이 가장 좋을지는 우리도 알기 어렵다"며 "채권도 업종과 성격별로 분산이 필요하다"고 말했다.

채권의 가격은 크게 두 가지로 결정된다. 부도가 날 수 있는 위험을 일 컫는 신용 위험과 금리 변동으로 채권 가치가 변하는 이자율 위험이 있다. 가령 채권을 보유하고 있는 회사의 재무구조가 개선되며 부도율이 낮아 진다면 이 채권의 신용 위험도 감소하고, 이는 결국 채권 가격이 오르는 결 과로 이어진다. 신흥국 국채의 경우 이 신용 위험에 따라 가치가 크게 달라 진다.

부도 위험이 매우 낮은 미국 국채를 보유하고 있다면 이자율 위험에 따 라 투자 성과가 결정된다. 미국이 기준금리를 올리고 국채 금리가 오른다 하더라도 기존에 보유하고 있는 채권의 수익률이 올라가지는 않는다. 결 국 같은 위험을 감수하지만 금리가 오른 뒤에 발행된 채권에 비해 적은 수 익을 얻게 되기에 보유하고 있는 채권의 가치는 떨어지게 된다.

해외 채권을 사들이는 투자자들도 충분한 분산 없이 포트폴리오가 집 중돼 있는 경우가 많다는 게 유 선임 매니저의 지적이다. 그는 "해외 채권 에 투자한다는 분들을 만나보면 하나의 리스크에 집중하는 경우가 많다. 신용도 위험과 이자율 위험을 함께 고려해야 하는데 한쪽에 몰려 있다 또 반대로 다 넘어간다"며 "두 가지를 모두 신경 써야 안정적인 투자가 가능하다"고 밝혔다.

유 선임 매니저는 해외 채권 투자 시에는 국내 채권에 비해 외환 리스크도 고려해야 한다고 설명했다. 우량채권의 경우 금리 변동으로 인해 채권 가격이 움직이는 이자율 위험을 고려해야 하고, 고위험 채권은 발행 주체가 채권 상환을 못 하는 신용 위험을 생각해야 한다. 여기에 더해 투자한 자산의 표시통화 가치 변동에 따라서도 손실이나 차익이 생길 수 있다. 유 선임 매니저는 "해외에 투자할 때는 이자율과 신용 위험에 더해 통화 위험도 고려해야 한다. 환헤지를 하지 않을 경우 변동성이 너무 커져버릴 수 있다"고 전했다.

2019년인 올해와 내년에도 선진국 채권에 투자하기 좋은 환경은 지속될 것으로 예상됐다. 경기 둔화 추세에 따라 각국 중앙은행이 기준금리 인하에 나설 가능성이 확대되고 있기 때문이다. 그는 "미국은 이미 올해 기준금리를 올리지 않을 것이라 밝혔고 내년도 인상에 나설 환경은 아니다"라며 "미·중 무역 갈등 때문에 이런 구도가 더 강화됐다. 2020년에도 선진국 국채 투자환경은 나쁘지 않다"고 설명했다.

글로벌 경기가 하강하며 신흥국 채권 투자에 적합하지 않은 시점으로 보이기도 한다. 유 선임 매니저는 특정한 국가나 섹터에 집중하기보다는 분산투자를 위해 이머징에도 투자하기를 권유했다. 중앙은행이 금리 인하에 나선다면 신흥국 국채 투자도 유망하다는 의미다. 그는 또 중국 경제가 되살아난다면 신흥국 채권에 긍정적인 요소가 될 것이라고 분석했다.

유 선임 매니저는 "신흥국의 경우에는 부도가 날 수 있어 신용 위험이 있다. 신용 위험이 줄려면 전반적인 경기가 좋아져야 한다"며 "글로벌 경기가 둔화되는 모습을 보여 신흥국 국채 투자가 좋지 않은 측면이 있지만 특정한 국가나 섹터에 집중하기보다는 분산을 하는 게 맞다"고 밝혔다.

유 선임 매니저는 이어 "시간은 돈을 빌리는 사람의 편이 아니다. 채권을 사는 것은 시간을 사는 것"이라며 "채권은 시간만 흘려보내면 이기는 게임이다. 느긋하게 투자하면 돈을 잃는 게 더 힘들다. 위험을 골고루 나눠놓은 뒤 기다리는 게 왕도"라고 덧붙였다.

그는 또 "채권 투자는 가능하다면 만기를 두지 말고 해야 한다. 1년 뒤에 써야 하는 돈이라면 채권 투자와는 맞지 않는 자금일 수 있다"며 "가령 변동성이 높은 고수익 채권이라면 적어도 5년은 투자해야 고수익 채권의 목적을 달성할 수 있다"고 전했다.

대체투자는 리츠가 대세⋯
입지 좋은 곳 핵심 건물(코어 부동산) 노려라

대체투자는 주식과 채권 등 전통적인 투자자산이 아닌 곳에 하는 투자를 말한다. 최근에는 기관들이 해외 부동산 투자에 적극적으로 나서며 주목을 받았다.

엄재상 KTB자산운용 대체투자본부장은 대체투자가 물가 상승으로 투자한 자산의 가치가 떨어지는 위험을 줄이는 효과가 있다고 설명했다. 그러나 대체투자 시장이 따로 있지 않고, 정보의 비대칭성이 커 개인이 접근하기는 어려운 면모가 있다고 조언했다. 엄 본부장은 "대체투자의 경우 주식이나 채권과는 달리 시장이 없다. 가령 오피스에 투자하고 싶다고 해도 시장이 따로 만들어져 있는 게 아니다. 개인의 접근이 어렵다"며 "수익률 자체는 주식과 채권의 중간 정도이지만 유동성은 굉장히 떨어지는 편"이라고 전했다.

다만 리츠REITs(부동산투자신탁) 등 대체투자 간접상품은 점차 활성화될 것으로 엄 본부장은 전망했다. 이제까지는 하나의 건물을 기초자산으로 삼아 리츠 상품이 만들어진 경우가 많았다. 그러나 향후 2~3년 내로 서울 강남 오피스 포트폴리오, 유럽 물류 포트폴리오 등 큰 규모로 공모 리츠 상품이 나올 수 있다는 것이다. 엄 본부장은 "부동산의 경우 부동산 펀드에 투자하는 형태로 패러다임이 많이 변했다. 리츠 상품의 경우 배당도 많아 매력이 있다"며 "상품 규모가 5,000억~6,000억 원을 넘어가면 장중에서 활발히 거래될 것으로 판단하고 있다. 소액 투자로 조금씩 리츠에 대해 경험을 해보면 좋을 것"이라고 말했다.

엄 본부장은 아파트나 주택에 투자하기에는 부정적인 시기이지만, 부동산 가운데에도 다양한 종류가 있는 만큼 여러 자산에 투자해 사이클에 따른 위험을 피할 수 있다고 밝혔다. 오피스와 주택, 호텔, 물류 창고 등 부동산 종류에 따라 각각 다른 가격 사이클을 갖고 있는데, 이에 주목할 필요가 있다는 것이다. 엄 본부장은 "땅값이 오르면 오피스와 주택, 호텔, 물류 순으로 보통 (시장이) 활발해진다"며 "현재 아파트나 주택 투자는 부정적이지만 오피스나 호텔, 물류 등 부동산 내에서도 자산 종류별 투자로 위험을 줄일 수 있다"고 설명했다.

엄 본부장은 특히 입지가 좋은 곳의 핵심 건물인 '코어 부동산'에 주목했다. 그는 "기관 투자자라면 지분투자나 선순위·중순위 대출, 우선주 등 다양한 방법이 있으나 개인이 접근할 때는 코어 부동산 위주의 접근이 좋다"며 "코어 부동산은 충격이 와도 나중에, 천천히 떨어진다. 반면 오를 때는 반등 속도가 빠른 경향이 있다"고 밝혔다. 그는 또 "산업용뿐 아니라 주거용도 마찬가지다. 하강기에도 강남은 제일 늦게, 조금 떨어지지만 오를 때는 가장 많이 올라간다. 강북이나 지방권으로 갈수록 낙폭이 크다"며 "사이클 자체에 대한 전망도 중요하지만 자산의 속성을 고민해봐야 한다"고 조언했다.

국내를 넘어 해외로,
해외 투자 대중화 속 보물찾기
'외화 재테크'

황성민

"달러 강세는 올해 연말에 꺾입니다. 이제 달러당 원화값 상승장을 노린 상품에 투자해야 합니다."

2019 서울머니쇼에서 강연자로 나선 황성민 에스엠투자자문 대표는 2019년 하반기 달러 강세(원화 약세) 현상이 안정되니 '달러선물 인버스 상장지수펀드ETF' 상품에 투자하라고 조언했다. 달러선물 인버스 ETF는 달러당 원화값이 상승할 때 수익이 나는 상품이다. 반면 원화값이 떨어지면 손해를 본다. 그는 최근 변동성이 커진 외환시장에서의 재테크 방법을 주제로 강연했다.

황 대표는 기업 외환 리스크 관리 전문가다. 1997년 신한은행에 입행해 처음 금융권에 발을 들였다. 신한은행 국제부 외화자금부, 런던지점, 딜

링룸 파생상품영업 총괄팀장을 맡았다. 2005년부터 SC제일은행으로 옮겨 2011년까지 파생상품 영업을 담당했다. 이후 2012년 직접 회사를 차렸다. 황 대표는 "신한은행과 SC제일은행에서 근무하면서 기업들이 환율을 잘 관리하는 방법을 전문적으로 자문했다"며 "2008년 글로벌 금융위기를 겪으면서 당시 키코에 가입했던 수출 중견업체들이 엄청난 손실을 입는 것을 지켜보면서 은행을 그만두고 직접 투자자문회사를 세웠다"고 말했다.

키코는 달러당 원화값이 상한선knock-in과 하한선knock-out 안에서 바뀔 경우 미리 정한 환율에 달러를 파는 파생금융상품이다. 달러당 원화값이 오르면 기업이, 내리면 은행이 이익을 보는 구조다. 그런데 달러 강세(환율 상승)로 일정 범위를 넘으면 기업이 약정액의 2배를 은행에 물어줘야 했다. 당시 수출대금을 달러로 받는 중소 수출기업들이 가입했다가 2008년 글로벌 금융위기로 달러 강세로 큰 피해를 입었다. 황 대표는 이 사건을 겪은 뒤 직접 회사를 세워 기업이 환율 위험을 피할 수 있도록 자문했다.

강달러 저물고 이제는 '원화 강세' 온다

황 대표는 원화값이 안정(달러값 하락)되는 이유로 2010년부터 2019년 5월 현재까지 분석한 달러 차트를 들었다. 달러 차트에 따르면 이 기간 동안 달러당 원화값은 4~5년 동안 중·장기적으로 오르다가 1~2년 만에 급격히 하락한다. 이 같은 패턴은 시간이 지나도 크게 변하지 않는다. 현재는

과거 10년 동안 연평균 환율

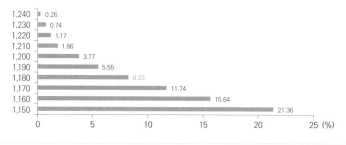

원화값 단기 급락 지점으로 다시 오를 일만 남았다는 게 황 대표의 분석이다. 10여 년간 달러당 원화값 평균은 1,118.75원이다. 그는 "달러당 원화값이 1,200원 선을 뚫을 수 있으나 하반기에도 1,200원 이상 계속 갈 확률은 1%에 불과하다"며 "1,200원보다 낮아진 구간은 전체 기간의 3.77%에 불과하다"고 했다.

2019년 4월 1,130원이었던 달러당 원화값은 2019년 5월 17일 한때

1,195.7원까지 급락했다. 원화값은 같은 해 5월 31일 기준 1,190.9원으로 장을 마치며 소폭 올랐으나 여전히 1,190원대 언저리에 머무르고 있다. 황 대표는 "4월부터 외국인 투자 배당금으로 약 80억 달러가 나갔고, 우리나라의 2019년 1분기 경제성장률은 −0.3%인 반면 미국의 경제성장률은 상대적으로 양호했다"며 "미·중 무역 분쟁이 격화되고 미·북 관계가 악화된 점도 환율에 영향을 미쳤다"고 분석했다.

황 대표는 달러당 원화값이 대내외적인 요인과 장·단기 요인으로 움직인다고 설명했다. 환율을 움직이는 단기적인 요인으로는 언론 보도와 각종 경제지표, 주변국 환율 동향, 시장 기대심리, 은행의 외국환 포지션 변동 등이 있다. 장기적으로는 물가 수준, 생산성, 교역 조건 변화 등이 환율에 영향을 미친다. 예컨대 물가가 오르면 원화 가치 하락으로 달러당 원화값도 내려간다. 반대로 물가가 내려가면 달러당 원화값이 오르는 식이다. 대내 변수로는 외환당국의 정책, 경상수지와 자본수지 등이, 대외 변수로는 미국 금리와 경제지표, 글로벌 위험 자산시장 동향, 해외 통화 동향 등이 있다.

황 대표는 환율 재테크를 잘하려면 달러당 원화값의 '주기'를 이해해야 한다고 강조했다. 우선 2008년 글로벌 금융위기나 2011~2012년 유럽발 재정위기, 2014년 일본 양적 완화, 2016년 영국 유럽연합EU 탈퇴 등 대내외적인 불안 요인이 생기면 투자자들은 안전자산인 달러나 국채를 찾는다. 반면 주식이나 신흥시장 통화 등 위험자산은 꺼리기 시작한다.

이때 외국계 투자은행IB이나 헤지펀드 등 역외 투기세력들은 분기 단위로 약 200억 달러 안팎을 사 모아 원화값 급락을 이끈다. 황 대표는 "국내 외환시장 거래량이 80억 달러인데 역외 투기세력이 2~3개월 만에 300억 달러를 사들이면 달러당 원화값이 50~150원 떨어질 수밖에 없다"고 말했다.

달러 강세가 이어지면 외국인 투자자들의 국내시장 '탈출'이 이어진다. 황 대표는 "원화값이 떨어지면 외국인 투자자들은 한국 주식이나 채권을 팔고 떠나고, 이는 원화값 하락에 기름을 붓는 꼴"이라며 "외국 투자자들은 대외 환경이 불안하면 한국 시장을 떠나고 안정화되면 돌아온다"고 말했다.

그는 "원화값이 급락하면 신문에 도배되고 그럼 이땐 100% 고점"이라고 지적했다. 언론 보도가 기업 오너나 CEO 심리에 영향을 미치기 때문이다. 황 대표는 "신문기사를 본 수출기업 CEO는 달러를 팔려다가 달러 강세가 이어질 것으로 보고 기다리고, 수입기업은 달러 강세로 손해를 볼까 걱정해 이번 달뿐만 아니라 다음 달치까지 추가로 결제한다"며 "수요가 수요를 부르면서 일시적으로 달러당 원화값이 급락한다"고 했다.

이때 정부가 개입한다. 황 대표는 "만약 원화값이 1,300원 이하로 내려가면 외국인 투자자들이 국내 주식을 팔아 주가가 폭락할 수 있다"며 "정부가 금융시장 안정을 위해 환율 급등을 막을 수밖에 없다"고 했다. 그는 "정부가 주가를 올리고 내리는 것은 불가능하지만 외환시장의 경우 정부의 외환보유액이 4,000억 달러를 넘어 100억 달러 정도 매도할 수 있다"고 설명했다. 정부가 외환 공급을 늘리면 공급이 수요를 압도해서 달러 강

달러/원 환율과 한국 정부 외환시장 개입 현황(2015.7~2018.7)

(단위: 억 달러)

자료 : 미재무부환율보고서, 에스엠투자자문

세 현상이 꺾인다. 2015년 7~9월에도 달러당 원화값이 1,200원 밑으로 떨어지자 정부가 개입했다. 2016년 1~3월 1,230원으로 급락했을 때도 정부가 100억 달러 이상 매도해 안정세를 찾았다.

2008년 글로벌 금융위기 때 900~1,000원이었던 달러당 원화값이 1,500원대까지 갔으나 현재로선 그럴 가능성이 없다고 황 대표는 강조했다. 그는 "우리나라 경제가 안 좋아서 달러당 원화값이 1,500원대까지 간다고 생각하는 사람들도 있다"며 "2013년 이후 우리나라 외화, 자산이 외화, 부채보다 많아서 대외 위기가 오더라도 원화값이 1,500원까지 갈 가능성은 거의 전무하다"고 했다.

그는 달러를 산 역외 투기세력들이 이를 팔 때가 돌아오고 있다고 분석했다. 황 대표는 "역외 투기세력은 달러를 가장 싸게 사서 가장 비싸게 팔아야 한다"며 "정부가 개입하면 달러당 원화값을 더 내리기가 부담스러워져 팔려고 할 것"이라고 했다. 그는 "역외 투기세력은 3~4달에 한 번씩 달러를 사고팔고 한다"며 "이들이 올해 2~5월 매집한 달러가 최소 200억~300억 달러로 이미 살 만큼 샀다고 보여 달러 강세를 이어가긴 쉽지 않다"고 했다. 원화가 다른 주요 국가 통화에 비해 많이 하락한 점도 조만간 원화값이 상승할 것을 보여주는 지표라고 했다. 황 대표는 "달러당 원화값이 4월 15일 이후 한 달 동안 무려 4.76% 떨어졌다"며 "중국 위안화가 2.91%, 인도 루피화가 2.82% 각각 떨어진 것과 비교하면 원화값이 떨어질 만큼 떨어진 의미로 볼 수 있다"고 했다.

황 대표는 중·장기적으로 달러 약세 요인이 많다고 내다봤다. 우선 2분기 이후 수출이 증가하면서 우리나라 경제가 회복되고 있다고 했다. 유럽 경제도 살아나며 달러가 약세로 전환될 가능성이 크다. 미·중 무역 분쟁도 2019년 상반기 안에 해결될 것으로 전망했다. 미국 연방공개시장위원회FOMC가 긴축 기조를 끝낸 점도 고려했다. 그는 "올해 달러당 원화값은 1,090원~1,200원 사이로 평균 환율은 1,140원"이라며 "지금 시점에서 달러를 사는 것은 현명한 전략이 아니다"라고 강조했다.

"달러선물 인버스 ETF로 원화 상승에 베팅하라"

황 대표는 달러를 사는 대신 원화값 상승장에 베팅하라고 조언했다. 달러선물 인버스 ETF가 시장 흐름에 투자하는 대표적인 상품이다. 그는 "원화값 급락 뒤엔 급등이 있어서 이 시점에 돈을 버는 상품에 투자해야 한다"며 "바로 달러선물 인버스 ETF"라고 강조했다. 달러선물 ETF는 달러 가치와 연동된 달러선물지수를 기초로 하는 상품이다. 특히 인버스 2X 상품은 원화값이 상승하면 2배 수익이 난다. 물론 하락하면 2배 손해를 볼 수 있다.

2019년 5월 13일 기준 원화값 하락장에 베팅한 달러선물 레버리지 ETF 상품의 1년 수익률은 20% 이상이다. 반면 달러선물 인버스 2X ETF 상품의 수익률은 마이너스 20%다. 하지만 2019년 하반기 이 수익률이 뒤바뀔 것이라는 게 황 대표 전망이다. 그는 "지금은 오버슈팅이라 원화값이 떨어져봤자 20~30원"이라며 "달러 약세일 때 이익이 나는 구조로 짠 상품이 필요하다"고 했다. 달러예금과 달리 이 상품은 달러 약세 때도 이익을 낼 수 있다. 달러예금은 달러 강세 때만 수익을 보는 은행 상품이다.

황 대표는 외화 상품 투자 시 유의사항도 안내했다. 그는 "외환시장 전문가들도 달러당 원화값이 상승하거나 하락할 땐 그 방향을 따라 전망한다"며 "상승 또는 하락의 끝자락에서 부화뇌동 거래를 하면 안 된다"고 강조했다. 초보 개인 투자자들은 레버리지 배율이 20배 이상인 달러선물 투자를 하면 안 된다고도 조언했다. 황 대표는 "달러선물 상품은 투자원금 대비 최대 20배까지 레버리지를 걸 수 있지만 환율이 5%만 움직여도 원금 100%를 손실 보는 고위험 상품"이라며 "많이 벌 수 있다는 기대에 성공 가능성이 매우 낮은 달러선물이나 FX 마진 거래는 자제해야 한다"고 했다.

황 대표는 또 외화 관련 상품은 주식처럼 계속 사고팔아선 '백전백패'라고 강조했다. 그는 "달러당 원화값의 단기 움직임을 분석해 알아내는 것은 낙타가 바늘구멍에 들어가는 것만큼 어렵다"며 "환율이 신문기사를 도배하는 등 이슈가 됐을 때 그 반대 방향으로 1년에 1~2번, 2년에 한 번 투자하면 수익을 낼 수 있다"고 말했다.

Part 4

신재테크

지금은 쉐어하우스 투자 시대, 월급쟁이 당신 제2의 월급 받자!

김진영

한 치 앞을 내다보기 힘든 부동산 시장 상황에서도 한 가지 분명한 사실이 있다. 최근 부쩍 늘어난 1인 가구 증가세가 앞으로 계속되고 그 결과 월세 수요는 점차 확대된다는 것이다. 이런 상황에서 주목받는 재테크 아이템이 바로 쉐어하우스다. 쉐어하우스란 다수가 하나의 주거 공용 공간(거실, 화장실 등)을 나누어 거주하는 곳을 말한다. 쉐어하우스 운영자는 이러한 주거공간과 생활에 필요한 가전과 가구 등을 입주자들에게 제공하고 수익을 얻는다.

쉐어하우스 운영자 커뮤니티인 '쉐어하우스의 모든 것'의 김진영 대표는 2019 서울머니쇼에서 열린 '지금은 쉐어하우스 투자 시대' 세미나에서 "월세 사는 청년층이 100만 명인데 이 중 약 12%가 고시원에 살고 있는 걸로 추정된다"면서 "쉐어하우스가 고시원 정도의 규모로만 커진다고 가정해도 쉐어하우스(현재 0.5%)는 앞으로 24배가 성장할 수 있는 시장"이라고 말했다. 그는 쉐어하우스 관련한 2권의 베스트셀러인《나는 집 없이도 월세 받는다》,《집 없이도 쉐어하우스로 제2의 월급 받는 사람들》을 쓴 스타 강사다.

김 대표는 "원룸이나 오피스텔을 쉐어하우스와 비교한다면 개인에 따라 호불호가 갈린다. 그러나 고시원보다는 쉐어하우스가 더 나은 주거 서비스임을 대부분 인정할 것"이라고 말했다. 그가 꼽은 첫 번째 이유는 가성비다. 김 대표는 "쉐어하우스의 월세는 원룸이나 오피스텔에 비해 상대적으로 저렴하다"면서 "보증금의 경우도 보통 2달치 월세인 경우가 많아서 목돈 마련에 대한 부담이 적다"고 설명했다. 계약 기간이 짧은 것도 장점이다. 쉐어하우스는 보통 6개월 단위 계약을 하고 있고, 종종 그보다도 짧은 단기 계약도 가능하기 때문에 원하는 기간만큼 살 수 있다. 환경 변화에 따라 언제든지 이사하는 것을 꺼리지 않는 20~30대 1인 가구에게 적합한 주거공간인 셈이다.

마지막으로 쉐어하우스가 대세가 된 또 하나의 큰 이유는 새로운 가치를 제공한다는 점이다. 김 대표는 "쉐어하우스는 같이 사는 즐거움이 있으며 안전함(여성 전용 쉐어하우스)이 보장된다"면서 "비슷한 나이나 관심사가 유사한 사람들끼리의 커뮤니티 구성도 가능하다"고 말했다.

최소 1,500만 원 투자해 월세 버는 '직장인 부업' 아이템

쉐어하우스 투자는 주거공간을 매입 또는 전대해 운영하는 방법으로 진행된다. 일반적인 부동산 임대사업의 경우 반드시 부동산을 소유해야 수익 창출이 가능하지만 쉐어하우스는 내 집을 가지고 있지 않은 사람도 '전대차'라는 제도를 활용하면 사업이 가능하다. 따라서 투자비가 적게 든다. 김 대표는 "쉐어하우스는 단순한 공간 제공 외에 주거 서비스를 제공하는 사업"이라면서 "사용자가 한 명이 아닌 여러 명이라서 그렇다"고 설명했다.

전대차는 쉽게 말해 자기가 빌린 집을 최종 사용자에게 또 빌려주는 것을 말한다. 실제 시중에 공급되는 대부분의 쉐어하우스들은 전대차를 통해 운영되고 있다. 만약 집을 가지고 있다면 직접 쉐어하우스를 운영함으로써 기존 임대료보다 훨씬 높은 수익을 얻을 수 있다.

김 대표는 "전대하면 최소 투자금은 지방의 경우 1,500만~2,000만 원, 서울은 2,500만~3,000만 원 수준"이라며 "수익률은 지역이나 위치 등에 따라 큰 차이가 있지만 일반적으로는 매입해 운영할 경우 대략 5~10%, 전대차해 운영할 경우 10~20% 정도의 수익률이 나오는 경우가 많다"고 설명했다.

쉐어하우스 세입자 타깃은 젊은 20~30대 여성이다. 원래 쉐어하우스를 선호하는 고객층이 젊은 층인데 현재 운영되는 쉐어하우스의 70~80%는 그중에서도 여성 전용이다. 김 대표는 구체적으로 예를 들어 설명했다. 구로디지털단지에는 많은 IT 회사가 몰려 있다. 이러한 IT 회사

기존 임대사업 vs. 쉐어하우스의 사업 모델

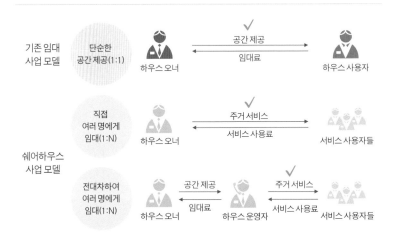

자료: 함께하는삶(김진영),《집 없이도 쉐어하우스로 제2의 월급 받는 사람들》, 예문, 2018

일반적인 임대 vs. 쉐어하우스의 예상 운영 수익률은?

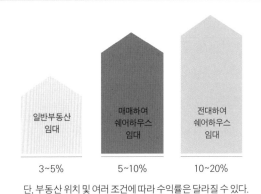

단, 부동산 위치 및 여러 조건에 따라 수익률은 달라질 수 있다.

자료: 함께하는삶(김진영),《집 없이도 쉐어하우스로 제2의 월급 받는 사람들》, 예문, 2018

의 특징은 젊은 2030의 직장인들이 많다는 점이다. 여의도와 구로디지털단지에 가보면 직장인들의 다른 연령대를 확실하게 느낄 수 있다. 구로디지털단지와 유사한 지역이 경기도에도 있는데, 바로 판교 테크노밸리다. 약 7만 명이 넘는 근로자가 근무 중이고, 이 중 IT 업종이 75% 이상을 차지하고 있다. 또 20~30대 근로자의 비중이 75%를 넘는다. 쉐어하우스의 타깃 고객과 정확하게 일치하는 지역이다.

쉐어하우스 운영은 직장인의 부업 아이템으로도 주목받고 있다. 그는 "일반적인 요식업 등의 개인사업에 비해 쉐어하우스는 비용 투자가 적고, 자주 방문해야 하는 일도 많지 않다"고 말했다. 따라서 직장인도 1~2개 쉐어하우스 정도는 부업으로 운영할 수 있다.

단순 공간 아닌 '주거 서비스' 팔아야… 세입자 관리 필수

기존의 부동산 임대사업은 공간을 한 명의 사용자에게 제공하고 그 공간 사용자에 대한 대가를 받는 단순한 구조였다면, 쉐어하우스는 공간뿐 아니라 주거 서비스도 같이 공급해야 한다. 김 대표는 "쉐어하우스에서 매달 나오는 수익은 임대수익이라기보다는 '서비스 사용료'라고 생각하는 게 맞다"면서 "일반적인 부동산 임대사업과 달리 입주민들과 소통이 필요하다"고 말했다. 입주민들의 요청사항이 상대적으로 빈번하게 발생하기도 한다. 따라서 섣부르게 월세 받으려고 달려들면 운영관리에 애로사항을 겪을 수 있다.

김 대표는 "신규 모집도 중요하지만 기존 입주민에 대해서도 관리를 잘 해야 사업이 편하고 공실이 없다"면서 "일단 서비스 제공자라는 생각을 가지고 웬만한 것은 요구하는 대로 들어주는 것이 좋다"고 조언했다. '나는 집주인이야' 또는 '나는 월세 받는 사람이야' 같은 생각은 절대 해서는 안 된다.

또 임차해 운영할 경우에는 반드시 집주인에게 허락을 받아야 한다. 만약 사용 용도를 허락받지 않았다면 계약 기간과 관계없이 집주인에게는 계약을 해지할 수 있는 권리가 생겨 운영에 어려움을 겪을 수 있다.

신 투자 트렌드! 소액으로 투자하자…
P2P vs. 크라우드펀딩

김경래, 황철우

전통적인 재테크 수단인 부동산과 주식 대신 소액으로도 할 수 있는 크라우드펀딩이 새로운 재테크 수단으로 떠오르고 있다. 크라우드펀딩이란 자금이 필요한 사람이 온라인 플랫폼을 통해 대중에게 돈을 끌어모으는 방식이다. 대중을 뜻하는 크라우드Crowd와 펀딩Funding을 조합한 용어다. 펀딩 종류에 따라 후원형, 기부형, 대출형, 증권형 등 네 가지 형태로 나뉜다.

이 중 '대출형 크라우드펀딩'이 바로 최근 급성장한 P2PPeer To Peer(개인간) 금융이다. 돈이 필요하지만 제1금융권인 은행 문턱을 넘기 어려운 개인이 자금을 지원받고, 만기에 원금과 이자를 다시 갚는 방식이다. 플랫폼은 대출자와 투자자 중간에서 이 둘을 매개하는 역할을 한다.

P2P 투자와 크라우드펀딩

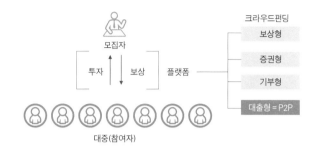

2019 서울머니쇼 강연자로 나선 김경래 칵테일펀딩 전략마케팅 이사는 P2P 금융을 새로운 재테크 수단으로 꼽았다. 1년 이내 짧은 기간 투자해 10% 내외 수익을 얻을 수 있다. 매달 수익금을 받고 소액으로도 투자할 수 있다.

칵테일펀딩은 펀드매니저와 증권사 애널리스트, 프로젝트 파이낸싱 PF 전문가, 은행 심사역 등 전문 금융인들이 모여 만든 P2P 금융 플랫폼이다. 머니쇼에서 강연을 맡은 김 이사 역시 교보증권과 하나금융투자 등 증권사에서 딜러로 일했다. 2019년 5월 기준 누적 대출액은 415억 원이다. 누적 대출액의 60% 이상을 기관 전문 투자자들이 참가한다. 같은 해 4월 22일 기준 평균 수익률은 14.2%다.

바쁘고 귀찮은 투자자는 P2P 대출 투자로 1년에 10%대 수익

김 이사는 우선 자신이 그동안 상담해왔던 '부자의 재테크 방법'을 소개했다. 부자가 되는 첫 번째 방법은 '손실을 보지 않는 것'이다. 다른 사람보다 1%라도 꾸준히 벌면 부자가 될 수 있다는 것이다. 투자의 귀재 워런 버핏도 그랬다. 그는 투자 첫 조언으로 '잃지 않아야 한다'고 했다. 두 번째 조언은 '첫 번째(잃지 않는 것) 원칙을 지키는 것'이다. 마지막으로 인덱스 펀드처럼 시장 전체에 투자하라고 했다. 이는 분산투자의 중요성을 강조하는 말이다.

김 이사는 "우리나라 부자는 부동산뿐만 아니라 주식과 펀드, 채권 등에 투자한다"며 "부동산에만 '몰빵'하지 않고 포트폴리오 수익률 관리에 집중한다"고 했다. 각 투자에서 언제든지 원금을 잃을 가능성을 염두에 두고 포트폴리오를 다각화해야 한다는 말이다. 단 한 번의 손실만으로 전체 벌어들인 돈의 차이가 생길 수 있기 때문이다.

부자들이 보통 사람들과 다른 점은 '부지런함'이다. 부자들은 주식이나 펀드 투자를 할 때 장기투자로 복리 효과를 노린다. 배당주 투자로 수익을 확보한 뒤 가치주 하락 시 매수한다. 채권 투자를 할 때도 1% 금리 차이에 집중한다. 채권 등급에 따라 투자 비중을 달리하고 장·단기채를 섞어 투자한다. 주말마다 발품을 팔며 주변 상권을 분석해 오피스텔을 산다. 정확한 기대수익률을 계산해 매달 임대수익을 받는다. 하지만 보통 사람은 어렵거나 귀찮아서 이 같은 투자를 꾸준히 하기 어렵다.

김 이사는 '바쁘고 귀찮은' 보통 사람에게 P2P 금융이 새로운 투자 수단이 될 수 있다고 말한다. 그는 "P2P 금융은 투자기간이 1년 정도로 짧아 증권형 크라우드펀딩처럼 '대박'은 없다"며 "투자수익률은 연 9.6%로 은행(2.5%)보다 높다"고 설명했다. 칵테일펀딩의 수익률은 14.2%다. 짧은 투자기간은 장점이다. 짧게는 3개월부터 1년까지 투자기간을 고를 수 있다. 수익률뿐 아니라 투자 대상과 기간, 상환 방식 등을 고려해 입맛에 맞는 상품을 선택할 수 있다. 개인 투자자는 연간 한 개 상품에 500만 원, 한 개 업체에 1,000만 원까지 투자할 수 있다.

2020년부터 절세 효과도 누릴 수 있다. 현재 P2P 금융으로 벌어들인 투자수익의 25%(지방소득세 2.5% 제외)를 세금으로 낸다. 금융회사 예·적금 이자소득세율 14%(지방소득세 1.4% 제외)보다 높다. 하지만 2020년부터 1년 동안 P2P 투자 이자소득세율이 은행 수준으로 내려간다. 김 이사는 "11월부터 다양한 회사 상품을 공부해서 내년부터 투자하면 적기"라고 말했다.

다만 투자자는 원금 보장이 되지 않는 점을 유의해야 한다. 2019년 5월 기준 P2P 금융시장 전체 연체율은 5% 수준이다. 특히 부동산 PF 전문 P2P 금융업체의 연체율은 같은 해 4월 8.50%를 기록했다. 투자한 업체가 문을 닫거나 투자상품에 부실이 생겨도 투자금을 전혀 돌려받지 못하기 때문에 분산투자 전략이 필요하다. 김 이사는 "P2P 금융은 업체와 상품을 골라 분산투자해야 한다"고 강조했다.

스타트업 투자로 IT 기업서 배당 받으려면
증권형 크라우드펀딩을

와디즈는 증권형 크라우드펀딩 업체다. 증권형은 스타트업 등 신생 기업에 투자해 배당을 받는 방식이다. 와디즈는 개인 투자자와 스타트업 업체를 연결하고 중개 수수료를 받는다. 2012년 창업해 2014년 후원·기부형(리워드형) 크라우드펀딩을 시작했다. 이는 아이디어 제품이나 서비스 등 비금전 형태로 보상을 받는 방식이다. 2016년부터 증권형 크라우드펀딩 서비스를 시작했다.

같은 세미나에서 김 이사에 이어 연단에 오른 황철우 와디즈 경영추진실 이사는 "우리나라는 대기업에서 스타트업, 제조업에서 플랫폼, 자본 집약에서 콘텐츠 집약으로 바뀌고 있다"며 "앞으로 10년 동안 '스타트업 전성시대'가 될 것"이라고 전망했다. 그는 "스타트업은 뒤로 갈 곳이 없고 앞으로 가는 것, 성장하는 일만 남아 투자해야 한다"고 강조했다. 황 이사는 메리츠종금증권과 IBK증권, 유안타증권 등에서 자기자본투자PI 업무를 하다가 와디즈로 옮겼다. 그동안 우리나라는 자동차, 화학, 정유 등 전통 산업이 경제 성장을 이끌었다. 자동차 산업을 대표하는 기업은 현대차다. 황 이사가 분석한 결과를 보면 현대차의 주가는 2012년 5월 1주당 27만 2,500원 고점을 찍고 쭉 내려와 5월 현재 13만 원대에 거래되고 있다. 대표적인 화학업체인 LG화학 역시 2011년 4월 58만 3,000원을 찍었으나 현재 32만 원 선에서 거래된다. 두 기업 모두 고점을 찍었던 당시보다 자산은 커지고 수익은 늘었으나 주가는 사실상 반 토막 났다. 황 이사는 "산업

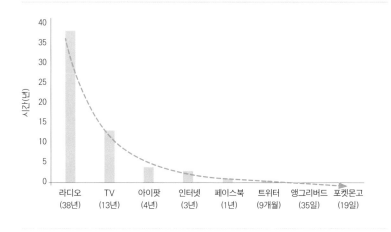

5,000만 사용자 확보에 걸린 시간

시간(년)

| 라디오 (38년) | TV (13년) | 아이팟 (4년) | 인터넷 (3년) | 페이스북 (1년) | 트위터 (9개월) | 앵그리버드 (35일) | 포켓몬고 (19일) |

이 더 이상 성장하기 쉽지 않다는 시장 인식 때문"이라고 설명했다.

우리나라는 주가 2,000선에서 머물러 있으나 최근 10년간 미국 증시 나스닥은 약 5배 올랐다. 황 이사는 "시총 10조 원 넘는 에어비앤비와 테슬라, 우버, 아마존 등 스타트업이 10년간 급성장하면서 나스닥을 끌어올렸다"고 설명했다.

특히 기업이 사용자 5,000만 명을 확보하는 데 걸린 시간을 보면 시장이 급변하고 있다는 것을 한눈에 확인할 수 있다. 예를 들어 라디오는 사용자 5,000만 명을 확보하기까지 38년, 텔레비전은 13년 걸렸다. 최근 들어 이 기간은 점점 짧아지고 있다. 아이팟은 4년, 인터넷은 3년, 페이스북은 1년, 트위터는 9개월, 앵그리버드는 35일, 포켓몬고는 15일 각각 걸렸다.

시가총액 10억 달러(1조 원)를 넘는 데 걸린 시간을 분석하면 미국 〈포춘 Fortune〉 500대 기업은 보통 20년 걸렸다. 하지만 구글은 8년, 페이스북은 5년, 스냅챗은 1년 만에 1조 원을 넘어섰다. 황 이사는 창업비용도 '0원'에 수렴해 창업하기 좋은 시대라고 강조했다.

사모펀드 투자 흐름도 스타트업으로 변했다. 벤처캐피탈VC은 2014년 1조 6,000억 원, 2019년만 3조 4,000억 원을 스타트업에 투자했다. VC는 보통 자기 돈을 5~10% 넣고, 나머지 금액을 유한책임 투자자LP로부터 빌려와 펀드를 결성한다. LP는 보통 수익률 8%를 요구한다. 황 이사는 "그만큼 스타트업 투자로 돈을 벌 수 있다고 생각하는 것"이라며 "똑똑한 사람은 이미 스타트업에 돈을 넣고 있다"고 했다.

하지만 그동안 일반 투자자는 스타트업에 투자하고 싶어도 방법이 없었다. 은행 프라이빗뱅킹PB 센터에서 자산가들과 스타트업을 연결해주는 정도였다. 정부는 2016년 이 문을 개인 투자자에게도 열어줬다. 크라우드펀딩 플랫폼이 제도화돼 개인이 투자하고 싶은 스타트업을 고를 수 있게 됐다.

스타트업 크라우드펀딩은 눈에 띄게 성장하고 있다. 증권형 크라우드펀딩 포털 '크라우드넷'에 따르면 2016년 1월부터 2019년 5월 28일까지 477개 스타트업이 크라우드펀딩으로 904억 원 투자를 받았다. 투자자는 4만 6,000명을 넘어섰다.

황 이사는 누구나 스타트업에 투자할 수 있지만 '리스크 감내력'이 필요하다고 했다. 리스크 감내력이란 쉽게 말해 손실을 볼 가능성을 견딜 의

지와 능력을 뜻한다. 예를 들어 들어 100억 자산가라고 해도 위험한 투자를 꺼린다면 스타트업 투자에는 맞지 않는다. 스타트업 투자는 기본적으로 고수익·고성장이지만 위험도 크기 때문이다.

스타트업 투자 역시 '분산투자'는 필수다. 한 기업에 전체 투자금액의 20%를 넘게 투자하는 것은 좋지 않다고 조언한다. 황 이사는 또 자신만의 스타트업 고르는 눈을 길러야 한다고 했다. 그는 "스타트업에 투자할 때 나만의 기준이 필요하다"며 "예컨대 기업을 한 줄로 표현할 수 있는지, 대표이사가 똑똑한지, 지금까지 이룬 성과는 무엇인지, 다른 투자를 받은 적은 있는지, 싸고 좋은 기업인지 등을 꼼꼼히 살펴야 한다"고 했다. 투자자들이 질문을 던질 수 있는 '피드백 게시판'도 들여다보는 것은 팁이다. 투자자가 날카로운 질문을 했을 때 회사가 얼마나 현명하고 애정을 담아 답변하는지를 보면 CEO의 열정을 엿볼 수 있다.

'소득공제' 딱지가 붙은 상품을 이용하는 것도 유용한 투자 전략이다. 투자금액 100%를 소득공제 받을 수 있다. 황 이사는 "요즘 샐러리맨들이 소득공제 받는 건 없다"며 "소득공제는 아주 강력한 혜택"이라고 강조했다. 예를 들어 원금의 30~40%를 잃어도 막상 잃는 게 없는 셈이다. 소득공제가 되는 상품을 고르면 위험 부담이 낮아진다는 장점도 있다.

그가 보는 스타트업 투자 성공의 기준은 무엇일까. 황 이사는 "스타트업은 성장 과정에서 다음 단계로 갈 때 2년 내에 2배 이상 성장해야 한다"며 "1년 내 100%, 적어도 50% 이상 기업 가치를 올려야 한다"고 말했다.

황 이사는 "내년에 인구절벽이 오는데 우리는 아직 생산가능인구가 줄어드는 것을 경험하지 못했다"며 "인구절벽이 오는 2020년 대한민국에서 모든 자산을 100% 부동산에 묶어두는 일은 위험할 수 있다"고 했다.

경매로 10억 벌기 이렇게 쉬웠어?
공매 플러스 경매
백석기, 박희철

2019 서울머니쇼에 참석한 청중들은 경·공매 같은 새로운 방식의 재테크에도 많은 관심을 보였다.

'파이팅 팔콘Fighting Falcon'이라는 필명으로 활동 중인《경매 권리분석 이렇게 쉬웠어?》의 저자 박희철 작가는 머니쇼 강연을 통해 "우리는 옷을 살 때 백화점도 가지만 조금 더 가격대가 저렴한 아웃렛도 가고, 또 가끔은 인터넷 쇼핑도 한다"며 "부동산도 마찬가지다. 공매와 경매가 쇼핑으로 치면 온라인 쇼핑과 아웃렛이다"라고 설명했다. 일반적인 매매 방식만 고집할 필요가 없다는 뜻이다.

박 작가는 "일단 경매에 대한 오해 4가지를 깨야 한다"고 강조했다. 박 작가는 경매에 대한 4대 오해로 ① 하자 있는 부동산이 나온다 ② 권리분

경매 투자에 대한 오해 4가지

- 하자 있는 부동산이 나온다?
- 권리분석이 어렵다?
- 명도가 어렵다?
- 특수물건을 해야 수익이 좋다?

석이 어렵다 ③ 명도가 어렵다 ④ 특수물건을 해야 수익이 좋다 등 총 4개를 지목했다.

그는 "아웃렛을 가서 쇼핑을 해도 충분히 좋은 물건이 많다는 걸 알 것"이라며 "백화점처럼 선택의 폭이 넓지는 않지만 조금 더 발품을 팔아서 돌아보면 살 만한 옷들이 꽤 많다"고 말했다. 아웃렛에서 파는 옷이 다 하자가 있거나 문제 있는 물건이 아닌 것처럼 경매도 똑같다는 것이다. 박 작가는 "예컨대 사업을 위해 집을 담보로 돈을 빌렸다가 회사가 부도나면 그 사업체 사장이 살던 집이 경매로 나오게 되는 것"이라고 말했다.

경매 초보자라면 '빨간색 없는 아파트'를 노려라

박 작가는 "두 번째로 많은 오해가 '경매가 어렵다', 특히 '권리분석이 어렵다'는 생각"이라고 소개했다. 그는 "권리분석은 생각보다 어렵지 않다"며 "우선 아파트만 보는 것을 추천한다"고 강조했다. 이어 박 작가는 "그다음에는 해당 아파트가 소유주 점유인지, 아니면 후순위인 임차인 점유인지를 보면 된다'고 말했다. 그는 "후순위란 그 집에 근저당이 잡힌 후 임차인이 들어왔을 때를 말하는 것"이라며 "전세로 들어가는데 이미 돈을 빌려준 권리가 잡혀 있다는 뜻"이라고 설명했다. 박 작가는 "집주인이 돈을 빌린 것보다 먼저 세입자가 전입한 물건 때문에 어려움을 겪는 거지, 후순위로 잡혀 있는 물건은 절대 손해 볼 일이 없다"고 조언했다.

그는 "세 번째로 '빨간색이 없는 물건'을 찾으면 된다"고 말했다. 인수된 권리가 없는지 경매 유료 사이트에 나온 정보를 잘 살펴보라는 것이다. 그는 "회원에게 돈을 받고 정보를 제공하는 유료 경매 사이트가 인수된 권리가 있는지 여부를 표시를 안 해주면 누가 그 사이트를 쓰겠나"라며 "인수되는 권리가 있는데 투자하면 입찰하는 사람은 돈을 다 날리니 빨간색으로 다 표시를 해준다"고 설명했다. 이어 박 작가는 "네 번째로는 매각물건명세서를 잘 봐야 한다"며 "여기까지 특이사항이 없으면 그 매물은 문제가 없는 것"이라고 말했다.

그는 "처음부터 어려운 경매 매물에 도전할 필요는 없다"며 "내가 할 수 있는 물건으로 수익을 내본 다음 단계별로 올라가면 된다"고 강조했다. 완벽하게 알고 투자를 시작해야 한다는 생각이 잘못됐다는 것이다. 아울러 그는 "지지옥션 등 유명한 경매 사이트가 많다"며 "아이디를 만들고 가입하면 유료 경매 사이트를 3일 동안 공짜로 쓸 수 있다"며 "통상 아파트만 한 달에 2,500여 건의 물건이 나오니 기회는 충분하다"고 말했다

이어 박 작가는 "사람을 끌어내야 하고, 세입자 관련 문제가 발생한다

는 것도 경매에 대한 오해"라고 강조했다. 그는 "실제로 상가나 공장 땅 같은 걸 경매로 사보면 대부분의 경우 이미 안에 있는 가구까지 다 비워놓은 상태"라고 설명했다. 그는 또 "어려운 물건을 경매로 사야 돈이 된다는 것도 큰 착각"이라고 강조했다.

박 작가는 "투자할 때 가장 중요한 세 가지는 노력, 투자금, 시간을 줄이면서 수익을 끌어올리는 것"이라고 말했다. 노력, 투자금, 시간 중 하나라도 과하게 많이 투입되면 올바른 투자가 아니라는 의미다. 그는 "특수물건을 사려면 투자금과 시간이 많이 늘어날 수밖에 없다"고 말했다.

그렇다면 어떻게 투자를 해야 할까. 박 작가는 '3스텝Step'을 제시했다.

스텝 1은 '자가 마련을 위한 경매'다. 박 작가는 "저도 안 되면 제가 거주하겠다는 생각으로 낙찰을 받곤 한다"며 "5억 7,000만 원에 낙찰 받아서 4,000만 원을 들여 수리를 했는데 이 물건을 2019년 10월 이후면 비과세로 7억 원에 팔 수 있는 상황"이라고 소개했다. 세금 부담 없이 최소 7,000만 원의 수익을 남기는 셈이다. 박 작가는 "지금까지 제가 썼던 전략

경매로 쉽게 수익 내기 3스텝(Step)

• 스텝 1 자가 마련
• 스텝 2 경쟁이 덜한 물건에 투자하라
• 스텝 3 남들과 다르게 생각하라

들이 대단한 건 없다"며 "실거주로 생각하고 물건을 산 경우가 대부분"이라고 밝혔다.

스텝 2는 '경쟁이 덜한 물건에 투자하라'다. 특히 그는 "신탁 물건은 오히려 권리분석을 할 게 없다"고 소개했다.

마지막 스텝은 '남들과 다르게 생각하라'다. 그는 과거 투자 사례를 예로 들었다. 박 작가는 "서울 구로 일대에서 1층 상가를 15억 원에 낙찰 받았는데 계산을 해보니 월세를 1,000만 원은 받아야 수익을 낼 수 있는 구조라 고민에 빠졌었다"고 말했다. 그는 "입주 가게가 죽을 파는 집이었기 때문"이라며 "죽집에서 어떻게 1,000만 원 월세를 감당하겠나"라고 말했다. 그래서 그는 남들과 다른 방법을 생각해냈다. 박 작가는 "상가를 3개로 나눠서 3개의 입주 가게로부터 각각 500만 원씩을 받아 월세 1,500만 원을 받았다"며 "이후 매각까지 성공했다"고 설명했다.

부동산, 그림, 악기에 살아 있는 동물까지 취급하는 온비드 공매

한편 백석기 한국자산관리공사(캠코) 팀장은 "공매나 경매는 부동산을 저가 매수할 수 있는 가장 좋은 수단"이라며 "특히 경기 침체기에는 우량 물건이 다수 나오고 경쟁률이 낮아 각광을 받는다"고 강조했다. 그는 "공매가 경매보다 경쟁률이 낮아 수익률이 높은 편"이라며 "따라서 요즘 경매 전문가들이 공매에 투자를 많이 하는 중"이라고 말했다.

백 팀장은 "공매의 특징은 낙찰자가 인수할 수도 있고 안 할 수도 있다는 점"이라며 "배분 요구를 하면 배분을 받고 말소되면 낙찰자가 인수하지 않을 수 있다"고 설명했다. 반면 그는 "배분 요구를 안 하면 배분을 못 받는다"며 "말소도 안 되니 낙찰자가 전부 인수를 해야 하는 구조"라고 말했다. 배분 요구를 했느냐, 안 했느냐에 따라 낙찰자가 인수 하느냐, 안 하느냐가 결정된다는 뜻이다.

백 팀장은 "최선순위 전세권이 있는 물건을 공매 투자할 때는 반드시 배분 요구를 했는지, 안 했는지를 확인해봐야 한다"고 거듭 강조하며 "등기부 등본에 기재돼 있다고 해서 반드시 말소되는 게 아니다"라고 조언했다.

온비드 공매의 종류

- 세금 체납 압류재산 매각
  – 세수 증대 효과

압류재산 공매

On Bid

- 공공기관 및 지자체 등 보유자산
  (불용품, 압수품, 유실물, 관사 등 포함)
  – 비용 절감 및 수익 극대화

이용기관 재산 공매

- 지방 이전기관 종전부동산 등
  – 정부정책 추진 지원

국유재산 공유재산 공매

유입자산 수탁자산 공매

- 국·공유 재산 임대 및 매각
  – 국가·지자체의 재정 증대 효과

- NPL 유입재산, 수탁재산 매각 지원
  (비업무용 재산, 종전부동산 등도 있음)
  – 금융회사 건전성 제공

아울러 백 팀장은 "특정 매물에 대해 공매와 경매가 같이 진행된다면 경매 떨어졌다고 실망하지 말고 공매를 통해 꺼진 불도 다시 봐야 한다"고 권장했다. 그는 "의외로 경매와 공매가 동시에 진행되는 물건이 많다"며 "세금을 못 내는 사람이 일반 사채권을 갚을 수 없는 경우가 많아서 그렇다"고 설명했다. 백 팀장은 "어떤 투자자들은 '양다리 작전'을 펼치기도 한다"며 "한쪽에서 적정 가격 낙찰을 받아놓고 잔대금을 안 내고 있다가 다른 쪽에서 가격이 떨어지길 기다리는 것"이라고 말했다. 그는 "경매와 공매의 틈새시장도 잘 살펴보면 재테크에 많은 도움이 된다고 생각한다"고 덧붙였다.

이날 백 팀장은 캠코의 '온비드' 온라인 입찰 시스템을 적극 이용하라고 권유했다. 온비드OnBid는 영문 'Online Bidding(온라인 응찰)'의 약자다. 공개 경쟁을 지원하는 온라인 입찰 플랫폼이다.

백 팀장은 "온비드에는 동산·부동산뿐만 아니라 그림, 악기, 소방차, 심지어는 살아 있는 동물원 코끼리까지 살 수 있다"고 소개했다. 온비드는 국가, 지방자치단체, 공공기관의 소유자산을 처분하거나 임대할 때 공정성과 객관성을 담보한 입찰을 지원하기 위해 2002년 구축됐다. 현대차그룹이 매입한 서울 삼성동 옛 한국전력 용지 매각도 온비드에서 입찰을 진행했다.

최근에는 국방부가 서울 강남의 마지막 금싸라기 대형 필지로 꼽히는 서초동 옛 정보사령부 땅을 온비드 공개 경쟁입찰로 매각했다. 국내 최대 디벨로퍼인 엠디엠그룹이 신한은행·이지스자산운용과 컨소시엄을 통해

1조 원의 거액을 베팅하고 공매에서 낙찰 받았다.

온비드 공매의 종류는 크게 4가지다. 세금체납 압류재산 매각, 국·공유재산 공매, 공공기관·지자체 보유자산 등 이용기관 재산 매각, NPL 유입재산과 수탁재산 매각 등을 온비드에서 진행한다.

Part 5

20~60대
인생설계부터 절세까지

미래설계, 이제는 필수다!
재무설계 & 은퇴 후 인생설계
김경록, 채준안

동화 〈아기돼지 삼형제〉는 무서운 늑대로부터 살아남기 위해 돼지들이 집을 짓는 이야기다. 맏형 돼지가 지푸라기로 지은 집은 금세 늑대의 입김 한 번에 날아가 버리고, 둘째 돼지의 통나무집도 늑대의 공격을 받아 속절없이 무너져버린다. 똑똑하고 부지런한 막내 돼지만이 튼튼한 벽돌집에서 늑대를 물리치고 형들과 행복하게 산다는 결말이다.

은퇴 후 인생설계 비법을 들려주기 위해 2019 서울머니쇼 강연자로 나선 김경록 미래에셋은퇴연구소장은 "행복하고 건강한 은퇴 후 삶을 위해서는 막내 돼지처럼 부지런하게 탄탄한 '노후자산 구조'를 짜둬야 한다"고 말했다.

인간 수명이 늘면서 '100세 시대', '고령화 사회' 등의 말에는 익숙해졌지만 여전히 '노후대비', '은퇴설계' 등은 낯설어하는 이들이 적지 않다. 노후대비가 되어 있지 않은 이에게 100세 인생은 늑대가 언제 들이닥칠지 모르는 나날의 연속으로, 차라리 재앙에 가까울 것이다. 다가오는 미래를 축복으로 받아들이려면 돈 걱정, 건강 걱정에서 벗어나는 게 급선무다.

이를 위해 김경록 소장과 채준안 숭실대학교 사회복지대학원 교수가 각각 '자산수명', '여가수명' 관리 비법을 전파해줄 해결사로 나섰다. 김 소장은 20여 년간 채권 운용과 경제 분석을 해오며 미래에셋캐피탈 대표, 미래에셋자산운용 경영관리부문 대표를 지낸 자산관리 전문가다. 채 교수는 복지 중에서도 개인 여가와 스트레스 해소법 분야를 전공해 은퇴 후 요긴하게 시간을 즐기는 법에 관한 이야기를 들려줬다.

금융자산은 전진배치, 종신연금은 후진배치

김 소장은 "늘어나는 인간 수명만큼이나 노후자산의 수명도 늘려야 한다"며 "그 준비는 늦어도 50대부터는 준비해야 한다"고 강조했다. 그는 노후자산을 집에 비유해 "집의 구조를 튼튼히 해놓으면 태풍이 와도 별다른 손질이 필요하지 않지만 대충 해놓으면 비가 올 때마다 매번 손을 대야 한다"며 "현명한 사람은 다른 사람보다 먼저 구조를 세워둔다"고 설명했다.

이런 관점에서는 수명 역시 리스크 중 하나다. 50~60대에 은퇴한 후 제2의 삶을 따로 준비하지 않았는데 예기치 않게 오래 살게 되는 경우가 그렇다. 통계청이 2018년 발표한 우리나라 연령별 기대수명을 보면 2017년 기준으로 40세 남녀는 각각 40.7년과 46.5년, 60세 남녀는 각각 22.8년과 27.4년을 더 생존할 것으로 추정됐다. 2017년 국내 출생아의 기대수명은 82.7년이다. 이는 OECD 회원국 36개국 평균인 80.6년보다 2.1년 높을 뿐 아니라 일본(84.5년)과 스페인(83.4년)에 이어 세 번째로 높은 수준이다.

이런 상황에 대비하기 위한 가장 효율적인 자산 배치는 '금융자산은 전진배치, 종신연금은 후진배치'다. 50세에 은퇴한 후 향후 30~40년은 더 산다고 가정한다면 그 첫 15~20년인 50~60대엔 금융자산으로, 그 이후엔 종신연금으로 지출을 충당하라는 의미다. 그리고 종종 삶의 재미를 위해 여유자금을 굴리며 투자수익을 맛보면 된다.

먼저 종신연금은 수혜자의 생명이 다할 때까지 지급되는 연금을 말한다. 수혜자 본인의 수명과 자산의 수명을 일치시킬 수 있다. 나이가 들어 이렇다 할 돈벌이를 할 수 없을 때에도 든든한 수익원이 돼준다. 따라서 가능한 한 종신연금의 수령 시기는 뒤로 미뤄 더 많은 돈을 생의 마지막까지 받도록 하라는 게 김 소장의 설명이다.

그는 "개인연금에 들지 않았더라도 국가가 보장하는 국민연금과 주택연금을 활용하면 죽을 때까지 최소한의 생활비는 충당할 수 있다"고 설명했다.

먼저 국민연금은 수령 시기를 1년 늦출 때마다 연 7.2% 이자가 더해 받을 수 있다는 점에서 늦게 받을수록 이득이라는 설명이다. 연장 최대한도

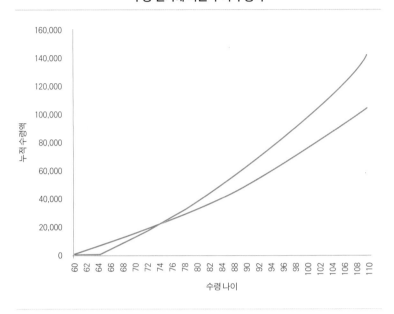

* 60세 수령자가 5년 연기해 받을 경우 매년 7.2% 5년간 증액. 인금상승률은 5% 가정

자료: 미래에셋자산운용

인 5년을 늦추면 이자 36%를 더 받게 되는 셈이다. 혹여 '일찍 삶을 마감하면 만져보지도 못할 돈이니 일찍 받는 게 낫다'는 생각이 들 수도 있다. 하지만 김 소장은 "어떻게 계산해봐도 나중에 받는 게 이득"이라고 단언했다. 그는 "은퇴 직후 연금을 받았다가 70세, 80세 넘어서까지 살아 있게 되면 수익원 없이 평생 후회하게 될 것"이라며 "연금 수령 시기를 뒤로 미룰수록 누적 수령액이 커진다는 점에 주목해야 한다"고 말했다.

이 밖에 국민연금의 임의가입, 추후납입 제도를 활용하면 수령액을 높일 수 있다. 임의가입은 주부, 학생 등 소득이 없거나 의무가입 연령인

60세를 넘긴 후에도 노후연금을 받기 위해 스스로 국민연금에 가입하는 경우를 말한다. 추후납입은 직장을 그만뒀거나 경제적 어려움 탓에 보험료를 내지 못했던 사람에게 추후 미납분을 낼 수 있게 해주는 제도다. 결혼이나 육아 등으로 직장을 그만둔 경력단절 여성이나 폐업한 자영업자 등도 이용할 수 있다. 추후납입 기간과 액수가 큰 경우에는 보험료를 최대 60회까지 분납할 수도 있다.

주택을 보유한 중·장년층이라면 주택연금을 눈여겨볼 만하다. 주택을 담보로 잡고 그 집에 계속 거주하면서 가입 나이와 주택 가격에 따라 월 최소 10만 원에서 최대 338만 원의 연금(2019년 3월 4일 기준)을 받을 수 있다. 가입자가 사망할 경우 그 배우자가 계속해 주택연금을 받을 수도 있다. 김 소장은 "현재 65세 이상인 분들의 자산 중 70~80%가 주택에 쏠려 있다"며 "실제로 거주하는 집을 통째로 팔아 현금화하는 건 어렵지만 연금으로 활용할 수 있다"고 소개했다.

주택연금 가입 요건은 부부 중 1명이 만 60세 이상, 부부 기준 소유 주택 가격이 9억 원 이하, 다주택자라면 합산 가격이 9억 원 이하, 9억 원 초과 2주택자는 3년 이내 1주택 매도 등이다. 금융당국은 2019년 업무 계획을 통해 상반기 중 주택연금 가입 가능 연령을 낮추고 집값 기준을 높이겠다고 밝혀 향후 요건은 대폭 완화될 것으로 기대된다.

여유자금 투자는 트렌드 따라가야

금융자산 투자는 '4% 수익률'을 목표로 잡는 것이 좋다. 이를 위해서는 국내 자산의 경우 인컴형(일정 수익을 꾸준히 추구하는 형태) 투자를, 해외 자산은 성장형(위험도는 높지만 높은 수익률을 추구하는 형태)으로 투자하는 것이 수익성과 안정성 두 마리 토끼를 잡는 지름길이라는 조언이 나왔다.

김 소장은 일본의 '잃어버린 20년'을 그 근거로 들었다. 그는 "일본의 지난 20년 저성장·저금리 시대를 보면 자산 가격은 거의 오르지 않았던 반면 임대수익률과 배당수익률은 비교적 높았다"며 "우리나라에서도 가격 상승에 배팅하기보다는 4% 수익률을 목표로 채권 등 인컴형 자산에 투자하는 것이 적합하다"고 말했다. 성장이 둔화한 시기이다 보니 안정적으로 현금 흐름을 창출할 수 있는 곳에 투자하라는 조언이다. 대표적인 인컴형 자산으로는 국채, 해외 채권이나 부동산·인프라 펀드, 배당주 등이 있다.

인컴 자산의 종류와 투자 방법

- 1군: 국채, 해외 채권(신흥시장 채권, 브라질 국채), 고수익 채권
- 2군: 리츠, 부동산 펀드, 인프라 펀드, 재간접 펀드
- 3군: 배당주, 배당+a펀드, 절대수익 펀드, ELS

> 원하는 인컴 수익률이 되면
> 매수 후 장기 보유하면서 배당소득을 얻는 게 원칙이며,
> (1~2% 이상의 안전 마진 필요)
> 전술적으로 자산 가격 상승할 때 매도

자료: 미래에셋자산운용

김 소장은 특히 부동산 리츠 시장에 대한 관심을 주문했다. 그는 "아직 우리나라 리츠 시장은 미미하지만 앞으로 계속 관련 상품이 나온다"며 "리츠 전문성만 키워도 향후 노후에 많은 도움이 될 것"이라고 귀띔했다.

여유자금을 묻어두고 값이 오르길 기대할 만한 투자처로는 해외 주식을 꼽았다. 김 소장은 "50대 미만의 젊은 세대는 자산의 40~50%를, 중장년 세대는 10%를 적극적 투자에 배분하라"며 "그래야 자녀들 용돈도 주고 여행도 떠나며 인생 재미를 느낄 수 있는 법"이라고 말했다.

특히 유망한 해외 주식 종목으로는 '고령화'와 '4차 산업혁명'라는 두 거대 트렌드가 관통하는 로봇·바이오·사물인터넷·웨어러블·헬스케어 등의 산업을 짚어줬다. 수요자인 고령층과 공급자인 4차 산업이 교차하는 분야라 앞으로도 높은 성장세가 기대된다는 것이다. 이어 "트렌드가 있는 자산은 향후 시장이 고꾸라져도 치고 올라갈 저력이 있다"며 "지금 투자해 10~20년 갖고 있다면 노후 중반기에 쏠쏠한 수익원이 돼줄 것"이라고 말했다.

60대 인생 골든타임, 재밌게 살자!

하지만 이렇게 철두철미해 보이는 은퇴자산 설계에도 허점은 있다. 돈은 돈대로 벌되 '어떻게 살 것인가'라는 질문이 빠져 있기 때문이다. 채 교수는 "중·장년층 중 은퇴 후 자유 시간을 얻고 건강과 돈 관리를 위한 공부는 열심이지만 놀 줄 모르는 분들이 매우 많다"고 지적했다.

우리나라에서 노인 자살률이 유독 높은 것도 이 같은 현실과 무관하지 않다는 게 채 교수의 진단이다. 노인 소외, 빈곤 등 여러 사회문제가 얽혀 있지만 결국 건강, 외로움 등 '마음의 병'이 이들을 극단적 선택으로 이끈다. 우리나라 65세 이상 자살률은 OECD 36개 가입국 중에서도 1위 수준이다. 최신 통계인 2016년 기준으로 스스로 목숨을 끊은 노인은 10만 명당 54.8명에 달해 OECD 평균의 3.2배에 달했다.

채 교수는 "과거 여가의 사전적 정의는 '노동이 끝난 후 쉬는 것'이란 개념이 강했지만 이제는 그저 '본인이 원해서 즐겁게 하는 일'이라면 다 여가에 포함된다"고 힘줘 말했다. 전자를 따르면 은퇴 후 노동하지 않는 노년 세대는 여가를 즐길 기회조차 얻지 못하는 셈이 된다. 반면 후자를 따르면 노후자산으로 사고 싶은 것, 하고 싶은 것을 맘껏 할 수 있다.

그동안 돈을 벌어도 내 집 마련하랴, 자식 뒷바라지 하랴 제대로 즐겨보지 못했던 이들에게 채 교수는 비로소 '무엇을 하고 놀 때 행복한가?'라는 질문을 던졌다. 그는 또 "대부분 '100세 시대'라는 숫자에 속아 '여가 수명'은 간과하고 있는 듯하다"며 "인생 주도권을 잡고 뛰어다닐 수 있는 건 길어도 75세가 마지노선이라는 점을 염두에 두시라"고 말했다.

은퇴 후 주어지는 인생의 골든타임 10여 년, 그 시간을 지배하려면 자신에게 맞는 여가 형태를 파악하는 것이 무엇보다 중요하다. 만약 무엇을 할 때 행복한지 감이 잘 오지 않는다면 자신의 '여가꼴'을 먼저 파악해보는 게 도움이 될지도 모른다.

여가꼴은 시간을 혼자 보내는지(S형), 여러 사람과 보내는지(G형) 또 정

여가꼴의 4가지 형태

S형	• 홀로 즐김형(Solo) • 여가를 혼자 즐기는 유형
G형	• 함께 즐김형(Group) • 여가를 함께 즐기는 유형
M형	• 정신 만족형(Mental) • 정신적 만족을 위해 여가를 즐기는 유형
P형	• 신체 만족형(Physical) • 신체적 만족을 위해 여가를 즐기는 유형

신적인 활동을 즐기는지(M형), 육체적인 활동을 즐기는지(P형)에 따라 크게 네 가지 형태로 분류할 수 있다. 예를 들어 SM형은 홀로 정신적 만족을 위해 여가를 즐기는 유형이다. 혼자서 책을 읽는다거나 명상을 한다거나 식물을 키우는 일을 좋아한다면 여기에 속한다. SP형은 홀로 신체적 만족을 추구하는 것인데, 마라톤을 한다든지 수영을 즐겨하는 경우다. GM형은 독서를 하면서도 모임을 만들어 여러 사람과 토론하거나 음악 밴드 활동을 즐겨하는 경우, GP형은 단체 경기를 즐기는 경우 등으로 나눠볼 수 있다.

채 교수는 "만약 남편은 P형인데 부인은 M형이라면 함께 등산을 하면서도 남편은 빨리 산에 오르는 게 중요하고 부인은 꽃과 낭만을 즐기는 게 중요할 수 있다"며 "각자에게 맞는 맞춤형 여가 계획을 짜야 한다"고 설명했다.

그는 또 잘 찾은 여가 계획이 제2의 인생을 이끌 수 있다는 가능성도 제시했다. 요리를 좋아하는 할머니가 유튜브에 요리 동영상을 올려 유명인이 되기도 하듯이, 해외 여행기를 블로그에 꾸준히 올리던 은퇴한 주재원이 여행 가이드로 제2의 인생을 살기도 하듯이 말이다. 채 교수는 "자신의 여가 소질을 잘 찾아 사람들과 교류하다 보면 또 다른 영역의 커리어가 쌓이고 그것을 새로운 직업으로 삼을 수도 있을 것"이라고 말했다.

여전히 자신의 여가가 무엇인지 찾기 어렵다면 "눈을 뜨면 하고 싶어 가슴이 설레는 일, 부부가 함께 할 수 있는 일, 여태껏 해보지 않은 낯선 일에 도전해보라"고 조언했다. 또 최적의 여가 골든타임을 보내기 위해 '하지 말아야 할 세 가지'도 제시했다. 자식과 손주에 얽매이지 말고, 마음먹은 도전을 미루지 말고, 배우자에게 자신의 여가를 강요하지 말아야 한다는 것이다. 채 교수는 "내가 원하는 걸 채우는 한편 배우자가 뭘 할 때 즐거워하는지 살펴보고 존중해야 한다"고 당부했다.

경력 18년 현직 스타 세무사의
세금 적게 내는 특급 노하우
장보원

"부모로부터 물려받은 재산이 적다고 판단해 이를 신고하지 않으면 나중에 엄청난 양도세를 부담하게 됩니다. 두 채 이상의 집을 상속받았을 때 형제자매끼리 지분등기로 나눠 가질 경우 모두 다주택자가 됩니다. 현행 세법을 미리 공부해서 유리한 방향으로 활용해야 합니다."

2019 서울머니쇼에서 '세금 적게 내는 특급 노하우(양도·상속·증여 중심)'라는 주제로 강연에 나선 장보원 세무회계사무소 대표는 "아무런 전략 없이 눈앞의 이익만 중시한다면 머지않아 세금 폭탄을 맞을 수 있다"며 이같이 말했다.

양도는 세법상 부동산이나 주식을 '유상'으로 이전하는 것이다. 이에 반해 상속과 증여는 자산이 '무상'으로 오간다. 세부적으로 살펴보면 상속은 사람이 죽으면 민법이 정한 상속인이 그의 재산이나 빚을 대가 없이 이전받는 것이다. 증여는 생전에 배우자, 자녀, 지인 등에게 재산을 선물로 주는 개념이다.

세금은 이익을 보는 사람이 낸다. 부동산이나 주식을 팔았을 때 차익이 발생하면 양도소득세가 부과된다. 예를 들어 어떤 부지를 1억 원에 양도받아 5억 원에 팔았다면 4억 원의 차익이 발생한다. 세율 40%와 각종 공제를 감안하면 양도소득세는 1억 2,000만~1억 3,000만 원이다. 다만 손해를 봤을 경우 세금은 없다. 이는 상속 혹은 증여에도 해당한다.

절세의 시작은 '상속받은 재산 제대로 알기'

문제는 상속 혹은 증여받은 자산을 곧바로 신고하지 않았을 때 발생한다. 장 대표는 "내가 보유한 자산의 취득가액을 모른다는 것은 상속이나 증여를 받은 뒤 이를 신고하지 않았다는 뜻"이라며 "물려받은 자산의 공시가격이 5억 원(배우자가 있을 경우 10억 원) 미만이면 세금이 부과되지 않기 때문에 상당수 사람들이 등기 이전만 한다"고 말했다. 이어 "하지만 나중에 그 자산을 팔 때 취득가액을 모르면 우리나라 세법에선 이를 기준시가에 받았다고 간주한다"며 "통상 기준시가는 시세의 3분의 1 혹은 4분의 1 수준밖에 안 되기 때문에 차익이 크게 발생할 수밖에 없고, 그만큼 내야 하는 세금도 불어난다"고 덧붙였다.

우리나라의 사망자 수는 연 25만 명이다. 이 중 상속·증여세를 신고하

양도소득세 바로 알기

- 양도소득세는 양도차익에 과세
  : 양도차익(=양도가액−취득가액−기타 필요 경비)이 없으면 세금도 없다!

- 양도가액을 줄이기 위해 다운계약서 작성 X: 탈세로 처벌

- 필요 경비를 잘 챙기자!
  : 취득세·등록세·법무사 수수료·등기 실비·중개사 수수료
    − 인테리어비(2016년 이후 발생분은 세금계산서 등 적격 증빙·이체내역)

는 사람은 5,000~7,000명으로 3%에 못 미친다. 나머지 97%는 물려받은 재산이 없거나, 또는 있어도 5억 원 혹은 10억 원 미만이라 신고하지 않은 사람들이다. 후자는 당장 어떤 돈도 빠져나가지 않지만 나중에 상속재산을 현금화할 때 세금 폭탄을 맞을 수 있다.

보유자산을 양도할 때도 알아둬야 할 사실이 있다. 장 대표는 1가구 2주택자의 예를 들었다. 우리나라 주택 보유자의 80%가 1가구 1주택인데 부득이하게 1가구 2주택자가 되는 상황이 발생한다. 민법상 상속인인 성인 자녀가 집을 한 채 마련한 상태에서 아버지가 갑자기 돌아가셨을 때가 대표적이다. 장 대표는 "이런 경우 자녀에게 2주택자 세금을 물리는 건 부당한 처사"라며 "기득권 보호 차원에서 자녀가 직접 산 아파트를 팔 땐 세금이 발생하지 않는다"고 말했다. 현행법상 1가구 1주택자가 집을 팔 경우 비과세다.

문제는 아버지로부터 사후에 물려받은 집을 먼저 팔 경우엔 세금이 부

과된다는 점이다. 이는 어디까지나 상속재산이기 때문이다. 장 대표는 "별 생각 없이 부모한테 받은 자산부터 먼저 처분한 뒤 세무소로 문의하는 사람들이 많은데 정말 안타깝다"며 "세법을 공부해야 하는 이유"라고 말했다.

주택을 두 채 이상 상속받을 때도 주의해야 할 점이 있다. 장 대표는 "자녀가 여러 명일 경우 상속재산을 공동 지분등기로 나눠 갖곤 한다"며 "현행법상 한 채에 대한 일부 지분은 무주택으로 간주하지만 두 채 이상에 대한 일부 지분은 각각을 1주택으로 계산한다"고 말했다. 예를 들어 오빠와 여동생이 상속받은 A아파트와 B아파트를 각각 지분 50 대 50으로 나눠 가질 경우 두 사람 모두 2주택자가 된다는 설명이다.

장 대표는 "상속으로 받은 재산을 포함해 3주택이 될 경우 아무도 절세 혜택을 받을 수 없다"며 "만약 자가를 보유한 오빠가 부모의 특례주택을 물려받고, 현재 무주택인 여동생이 나머지 한 채를 가져가면 모두가 이득을 볼 수 있다"고 말했다.

그는 당장의 이익을 위해 다운계약서를 작성하는 행위는 지양해야 한다고 당부했다. 장 대표는 "분양권이 3억 원일 때 파는 사람은 양도가액을 낮추려고 '2억 원에 거래한 걸로 하면 2,000만 원 깎아주겠다'고 제안한다"며 "그럼 사는 사람도 '어차피 1주택이면 비과세니까' 하는 생각에 2억 원으로 계약서를 쓴다"고 말했다.

문제는 시간이 흘러 분양 받은 집 외에 한 채를 더 구입했을 때 나타난다. 장 대표는 "다운계약서로 작성한 집을 3억 원에 팔 경우 이득을 본 게 전혀 없음에도 서류상 2억 원으로 돼 있으니 차익이 1억 원 발생한 셈"이라며 "억울하지만 이에 대한 양도세를 내야 한다"고 말했다. 이어 "과거 분양권이 3억 원이었다는 것을 증명해줄 만한 금융기관 서류나 수표 사본 등이 있다면 그나마 다행"이라며 "이땐 과거 분양권을 판 사람에게 탈세 가산세, 연간 이자 등을 매겨 상당한 금액을 추징한다"고 말했다. 다운계약서는 이를 요구한 사람에게도, 수락한 사람에게도 득보다는 실이 훨씬 크다는 설명이다.

장 대표는 진정한 절세를 위해 취득가액을 높이는 방법을 택하라고 제안했다. 그는 지인에게 5,000만 원을 빌려준 대신 잡종지를 받은 사람을 예로 들었다. 개발호재로 잡종지가 10억 원이 됐을 때 9억 5,000만 원의 차익이 발생한다. 장 대표는 "이를 팔면 4억~5억 원의 양도세를 부담해야 하기 때문에 그보다는 상속 제도를 활용하는 것이 현명하다"며 "본인은 사망하고 배우자가 살아 있는 상태에서 자녀가 10억 원짜리 땅으로 상속 신고를 하면 세금이 부과되지 않는다"고 말했다.

자녀가 아닌 배우자에게 증여하는 것도 묘수다. 장 대표는 "부부 사이엔 6억 원까지 증여세를 부과하지 않는다"며 "10억 원짜리 땅을 배우자에게 넘길 경우 4억 원에 대해서만 세금을 내면 되는데 세율이 높지 않아 7,000만 원 정도만 내면 된다"고 말했다. 이어 "다만 현행법상 배우자로부터 증여를 받으면 그 자산을 5년간 보유해야 하기 때문에 시기를 잘 고려해 재산을 정리해야 한다"고 덧붙였다.

상속 때 부채 안 받으려면 자산도 포기해야

상속 승계와 관련한 주의사항도 언급했다. 장 대표는 "부채가 자산 가치를 훌쩍 넘어설 경우 장례식 등 상속 개시가 있음을 안 날로부터 3개월 내 가정법원에 포기 신고를 하면 된다"며 "다만 부모가 남겨둔 은행예금 100만 원을 '괜찮겠지' 하는 마음에 인출한다면 이는 상속을 승인한 것으로 간주된다"고 말했다. 어떤 재산이라도 건드릴 경우 상속 포기 효력이 사라진다는 설명이다.

그는 이어 "자녀, 배우자, 부모들이 모두 상속을 거부할 경우 다음 순위에 따라 손자녀에게 자격이 주어진다"며 "문제는 손자녀가 이를 인지하지 못하고 시간을 흘려보냈을 때 발생한다"고 말했다. 조부모가 사망한 지 3개월이 지나면 손자녀는 꼼짝없이 상속자가 되기 때문이다. 장 대표는

상속인과 법정상속분

법정상속인 구분	상속인	상속분	비율
1. 직계비속(자녀) 및 배우자 있는 경우(공동상속)	아들, 배우자	아들 1 배우자 1.5	2/5 3/5
	아들, 딸, 배우자	아들 1 딸 1 배우자 1.5	2/7 2/7 3/7
2. 직계존속(부모) 및 배우자 있는 경우(공동상속)	부, 모, 배우자	부 1 모 1 배우자 1.5	2/7 2/7 3/7
3. 자식 및 부모 없으면 배우자 단독상속 4. 형제자매 5. 사촌			

"손자녀들이 감당하지 못할 빚을 떠안고 파산 신청하는 경우를 종종 볼수 있다"고 덧붙였다.

사망보험금은 상속재산이 아니기 때문에 상속 포기자도 받을 수 있다. 다만 보험금이 5억 원 혹은 10억 원(부모 중 한 사람이 살아 있을 경우)을 넘어서면 상속세가 부과된다.

평소 세법에 관심이 많은 사람은 상속 시 감정평가를 활용한다. 상속신고 기한 내에 감정평가를 통해 보유자산의 가치를 높이면 그만큼 세금이 줄어들기 때문이다. 장 대표는 "상속재산이 공제 기준(10억 원)을 넘어선다 해도 정당하게 신고해서 상속세를 내는 것이 더 합리적"이라며 "상속세보다 양도세 부담이 매우 크기 때문"이라고 말했다. 만약 상속재산이 11억원으로 공제 기준과의 차액이 1억 원 발생할 경우 세율은 10%만 적용된다. 5억 원의 차액까지는 20%의 세율이 적용된다. 이에 반해 양도세는 차액이 1억 원만 발생해도 40%가 부과된다.

장 대표는 "당장의 상속세, 증여세만 따져선 안 되고 큰 틀에서 바라볼줄 아는 지혜를 갖춰야 한다"며 "결국 양도세를 한 푼도 안 내는 전략이 진정한 절세"라고 말했다.

무엇보다 절세를 위해 가장 염두에 둬야 하는 건 '합법'이다. 장 대표는 "결혼하는 자녀에게 집 보증금 마련하라고 2억 원을 보낼 경우 양도세가 2,000만 원 발생한다"며 "이걸 안 내겠다고 친한 법무사를 통해 '자녀에게 2억 원에 팔았다'고 가짜 계약서를 쓸 경우 세무서에서 무조건 조사한다"고 말했다. 부동산 매매는 등기가 이전되는 행위이기 때문에 세무공무

원들이 수상한 자금 흐름에 대해 모를 수가 없다는 설명이다.

자녀의 보증금을 현찰로 증여하는 것도 위험하다. 부동산 계약 후 부모가 10년 이내 사망하면 모든 통장 내역이 조사 대상에 오르기 때문이다. 편법 행위가 적발될 경우 무신고 가산세 등으로 양도세가 3,000만~4,000만 원까지 불어날 수 있다. 장 대표는 "세무대리인을 활용하지 않고 편법, 불법, 탈법을 자행한다면 결국 중과세를 부담하게 된다"며 "성실하게 신고하고 세액공제 방법을 알아보는 것이 현명하다"고 말했다.

월급만으로 살 수 없다는 걸 알았다…
2030 재테크 토털 솔루션
이성헌

"지금 받고 있는 급여에 만족하는 사람이 얼마나 될까요. 더욱 안타까운 건 급여가 어느 날 갑자기 몇 배로 뛸 가능성도 거의 없다는 사실입니다. 10년 후의 나를 위해 스스로 재테크를 공부하고 실행에 옮겨야 하는 이유입니다."

2019 서울머니쇼에서 '2030 재테크 토털 솔루션' 세미나로 청중들과 만난 이성헌 리치앤코Rich&Co 마케팅 이사는 "월급만으론 평생 쓸 돈을 마련할 수 없으니 사회초년생 때부터 투자하는 습관을 길러야 한다"며 이같이 말했다. 이 이사는 베스트셀러《사회초년생 월급으로 살아남기》의 저자다.

평생에 필요한 돈 21억 모으려면
"나의 자산 상황 정확히 알고 3W로 재테크 목표 세워야"

우리나라 국민들의 생애주기별 자금운용 현황을 살펴보면 사회초년기에 4,100만 원, 가정구성기에 9억 6,100만 원, 자녀성장기에 2,670만 원, 가족성숙기에 2억 9,000만 원, 노후생활기에 8억 원가량을 지출한다. 이를 모두 더하면 한 사람당 평생에 걸쳐 쓰는 돈이 약 21억 3,230만 원에 달한다는 결론이 나온다.

이 이사는 "20억 원이 넘는 자금을 전부 월급으로 충당할 수 있다고 생각하는 사람은 결코 없을 것"이라며 "취업은 늦어지고 은퇴는 빨라지는 시대에 살고 있기 때문에 재테크 공부는 선택이 아닌 필수"라고 말했다. 경제활동 기간 내 벌 수 있는 절대적 연봉이 충분치 않기에 소비를 줄이는 것만으로는 일상생활을 영위하기 쉽지 않다는 설명이다.

이 이사는 성공적인 재테크를 위해서는 먼저 자기 자신에 대해 파악하는 작업이 이뤄져야 한다고 강조했다. 그는 "대략적인 연봉 말고 내가 한 달에 정확히 얼마를 받고 있는지 아는 사람은 드물다"며 "소득과 지출 내역을 꼼꼼히 살펴서 자신의 소비 성향을 꿰뚫고 있는 것이 재테크의 출발"이라고 말했다. 이직 가능성 등을 포함해 생산활동 시기에 벌어들일 수 있는 돈이 총 얼마인지 계산해보는 것도 필요하다고 덧붙였다.

이 이사가 제시한 구체적 실천 방안은 '머니데이'를 설정하는 것이다. 그는 "연말이나 연초에 머니데이를 만들어 자산현황표를 작성하는 것이 도움이 된다"며 "현재 보통예금 등 현금성 자산은 얼마나 보유하고 있는

목표를 구체화한 3W의 법칙

Why	When	What
왜 필요한가	언제 필요한가	무엇에 필요한가

지, 정기적금이나 주택청약예금, 개인연금에는 얼마씩 넣고 있는지, 자동차 할부금 등 단기부채는 얼마인지, 국민연금·건강보험료 등은 한 달에 얼마씩 빠져나가는지 세세하게 정리하다 보면 자산의 변화 양상을 예측할 수 있고 개선점도 파악할 수 있다"고 말했다.

그다음엔 '3W'를 통해 재테크 목표를 구체화해야 한다고 강조했다. 3W는 'why', 'when', 'what'을 가리킨다. 돈이 왜why 필요한지, 언제when 필요한지, 무엇what에 쓸 것인지를 정해야 실천 방안이 분명해진다는 설명이다. 이 이사는 "내 집 마련을 꿈꾸고 있다면 살고 싶은 지역의 부동산 가격대를 파악해서 몇 년 동안 얼마씩 모아야 하는지 계획을 짜야 한다"며 "이 과정에서 공인중개소나 모델하우스를 자주 드나들다 보면 돈을 모아야겠다는 마음가짐도 더 강해진다"고 말했다.

이 이사는 일상생활 속에서 투자처를 찾는 습관이 몸에 배야 한다고 강조했다. 그는 "만약 유가가 떨어지는 추세라면 '자동차 기름을 좀 더 기다렸다 넣어야겠다'고 생각하는 데서 그치지 말고 국제유가 하락으로 이득을 볼 기업이 어딘지 고민해봐야 한다"며 "기름값이 매출 원가의 상당

부분을 차지하는 해운·항공 등의 운송 산업이 기지개를 펼 수 있는 시기"라고 말했다. 이어 "해당 회사들의 재무제표를 뜯어보고 실적, 차입금, 자산 규모 등이 괜찮다고 판단되면 적은 돈으로라도 주식을 사보는 것이 좋은 방법"이라고 말했다.

이는 평소 음식을 먹을 때도 적용할 수 있다. 이 이사는 "우리가 흔히 즐겨 먹는 라면도 투자처가 될 수 있다"며 "농심의 신라면, 오뚜기의 진라면 등만 먹다가 어느 날 우연히 불닭볶음면을 접하게 됐을 때 '색다르게 맛있다'고 말하기만 하는 사람과 어느 기업이 만든 제품인지 찾아보고 투자할 만한 곳인지 아닌지 검토해보는 사람은 10년 후 완전히 다른 길을 걸을 것"이라고 말했다.

주식뿐 아니라 채권, 펀드 등을 공부하는 것도 중요하다고 강조했다. 이 이사는 "전환사채 중에서 수익률이 4~6%에 달하는 종목도 있다"며 "주식보다 안전한 자산임에도 전환사채가 무엇인지 모르는 젊은 사람들이 많은데 인터넷이나 책을 통해 반드시 알아둬야 한다"고 말했다.

부동산 투자에도 꾸준히 관심을 가져야 한다고 덧붙였다. 그는 "모아둔 돈이 거의 없다는 이유로 부동산 시장을 먼 나라 얘기라 여기는 사람들이 있는데 이는 잘못된 생각"이라며 "부동산은 변동성, 위험성 등이 여타 투자처에 비해 낮다는 점에서 반드시 알아둬야 할 분야"라고 말했다. 이어 "오피스텔의 경우 시행사에서 저리의 대출상품을 상당 부분 제공해주기 때문에 1,000만~2,000만 원의 자기자본으로도 매입할 수 있다"며 "주말에 시간 내서 산책할 겸 발품을 판다면 기회는 무궁무진한데 곳곳에 있는 수많은 공인중개소를 찾아가 보는 것도 방법"이라고 설명했다. 오피스텔 외에 아파트 분양시장의 메커니즘을 파악하는 것도 재테크에 도움이 된다고 덧붙였다.

월급 받아 먼저 보험·저축 들고 삶을 즐기는 똑똑한 인생으로

이 이사는 사회초년생들이 참고해야 할 데이터로 'WISE 포트폴리오'를 제시했다. 미국 하버드대학교에서 발표한 WISE 포트폴리오는 'Wage', 'Insurance', 'Saving', 'Enjoy'의 이니셜을 모아 순서대로 나열한 개념이다. 월급Wage을 받아 보험Insurance과 저축Saving으로 위험관리를 한 뒤 삶을 즐기는Enjoy 것이 바람직한 인생설계라는 내용을 담고 있다.

이 이사는 "미국은 의무교육 과정에서 수학과 경제를 함께 가르치지만, 우리나라는 성인이 될 때까지 국어·영어·수학·사회·과학만 배우게 할 뿐 경제 관념에 대한 지식은 따로 알려주지 않는다"며 "그래서인지 국내 젊은이들이 대개 'WISE'가 아닌 'WESI' 순으로 살고 있다"고 말했다. 월급W을 받으면 우선 즐기고E 결혼해야 할 시점이 다가오면 저축S을 조금 했다가 나이 들어 몸이 아프면 그때 보험I을 떠올리는 순서가 일반적이라는 설명이다. 그는 이어 "급여를 받기 시작할 때 바로 보험을 들어야 하는 이유는 젊기 때문"이라며 "나이를 먹을수록 아플 가능성이 높아지니 보험료도 오를 수밖에 없다"고 설명했다.

WISE(하버드대학의 현명한 포트폴리오)

바람직한 절차 WISE
일반적으로 우리가 하고 있는 순환 절차 WESI

WAGE(임금, 월급)
처음으로 받은 월급

INSURANCE(보험)
젊을 때 미리 위험관리 설계

ENJOY(즐김)
저축금액으로 인생을 즐김

SAVING(저축)
재무설계를 통해 저축 목표 설정

저축의 필요성에 대해서도 강조했다. 이 이사는 "은행 금리가 1~2%대로 낮다고 저축을 멀리하는 자세는 버려야 한다"며 "사회초년생은 가진 돈을 불려본 경험이 없기 때문에 우선 번 돈을 지키려는 습관부터 기르는 것이 중요하다"고 말했다. 이어 "1,000만 원을 모으겠다는 목표로 3년 만기 적금을 들어보길 권한다"며 "중도에 절대 해지하지 않고 끝까지 돈을 붓는 것이 핵심"이라고 말했다.

만약 3년 뒤 1,000만 원을 모았다면 그다음엔 무엇을 하는 것이 좋을까. 이 이사는 "머리도 식힐 겸 해외여행을 떠나야겠다고 생각할 수 있지만 그보다는 고정 지출을 줄이는 데 1,000만 원을 활용하는 것이 현명하다"며 "자취생일 경우 통상적으로 보증금 1,000만 원에 월세 50만 원이 매달 통장에서 빠져나가는데 그동안 모은 1,000만 원을 보태서 보증금을 2,000만 원으로 늘리면 월세를 30만~40만 원으로 줄일 수 있다"고 말했다. 이렇게 하면 1년에 100만~200만 원을 아낄 수 있다는 계산이 나온다.

자동차를 구입하는 건 재테크에 아무런 도움이 안 된다고 조언했다. 이 이사는 "1,000만 원만 있으면 할부 결제로 소형차를 살 수 있지만 효용 가치를 따졌을 때 결코 좋은 선택이 아니다"며 "특히 서울은 지하철, 버스 등 대중교통이 매우 잘 갖춰져 있기 때문에 자가용을 이용하는 것보다 어디든 빠르고 편하게 갈 수 있다"고 말했다. 자동차 취득세와 기름값, 정기점검, 엔진오일 교체, 보험 등의 유지비용 등이 1년에 수백만 원에 달한다는 점도 고려해야 한다는 설명이다.

그는 이어 "사회초년생들은 운전 경험이 없으니 지불해야 하는 보험료가 매우 비싼 편"이라며 "감가상각이 크기 때문에 차를 되팔 때 제값을 받을 수 없다는 점도 염두에 둬야 한다"고 말했다.

거세진 사회·경제적 압박으로 연애, 결혼, 주택 구입, 출산, 꿈 등 여러 가지를 포기해야 하는 'N포세대'가 등장했다. 이 이사는 이럴 때일수록 무기력하게 지내기보다는 현실을 직시하는 자세가 필요하다고 힘줘 말했다. 그는 "지난 4월 우리나라 전체 실업률이 4.4%로 19년 만에 최고치를 기록했다"며 "안타까운 현상들이 계속 이어지고 있지만 그 속에서 자유를 누리려면 결국 자기 스스로 움직이는 수밖에 없다"고 말했다. 이어 "지금보다 더 나은 미래를 위해 저축하고 투자하는 습관을 기르는 것이 중요하다"고 덧붙였다.

Part 6

창업, 취업 뽀개기

뉴 창업 트렌드 스마트팜!
정부 지원자금으로
농업 성공하기 프로젝트

박상호, 박흥희

"과거 노동집약 산업의 전형이었던 농업이 이젠 기술집약적인 '스마트
팜Smart Farm'으로 바뀌고 있습니다. 많은 사람이 스마트팜에서 창업의 기
회를 얻길 바랍니다."

2019 서울머니쇼에서 '뉴 창업 트렌드 스마트팜'이라는 주제로 강연에
나선 정명종 농림축산식품부 스마트농업지원실 과장은 "정부나 지방자치
단체의 보조금, 낮은 이자로 제공되는 대출 등을 활용해 스마트팜에 뛰어
들어야 할 시기"라며 이같이 말했다.

스마트팜은 사물인터넷, 빅데이터 등 정보통신기술ICT을 활용해 최적
생육환경을 자동으로 제어하는 농장을 말한다. 농업의 부흥, 고품질 먹거
리 생산 등을 위해 정부 차원에서 스마트팜 구축을 장려하는 추세다.

농림축산식품부가 도시에 사는 사람들을 대상으로 설문조사한 바에 따르면 77%가 '농업은 우리 삶에 반드시 필요한 산업'이라고 답했다. 식량의 안정적 공급, 국토의 균형발전, 환경 및 생태계 보전 등의 측면에서 농업이 기여하는 바가 크다고 판단한 결과다.

하지만 실상은 이와 다르다. 타 산업군과 비교했을 때 농업에 대한 이미지가 어떻느냐는 질문에 40%가량이 '부정적'이라고 답했다. 정 과장은 "우리나라 GDP에서 농림업이 차지하는 비중이 1995년 5.4%에서 2005년 2.9%, 2017년 1.9%로 하락했다"며 "그만큼 농업이 많은 사람에게 외면받고 있다는 것"이라고 말했다. 이어 "특히 농촌인구의 60%가 65세 이상일 정도로 고령화가 심각한 상황"이라고 덧붙였다. 2017년 농림축산식품부가 조사한 바에 따르면 40세 미만의 농가 경영주는 전체의 1%에도 못 미친다.

정부 보조금, 저리 대출 받아
스마트팜 뛰어들면 생산량 최대 40% '껑충'

정 과장은 최근 농업사회에 불고 있는 변화의 바람에 주목해야 한다고 강조했다. 그는 "과거에 농업은 생산 중심이었는데 이젠 '공간'으로 바뀌었다"며 "강원도 홍성에 위치한 '행복농장'이 대표 사례"라고 말했다. 행복농장은 중증 정신질환자, 장애인, 특수학급 학생 등을 위해 치유 프로그램을 운영하고 있다. 짧게는 1주일, 길게는 몇 달에 걸쳐 정서적 안정을 취할 수 있도록 돌봄 서비스를 제공하고 있다. 행복농장을 포함해 총 18곳이 해당 프로그램에 참여하고 있다.

농촌 유휴시설을 창업 공간으로 리모델링한 사례도 늘고 있다. 제주 애월읍에 위치한 문화체험 공간, 세종시 조치원읍 소재 카페 등이 대표적이다. 비료 창고나 쌀 저장고 등을 활용해 다른 일자리를 창출해내는 모델로 주목받고 있다.

농촌을 찾는 청년들이 과거보다 늘었다는 점도 고무적이다. 정부가 스마트팜 지원에 적극 나서면서 2017년 기준 청년 귀농자 수는 1,325가구까지 증가했다.

스마트팜

스마트팜 | 사물인터넷, 빅데이터 등의 IT 기술을 활용해 최적 생육환경을 자동으로 제어하는 농장

스마트팜의 가장 큰 장점은 1인당 생산량을 40%까지 개선할 수 있다는 것이다. 스마트팜은 온도, 습도, 이산화탄소, 사료 등을 자동 조절해 농작물에 최적화된 생육환경을 마련해준다. 축적된 빅데이터를 활용할 경우 노동력도 절감할 수 있다. 서울대학교가 조사한 바에 따르면 스마트팜을 도입한 농가는 전체 생산량이 기존보다 28% 늘었으며 고용노동비는 16% 감축됐다. 병해충·질병 발생률도 절반 이상 떨어졌다.

정 과장은 "스마트팜은 농업 생산 시스템과 인력을 혁신하고 전후방 산업의 투자를 촉진시킨다"며 "기존의 농가 단위 스마트팜 보급 전략을 보완해 정책 대상을 확대하고 집적화된 확산 거점을 조성할 방침"이라고 말했다. 이어 "이제 농업은 젊어지고, 똑똑하고, 투자가 활발히 일어나는 성장 산업이 될 것"이라고 덧붙였다.

최근 정부는 스마트팜 확산을 위해 청년 창업보육 프로그램을 신설했다. 정 과장은 "새내기 농업인들을 위해 이론, 실무 등을 포함한 20개월짜리 교육 프로그램을 전북·전남·경남 등 3개소에서 무료로 운영하고 있다"며 "2022년까지 청년 보육센터를 4곳으로 늘려 500명의 전문인력을 배출하는 것이 목표"라고 말했다. 이어 "자금 여력이 충분치 않은 사람들에겐 농지도 최대 10년간 빌려줄 것"이라며 "자격이 된다고 판단되면 임대 기간을 20년까지 연장해줄 계획"이라고 덧붙였다. 임대료는 운영비용, 기대소득 등을 감안해 합리적으로 산정될 예정이다.

2017년 기준 국내 스마트팜 부지는 4,010ha다. 정부는 2022년까지 7,000ha로 늘리겠다는 계획이다. 스마트팜 5ha당 상시근로자 28명을 포함한 50여 명의 고용 창출이 발생한다. 정부는 농업 ICT 융합기술을 개발하는 데도 속도를 낼 방침이다. 농림식품기술기획평가원에 따르면 우리나라의 스마트팜 기술력은 미국의 77% 수준이다.

정 과장은 "네덜란드 세계원예센터World Horti Center 등에 비하면 우리나라 스마트팜은 아직 걸음마 단계"라며 "수출사업 연구단을 운영해 카자흐스탄 등과 기술협력도 적극 검토할 예정"이라고 말했다. 기업, 연구기관, 공공기관이 공동으로 참여하는 수출사업 연구단은 사막기후에 스마트팜을 접목시키는 사업도 추진할 계획이다.

정부는 스마트팜 혁신밸리를 조성하는 데도 주력할 계획이다. 스마트팜 혁신밸리는 농업 분야의 지식과 기술이 집약된 거점이자 비즈니스·교육·연구·정부 정책 등을 연계하는 플랫폼이다. 2022년까지 경북 상주, 경남 밀양, 전북 김제, 전남 고흥 등 4곳에 20~40ha 규모의 스마트팜 단지가 조성될 예정이다. 세부적으로는 상주에 토마토·딸기를, 김제에 결구상추·아스파라거스·오이·상추를, 밀양에 딸기·풋고추·파프리카를, 고흥에 만감류·멜론·딸기 등을 심는다.

스마트팜 덕에 수천 명 충성고객 잡은 딸기농부
"체험 프로그램으로 소비자 접점 늘려야"

이날 또 다른 강연자로 나선 박홍희 굿파머스그룹 대표도 농업에서 새로운 사업 기회를 모색할 것을 추천했다. 박 대표는 실제 경북 상주에서 스

스마트팜 확산 정책 방향

기존의 농가 단위 스마트팜 보급 전략을 보완,
정책 대상을 확대하고, 집적화된 확산 거점을 조성

	현행		개선	내용
정책 대상	기존 농업인	→	기존 농업인	농가 단위 보급 → 규모화·집적화 * 대량·안정적 공급체계 토대로 국내외 판로 개척
	–		청년 농업인	청년 창업보육 프로그램 신설 청년 임대형 스마트팜 조성 자금·농지·경영회생 지원체계 개선
	–		전후방 산업	스마트팜 실증단지 조성 * 농업·기업·연구기관 공동 R&D 통해 기술혁신, 신시장 창출
환산 거점	–	→	스마트팜 혁신밸리	생산·유통, 인력 양성, 기술혁신 및 전후방 산업과의 동반성장 거점

마트팜으로 딸기를 키우는 농부다. 그는 "하늘만 바라보고 농사지었던 시대에서 작물이 좋아하는 환경을 농부가 직접 세팅하는 시대로 바뀌었다"며 "스마트팜이 외부 영향을 최소화해주기 때문에 1년치 생산량을 예측할 수 있어 편리하다"고 말했다.

그는 이어 "축적된 데이터를 통해 균일한 작물을 재배할 수 있다는 것도 장점"이라며 "시설원예를 꿈꾸는 사람들에게 스마트팜은 선택이 아닌 필수"라고 말했다.

다만 스마트팜에 절대적으로 의존하는 태도는 위험하다고 당부했다. 박 대표는 "로봇이 농사의 A부터 Z까지 다 알아서 책임져 주는 것이 스마트팜이라 오해하는 사람이 있다"며 "스마트팜은 작물을 재배하는 데 드는 수고로움을 조금 덜어줄 뿐"이라고 말했다. 이어 "농부가 부지런하게 농작물을 돌보지 않으면 성공할 수 없다는 점을 명심해야 한다"며 "귀농을 결정하기 전에 나의 목표가 무엇인지 분명히 생각해보고, 선도 농가를 찾아가서 1~2년 정도 관찰해야 한다"고 덧붙였다.

스마트팜 도입 후에도 소비자와의 접점을 확대하기 위해 지속적으로 고민해야 한다고 강조했다. 박 대표는 "아무리 생산성이 개선됐다 해도 내가 재배한 작물을 아무도 안 찾는다면 실패한 사업이나 다름없다"며 "농작물의 품질 자체를 높이는 것이 제일 중요하지만 그 외에 먹거리, 놀거리, 볼거리 등을 제공하는 것도 좋은 방법"이라고 말했다. 박 대표는 비수기를 대비해 딸기를 직접 수확하고 딸기 비누, 딸기 케이크 등도 만들어볼 수 있는 프로그램을 운영하고 있다.

그는 "단순히 딸기만 파는 게 아니라 딸기를 활용한 색다른 경험을 함께 제공하다 보니 충성고객이 늘었다"며 "올 연말까지 총 5,000명을 유치하는 것이 목표"라고 말했다.

박 대표는 정부가 경북 상주에 조성하는 스마트팜 혁신밸리에도 입주한다. 4ha의 부지에서 딸기를 재배할 계획이다. 그는 "첨단시설을 지속적으로 확충할 예정"이라며 "체험농장 프랜차이즈 사업, 시설원예 및 농업경영 교육사업, 스마트팜 관련 설비 유통사업 등도 고려하고 있다"고 말했다.

캐시노트 만든 김동호 대표의
스타트업 이야기

김동호

한국신용데이터는 전국의 사장님들을 위한 매출관리 서비스 '캐시노트'를 개발한 핀테크 업체다. 8개 카드사에서 오늘 자신의 통장으로 입금될 돈을 알려준다. 내일 입금될 금액과 카드 수수료로 나간 돈도 확인할 수 있다. 이처럼 캐시노트는 사장님들의 매출 관련 고민거리를 대신 해결해준다. 2019년 6월 기준 전국 28만 개 매장에서 캐시노트를 사용한다. 한 달 매출 6조 원을 관리하는데 웬만한 대형 카드사와 맞먹는 수준이다.

이 서비스를 개발한 주인공은 바로 한국신용데이터의 김동호 대표다. 그가 2019 서울머니쇼에 강연자로 나와 창업 성공담을 공유했다. 김 대표는 대학에서 산업공학을 전공하며 통계학과 경영학을 공부했다. 대체복무로 1년 반 근무한 IT 금융정보 회사에서 인덱스펀드 알고리즘을 설계하며

'데이터'의 매력에 빠졌다. 그는 "데이터를 분석해 부가가치를 만들어내는 데 재미를 느꼈다"고 했다. 결국 그는 만 24세이던 2011년 리서치 분석업체 아이디인큐(현 오픈서베이)를 세웠다.

김 대표는 "2009년 당시 아이폰이 처음 출시되고 스마트폰이 폭발적으로 공급되는 것을 보면서 뭔가를 해봐야겠다고 생각해 창업을 했다"고 말했다. PC에서 인터넷, 인터넷에서 스마트폰으로 넘어가는 혁신의 파도를 탄 셈이다. 라디오가 사용자 5,000만 명을 확보하는 데 걸린 시간은 38년이다. 텔레비전은 13년, 인터넷은 3년이 걸렸다. 스마트폰은 단 2년 만에 5,000만 명 사용자를 끌어들였다. 김 대표가 스마트폰이 가져올 변화에 집중한 이유다.

오픈서베이는 스마트폰이 널리 퍼지기 시작하면서 모바일 리서치 시장을 이끌었다. 유한킴벌리와 SK텔레콤, 이마트 등이 오픈서베이의 고객이다. 김 대표는 5년 동안 회사를 키우고 2016년 1월 대표 자리에서 물러나 이사직만 유지하고 있다. 2016년 4월 두 번째로 창업한 회사가 바로 자영업자를 대상으로 금융 서비스를 하는 한국신용데이터다. 김 대표는 "은행 애플리케이션(앱)에서 불편하고 귀찮았던 송금이 토스나 카카오페이 등 핀테크 업체를 이용하면서 편해졌다"면서 "금융이 다른 분야에 비해 조금 늦게 변화했지만 큰 기회가 왔다고 생각했다"며 창업 배경을 설명했다.

매출 정산, 단골 관리까지…
자영업자 고민거리 파고든 캐시노트

김 대표는 자영업자의 고민거리를 파고들었다. 첫 작품은 2016년 12월 선보인 '크레딧체크'다. 저축은행과 P2P 금융업체와 손잡은 비대면 신용 평가 시스템이다. 이후 2017년 4월 '캐시노트' 서비스를 공개했고 입소문을 타 출시 3개월 만에 가게 1만 개를 확보했다.

김 대표는 자영업자의 가장 큰 고민인 '오늘 현금이 얼마나 들어올까'에 집중했다. 한국은 자영업자 매출에서 카드 결제가 차지하는 비중이 높다. 손님이 밥값을 카드로 내면 전표가 카드사로 넘어간다. 카드사는 전표를 확인한 뒤 식당 사장님에게 3일 정도 뒤에 돈을 지급한다. 김 대표는 "하루 매출이 100만 원이더라도 카드사마다 정산 주기와 수수료율이 달

캐시노트의 해석 1: 서비스 접근성을 극단적으로 높임으로써 모든 연령대의 사업자로 빠르게 확산됨

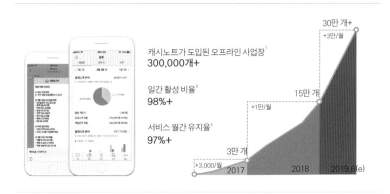

1. 2019년 2분기 말 예상 2.매출연동 기준 3. 고급형 기준
* 배달중계 1위(등록업체 20만 개, 실계약업체 8만 개), 숙박중개 1위(등록업체 4.5만 개, 실계약업체 1.7만 개)

라서 사장님이 당장 오늘 현금이 얼마나 들어오는지 계산하기 어렵다"며 "오늘 입금되는 현금과 잔액이 얼마인지를 한 번에 정리해주는 서비스를 내놓고 싶었다"고 말했다.

다음 고민은 어떤 방식으로 서비스를 선보일지였다. 처음 스마트폰이 출시됐을 때는 모바일 앱 홍수 시대였다. 너도나도 새로운 앱 개발에 뛰어들었다. 신문에 앱을 소개하는 코너가 있을 정도였다. 하지만 점차 사람들이 앱 하나로 다양한 서비스를 이용하기 시작했다. 김 대표는 "미국 인터넷 마케팅 연구 기업인 컴스코어Comscore 분석 결과 2017년 6월 기준 스마트폰 이용자 중 앱을 단 한 개도 다운로드 받지 않은 이용자 비중이 51%에 달했다"며 "모바일 비즈니스 핵심이 앱이 아니고 쓸 만한 앱이 있으면 그 안에서 서비스를 제공하면 된다는 생각을 했다"고 말했다.

캐시노트의 해석 2: 사장님이 언제 어떤 필요를 느낄까?

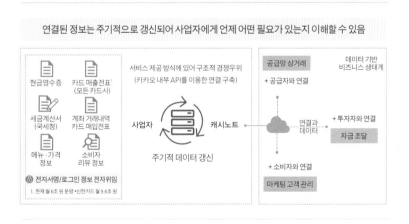

연결된 정보는 주기적으로 갱신되어 사업자에게 언제 어떤 필요가 있는지 이해할 수 있음

김 대표는 특히 중국 SNS '위챗'에서 아이디어를 얻었다. 그는 "위챗은 미니 프로그램 탭을 누르면 여러 개 서비스가 뜬다"며 "10억 명 넘는 중국인이 더 이상 앱을 다운받지 않고 위챗 하나로 모든 서비스를 사용했다"고 말했다. 김 대표는 한국의 위챗 격인 '카카오톡'을 사용했다. 다른 핀테크 업체가 별도 사이트나 앱을 만든 것과는 다른 행보로 신의 한 수였다. 김 대표는 "많은 사람이 이미 사용하는 카카오톡에서 서비스를 제공하는 게 좋겠다고 생각했다"고 했다. 주사용자인 중·장년층이 좀 더 이용하기 쉬운 방법이기도 했다. 마침 카카오톡에서 다른 업체들이 자유롭게 카카오톡 기반 서비스를 개발할 수 있도록 API(응용 프로그램 인터페이스)를 공개했다.

카카오톡에서 '캐시노트'를 검색해 친구 추가를 하면 매일 서비스를 이용할 수 있다. 김 대표에 따르면 "캐시노트는 일종의 금융 비서"다. 세금 계산도 손쉽게 할 수 있다. 김 대표는 "매장을 관리하면서 세금 계산은 굉장히 괴롭고 짜증나는 일"이라며 "사장님이 세금계산서를 확인하려면 공인인증서 인증을 한 뒤 여러 단계를 거쳐야 하는데 캐시노트를 이용하면 카카오톡 클릭 한 번으로 끝낼 수 있다"고 말했다.

단골 관리도 해준다. 김 대표는 "카드사의 카드 결제 정보를 분석하면 이 손님이 가게에 몇 번 왔는지를 알 수 있다"며 "예컨대 오늘 100만 원 매출 가운데 신규 고객과 재방문 고객, 3번 이상 온 고객 비중 등을 사장님에게 알려준다"고 했다. 캐시노트 데이터베이스에 결제 카드번호, 매출전표 승인번호, 가맹점 결제내역 등이 쌓여 있기 때문이다.

이 같은 분석을 기반으로 단골손님을 위한 행사를 할 수 있다. 김 대표는 이를 '매출 늘리기 서비스'라 이름 붙였다. 예를 들어 한 달 동안 가게에 2번 이상 오거나 5만 원 이상 결제한 손님을 대상으로 커피 한 잔을 무료로 주는 행사를 할 수 있다. 신한카드와 제휴해 상반기 1,000개 매장을 대상으로 시범운영한 뒤 하반기에 본격적으로 선보일 방침이다. 따로 돈을 받지 않고 매출이 늘어나면 매출에 비례해 받는다. 김 대표는 "30만 명 넘는 사장님을 대신해서 카드사나 은행 등과 일종의 '딜deal'을 할 수 있다"며 "캐시노트가 사장님의 이익을 대변하는 것"이라고 말했다.

부산은행과 함께 '소상공인 대출상품'도 선보였다. 이 대출을 받으면 캐시노트 유료 서비스를 1년 동안 무료로 이용할 수 있다. 자영업자는 은행에서 대출을 받으려면 여러 서류를 내야 하지만 캐시노트를 이용하면 서버에 정보가 저장돼 있어 수고를 덜 수 있다. 캐시노트는 2019년 하반기 시중은행들과 추가로 제휴를 맺을 계획이다.

2018년 9월 출시한 고객 리뷰 관리 서비스는 네이버, 카카오, 배달의민족, 요기요 등에 올라온 가게 리뷰를 모니터링해주는 서비스다. 캐시노트가 리뷰를 모은 사업장만 16만 개다. 소비자 리뷰만 650만 개 이상 쌓여 있다.

규제 샌드박스로 한국 핀테크 기업에도 새 기회 열릴 것

김 대표는 캐시노트를 한 번도 안 한 사람은 있어도 한 번만 한 사람은 없다고 자부한다. 그는 "매출 관리를 안 하는 사람은 있어도 오늘만 하는 사람은 없다"며 "사장님들이 매일 쓰는 서비스라고 생각하면 된다"고 했다. 그만큼 서비스 유지율도 높다. 김 대표는 "캐시노트는 이번 달에 100명이 썼으면 다음 달엔 98명이 쓴다"며 "고객들이 자발적으로 계속 서비스를 사용하고, 고객이 입소문을 내 다른 고객을 데려온다"고 했다.

기술력을 인정받아 케이큐브벤처스, 카카오, KT, KG이니시스 등에서 50억 원 이상 투자를 유치했다. 1위 신용카드 사업자인 신한카드도 전략적 투자를 했다.

김 대표의 목표는 모든 사장님이 가게를 열면 캐시노트를 꼭 쓰는 것이다. 그는 "컴퓨터를 사면 마이크로소프트를 설치하고, 휴대폰을 사면 카카오톡을 설치하는 것처럼 사장님이 가게를 열면 무조건 캐시노트를 깔

캐시노트의 해석 3: 사장님이 매장에 다녀간 사람들 의견이 할금할 때 어떻게 도울 수 있을까?

여기저기 흩어져 있는 소비자 리뷰를 모아 POI 정보와 연결

캐시노트가 리뷰를 모아 연결 중인 사업장
160,000개+

축적된 소비자 리뷰 정보
6,500,000건+

모니터링 범위
현재-
예정-

아야 한다고 생각하는 게 목표"라며 "현재 2~3개 문제를 해결해준다면 앞으로 매출은 물론 인사, 자금 조달, 마케팅 등 다양한 문제를 해결해주는 회사가 되고 싶다"고 말했다. 현재 오프라인 가게를 연 사장님을 대상으로 하지만 온라인 사장님으로 서비스를 확장할 계획이다.

김 대표는 국내 금융시장 성장에도 기대감을 드러냈다. 그는 "미국은 하지 말라는 것 빼고 다 할 수 있는 반면 한국은 할 수 있는 것 일부를 빼고 다 못 한다"면서 "그동안 법이 걸림돌이 된 것은 사실"이라고 말했다. 그러나 김 대표는 "정부가 법의 한계를 인정하고 규제 샌드박스 제도를 시행하는 등 사업자들이 일단 실험을 할 수 있게 해줬다"면서 "굉장히 긍정적인 변화"라고 했다.

외식업 과잉공급 시대, 이제는 비외식이다

이경희

"창업에서 성공하려면 '트렌드'를 읽는 것이 중요합니다. 최저임금 인상, 간소화된 회식 문화, 가정간편식HMR 확대 등으로 외식업은 위태로운 상태입니다. 이젠 비외식 분야에서 성공 기회를 노려야 합니다."

2019 서울머니쇼에서 '외식업 과잉공급 시대, 이제는 비외식이 성공 창업으로 가는 지름길'이라는 주제로 강연에 나선 국내 최고 창업 전문가 이경희 한국창업전략연구소장은 "지금은 비즈니스 지진이 일어나는 시대로 확실한 정답이 없기 때문에 창업을 꿈꾸는 사람들에겐 오히려 기회"라며 이같이 말했다.

이 소장은 창업을 준비하려면 현실부터 직시해야 한다고 강조했다. 그는 "수년 전만 해도 창업이라고 하면 대부분의 사람이 프랜차이즈를 떠올

렸지만 이젠 아니다"며 "제 주변에 유명한 프랜차이즈 매장 5곳을 동시에 운영하는 점주가 있는데 올 들어 매출이 절반으로 떨어졌다고 하소연한다"고 말했다. 이어 "초기 1년은 장사가 잘됐지만 외식 트렌드가 바뀌면서 손님은 줄고 고정비는 증가하는 현상이 지속되고 있다"고 덧붙였다. 한때 각광받던 창업 콘셉트가 순식간에 바뀔 수 있다는 점을 염두에 둬야 한다는 설명이다.

창업시장에도 '4차 산업혁명' 바람…
정기배송, 공유가치, 밀레니얼 세대 3대 키워드 주목

이 소장은 4차 산업혁명에 주목해야 한다고 주장했다. 그는 "빅데이터, 인공지능 등 IT 기술의 발달로 초지능, 초연결, 초융합 시대가 도래했다"며 "예전에는 파리바게뜨 하나 차리려면 2억~3억 원 정도가 필요했는데 이젠 자본금 없이 아이디어만 갖고도 사업가가 될 수 있다"고 말했다. 이어 "전국에 점포를 마련하지 않아도 '옴니 채널omni-channel'만 잘 활용하면 성공할 수 있다"고 덧붙였다.

이 소장은 '꾸까'를 대표적인 사례로 언급했다. 그는 "꾸까는 500만 원으로 시작한 꽃배달 업체"라며 "정기배송으로 인기를 끌자 이젠 플라워카페 등 커뮤니티 사업으로까지 영역을 확장한 상태"라고 말했다.

이 소장은 앞으로 사업 기회를 모색할 때 가장 고려해야 할 키워드로 'CSV(공유가치 창출)'를 꼽았다. 그는 "창업을 구상할 때부터 선한 의도를 갖

전통산업, 메가트렌드를 만나다

내추럴

스마트

고객 맞춤 개인화

Art & Culture

호모 루덴스

CSV-공유가치 기업의 사회적 책임

트렌드를 활용한
가치 창조

하늘 아래
새로운 것은 없다

패션 | 가구 | 농업 | 생활용품 | 잡화 | 식품

서비스업화 | IT 기술 | 옴니 채널

는 것이 CSV"라며 "장애인이나 경력단절 여성들을 위해 일자리를 만들겠
다고 마음먹는 것이 대표적인 예"라고 말했다. 이어 "사회적·경제적 이익
을 함께 창출하겠다는 것 자체가 엄청난 마케팅 효과를 불러일으킬 수 있
다"고 덧붙였다.

　최근 주요 소비층으로 떠오른 밀레니얼 세대에도 주목해야 한다고 강
조했다. 이 소장은 "밀레니얼 세대는 24시간 디지털 세상에 머물러 있는
데 이는 곧 어떤 기업이든 아이디어만 잘 짜면 하루 종일 마케팅이 가능하
다는 것을 의미한다"며 "밀레니얼 세대의 가장 큰 특징은 물건을 소유하
지 않고 필요할 때만 빌린다는 것인데 이에 착안해 명품을 대여해주는 스

타트업도 생겼다"고 말했다.

'나'를 중시하는 밀레니얼 세대의 경향도 사업 아이템으로 활용할 수 있다. 이 소장은 "요즘엔 몇십만 원만 주면 단 한 사람만을 위한 노래를 만들어주는 곳을 쉽게 찾아볼 수 있다"며 "프러포즈, 축가 등 사랑 고백뿐 아니라 이별의 아픔을 소재로 한 의뢰들이 많이 들어온다"고 말했다. 내 이야기를 다룬 노래를 듣고 직접 부르면서 그때 그 감정을 추억하거나 달래려는 사람들이 늘어났다는 분석이다.

같은 맥락에서 프로필 사진을 찍는 문화도 활발해졌다. 이 소장은 "이젠 연예인이 아닌 일반인들도 메이크업을 받고 프로필 사진을 찍는다"며 "다시 돌아오지 않는 나의 20대를 소중히 생각하는 젊은 층이 이를 기념하기 위해 아낌없이 투자하는 것"이라고 말했다.

현대인들의 취미를 파고드는 것도 좋은 방법이라고 설명했다. 이 소장은 "요즘 아파트 단지 내에서 가장 인기 있는 생활체육이 탁구"라며 "선수생활을 마친 후 지도자 자격증을 따서 활동하고 있는 탁구계 인사들이 많아졌다"고 말했다. 이어 "소확행 트렌드가 거세지면서 취미·취향 동호회가 우후죽순 생겨나고 있는데 이 틈새를 파고들 만한 아이템을 고려해볼 필요가 있다"며 "독서 모임 콘셉트의 스타트업도 출범 초기부터 많은 투자자를 끌어모으고 있다"고 덧붙였다.

이 소장은 사람들의 시간을 절약해주고 수고로움을 덜어주는 데서 무한한 비즈니스 기회가 창출될 것으로 내다봤다. 최근 홈쇼핑에서 절찬리에 판매 중인 레디밀ready meal 시장이 대표적이다.

정기구독도 떠오르고 있는 분야 중 하나다. 실제 쿠팡에서 생활필수품을 정기구독하는 사람은 2019년 3월 말 기준 40만 명을 넘어섰다. 품목수는 8,000개에 달한다. 최근에는 술이나 수건, 그림까지도 구독 서비스로 이용하는 사람들이 늘고 있다. 이 소장은 "녹즙뿐 아니라 꽃, 면도칼, 생리대, 기저귀, 물티슈, 생수 등 다양한 상품들이 정기배송으로 떠오르고 있다"며 "최신 트렌드에 맞게 소포장·배달 분야에 주목해서 사업 저변을 확대해가는 것이 필요하다"고 말했다.

'식권대장' 애플리케이션도 사업의 확장성을 고려한 경우다. 초창기에는 법인카드나 종이식권 사용을 줄이자는 취지에서 만들어졌지만 이젠 '간식'을 평일 오후 회사로 정기배송해주는 서비스까지 제공한다. 숙박 애플리케이션인 '야놀자'는 소비자와 숙박업자를 단순 중개하는 데 그치지 않고 호텔이나 모텔 등의 공간을 유지보수하는 사업도 벌이고 있다. '배달의민족'은 라이더를 통해 음식을 고객들에게 직접 가져다주는 영역에까지 진출했다.

디지털 시대에도 사라지지 않는
아날로그 향수, 개인화, 뉴트로 트렌드도 챙겨야

이 소장은 기존 전통산업이 메가트렌드를 만나 새로운 시장을 만들어낸다는 점도 염두에 둬야 한다고 강조했다. '가구'가 대표적인 예다. 이 소장은 "지금까지 가구는 기업이 만든 모델을 구입했어야 했는데 이젠 고객

당신을 기업가로 만들어줄 새로운 기회

플랫폼을 활용하라

크라우드펀딩·투자자들

정부 지원 프로그램

창업 인프라·코칭 컨설팅

맞춤으로 바뀌었다"며 "모자를 수집하는 사람인지, 셔츠를 많이 사는 사람인지, 블라우스를 주로 입는 사람인지에 따라 드레스룸 구성을 다르게 설정해주는 업체들이 생겨났다"고 말했다. 수년 전 유행했던 조립식 형태의 DIYDo It Yourself와는 또 다른 콘셉트의 가구 전문점들이 탄생한 셈이다.

이 소장은 '개인화' 이슈도 놓쳐선 안 된다고 당부했다. 맞춤 수제화 서비스 업체인 '맨솔Mansole'이 대표적인 성공 사례다. 이 소장은 "신발의 본질은 내 발이 편하기 위한 것"이라며 "공장에서 찍어내는 상업적 효율이 아닌 개인화에 집중해 창업한 곳이 맨솔"이라고 말했다. 소비자들의 입소문을 타고 시장에 안착한 맨솔은 남성뿐 아니라 여성 수제화로도 사업 영역을 확장한 상태다.

경험을 중시하는 트렌드도 확산되고 있다. 이 소장은 "결혼을 준비하는 여성들이 과거보다 줄었음에도 웨딩드레스 체험 가게들은 점점 늘고 있다"며 "결혼과 별개로 웨딩드레스에 대한 로망을 갖고 있는 소비자들을 타깃으로 한 사례"라고 말했다. 웨딩드레스를 특정한 날에만 입는 것이 아닌 여러 일상복 중 하나로 인식하고 서비스를 제공한 것이 통했다는 분석이다.

이 소장은 '뉴트로' 열풍에도 주목해야 한다고 강조했다. 뉴트로Newtro란 새로움New과 복고Retro가 합쳐진 신조어로, 옛 스타일에 현대적 감성을 입힌 문화를 일컫는다. 중·장년층에겐 추억을, 젊은 세대에겐 새로운 경험을 가져다준다는 점에서 주목받고 있다. 이 소장은 "아무리 디지털 바람이 거세게 불어도 아날로그의 가치는 절대 사라지지 않는다"며 "사람들이 모여 소통하고 교감하는 '살롱 문화'도 최근 들어 다시 등장하고 있다"고 말했다.

성공한 기업가가 되려면 다양한 플랫폼을 활용하는 것이 필요하다. 이 소장은 "자본금이 부족하다면 '크라우드펀딩'을 지렛대 삼으면 된다"며 "크라우드펀딩은 내 고객이자 투자자가 될 수 있는 유용한 창구"라고 말했다. 크라우드펀딩이란 웹이나 모바일을 통해 불특정 다수에게 자금을 지원받는 형식이다. 종류에 따라 후원형·기부형·대출형·지분투자형 등으로 나뉜다. 공유 오피스 기업인 '위워크WeWork' 등을 통해 사무 공간을 저렴하게 마련하는 것도 바람직하다. 이 소장은 "정부나 구글이 제공하는 빅데이터를 통해 아이템을 확장해가는 작업 역시 뒷받침돼야 한다"고 당부했다.

꿈의 직장, 금융권 취업가이드
신한은행·우리은행·NH농협은행
IBK기업은행·예금보험공사·한국주택금융공사

취업난 속 바늘구멍을 뚫으려는 취업준비생만큼이나 인재를 채용하려는 금융사들의 기싸움도 치열하다. 금융사들은 핀테크의 부상 등 급변하는 금융환경에서 살아남기 위해 디지털과 혁신 금융, 글로벌 진출, 금융 소비자 보호 등 다양한 화두를 던지고 있다. 신입 직원 채용 절차도 이런 소용돌이에 직간접적인 영향을 받고 있다. 예를 들어 신한은행은 2019년 상반기 채용부터 일반 행원 채용 과정에 '디지털 역량 평가'를 새롭게 도입한다고 밝혔다.

경쟁률이 100 대 1에 달할 정도로 밀려드는 지원자들 속에서 은행과 공기업 인사 담당자는 회사 문화에 가장 적합한, 변화에 적응할 수 있는, 열심히 일할 사람을 찾느라 눈에 불을 켜고 있다. 해마다 새로운 채용 방식을 도입하는 것도 그런 이유에서다. 이들의 속마음을 읽을 수 있다면 높은 연봉과 복리후생, 폭넓은 해외 연수 기회, 회사 존립의 안정성 등을 누리는 '신의 직장'에 발을 들일 가능성이 조금이나마 높아질지 모른다.

이런 기대를 품고 미래 금융 전문가를 꿈꾸며 2019 서울머니쇼 '금융권 취업성공론' 세미나 현장은 10~20대 취업준비생들로 발 디딜 틈이 없었다. 세미나를 진행한 금융공기업과 주요 시중은행 인사부 담당자들은 이들을 위해 아낌없는 취업 '꿀팁'을 공개했다. IBK기업은행·예금보험공사·한국주택금융공사와 신한·우리·NH농협은행 등 각기 다른 조직 문화를 가진 기관이지만, 인사부 담당자들이 밝힌 '함께 일하고 싶은 후배 직원'의 요건은 크게 다르지 않았다.

서류 작성 전 '인재상' 숙지는 기본

첫 단추는 지원하는 기관 혹은 은행 홈페이지에 들어가 회사 소개와 인재상을 숙지하는 것이다. 사실 주요 은행과 금융기관의 인재상을 보면 추상적이고 엇비슷한 단어들의 나열인 경우가 많다. '따뜻한 가슴을 지닌 창의적인 열정가', '고객행복 미래도전 정직신뢰 인재제일', '최고의 금융 전문가', '시장경쟁력을 갖추고 고객을 감동시키며 성과를 창출하는 인재', '금융에 믿음을 더하는 글로벌 넘버원 예금보험 전문가' 등이 그것이다.

그럼에도 인사부 담당자들은 인재상의 중요성을 입을 모아 강조했다. 인재상을 달달 외울 필요는 없다. 다만 자신의 과거 경험에 어떤 의미를 부여할 것인지, 면접관에게 어떤 이미지를 부각시켜 보여줄 것인지 전략을 세우는 데 도움을 받을 수 있다는 점에서 기본 중의 기본, 핵심 중의 핵심이라는 설명이다.

남성우 예금보험공사 책임역은 "회사마다 인재상을 바탕으로 채용 절차를 설계했기 때문에 이를 숙지해두면 서류 작성이나 면접 답변 때 도움이 된다"며 "인재상과 회사 설립 목적을 바탕으로 질문 의도를 파악하고 답변하라"고 조언했다. 이왕석 신한은행 과장은 "인재상과 회사 소개를 보면 '내가 이 회사에 들어가면 이런 방향으로 성장할 수 있겠구나' 하는 점도 느낄 수 있다"며 "완성된 인재가 아니더라도 입사 후 성장할 가능성이 무궁무진한 인재를 찾고 있다"고 말했다.

자신이 은행원이 된 후의 모습을 그려보며 '직무 중심'으로 자기소개서를 쓰는 것도 중요하다. 많은 지원자가 이 점에서 막막함을 느끼며 "금융권에서 일해본 경험이 없는데 어떻게 해야 하나", "인턴 활동을 꼭 해야 하는 것이냐"고 토로하는 대목이기도 하다.

여기에도 요령은 있다. 남성우 책임역은 "봉사, 동아리, 학회 활동이나 심지어는 일반적인 학교 수업 중에 발견한 본인의 강점을 어필하면 된다"고 설명했다. 강무진 우리은행 차장은 "준비된 마음으로 직무 맞춤형 자소서를 준비하라"며 "자소서 50여 개를 복사해다 붙여 쓴 지원자와 은행에서 어떤 일을 하는지, 지원하는 은행이 최근 어떤 점을 강조하는지 알고 쓴 지원자는 차이가 난다"고 강조했다.

자기소개서, '관심'과 '성의' 담아야

최근 금융권의 관심사를 담아낸다면 회사에 대한 열정도 자연스럽게 드러낼 수 있다.

채용에서도 단연 화두는 디지털이다. 그간 상경계열 전공자를 주로 채용한다는 인식이 강했던 은행에서도 이공계열 전공자를 적극적으로 채용하는 경향도 나타나고 있다. 심지어 일반 영업을 담당할 직원을 평가할 때도 '디지털 역량'을 주요 요소로 보고 입행 후 관련 교육을 필수적으로 받게 하는 경우도 늘고 있다.

그렇다고 비전공자가 불리한 것은 아니다. 은행권 인사 담당자들은 "전공자 수준의 전문지식을 요구하지는 않는다"며 "금융 디지털화에 대해 충분히 고민해보고 면접 등 과정에서 보여주라"고 조언했다.

예를 들어 디지털도 은행 영업을 위한 수단이란 점에 착안하면 막막함을 덜 수 있다. 강무진 차장은 "은행의 달라진 영업 방식에 관해 고민해보는 것이 도움이 될 것"이라고 말했다. 그는 "디지털화된 은행이 앞으로 어떻게 영업해야 하는지, 그러기 위해 지원자는 어떤 마음가짐을 가질 것인지에 대해 생각을 정리해두라"며 "10~20년 전 은행 영업 방식과 지금의 영업 방식을 비교해보는 것도 좋은 방법"이라고 귀띔했다.

신한은행은 디지털 역량은 곧 논리력 평가라는 점을 강조했다. 이왕석 과장 역시 "직무적합도 평가 중 이뤄지는 디지털 역량 평가는 컴퓨터를 잘 다루거나 코딩을 할 수 있는지와는 무관하다"고 말했다. 이어 "이 평가는 많은 정보 속에서 필요한 내용을 얼마나 잘 찾아내는지, 논리적 사고를 잘

할 수 있는지 보기 위한 것"이라며 "혹시 지원자가 디지털 지식에 문외한
이더라도 크게 걱정하지 않아도 된다"고 설명했다.

의외로 당락은 사소한 실수를 하느냐, 하지 않느냐에서 갈리기도 한다.
회사명이나 맞춤법, 분량 등 내용 이전에 형식적인 면에서 기준에 미달하
는 지원자가 적지 않다. 여러 업체에 동시다발적으로 서류를 접수하기도
하니, 다른 회사 이름을 잘못 쓰거나 수정하지 않고 그대로 '붙여넣기' 하
는 경우가 왕왕 발생하는 것이다. 취업난 속에 오죽 많은 서류를 썼으면 그
랬을까 싶은 한편으로, 지원자를 선별해야 하는 심사관 입장에선 '최소한
의 성의'가 부족하다고 받아들여질 수 있는 부분이다.

이승민 IBK기업은행 차장은 "자기소개서에 회사명을 잘못 적는다든
지, 비속어를 쓴다든지, 정해진 분량보다 턱없이 부족하게 낸 자기소개서
는 '불성실 서류'로 본다"고 말했다. 김주영 NH농협은행 과장도 "워낙 지
원자가 많다 보니 맞춤법이 틀린 경우에도 불성실하다는 인식을 줘 좋은
평가를 받기 어렵다"며 "제출하기 전에 다시 한 번 자기소개서를 꼼꼼하게
읽어보길 바란다"고 말했다. 서류 곳곳에서 '꼭 이 회사에 들어가고 싶다'
는 간절함이 묻어나도록 해달라는 당부다.

새로운 유형과 변별력 대비해야

필기와 면접 전형은 어려운 난도와 새로운 유형에 대비해야 한다. 최근
에는 4차 산업혁명으로 고도화된 인공지능AI을 활용한 'AI 면접' 등의 평

가 방식이 확산될 조짐도 있다. 사람을 마주 보고 하는 면접도 붙기 어려운데, 처음으로 기계를 마주하고 자신을 드러내야 한다면 당황스러움이 드러날지도 모른다.

김주영 과장은 "다른 업종과 마찬가지로 AI 면접과 역량평가 도입 여부를 고민하고 있다"며 "(새로운 전형 도입 가능성까지) 폭넓게 고려하고 준비하라"고 말했다. 아직 AI 면접관을 도입한 국내 금융사는 없지만, 만약 도입된다면 기계가 지원자의 얼굴 표정 변화와 음성의 높낮이, 속도 등을 실시간으로 분석해 업무 능력을 평가하게 될 수도 있다.

필기 전형은 지원하는 기관, 은행에 따라 난이도도 천차만별이다. 일부 시중은행은 면접 위주로만 평가하기도 했지만, 지난 2018년을 기점으로 일제히 필기시험을 다시 시작했다. 한 시중은행 관계자는 "공정한 절차를 만든다는 차원에서 논의 끝에 시험이 도입됐기 때문에 통과하기 위한 준비를 해야 한다"고 말했다.

금융·공기업의 경우 필기 난이도가 좀 더 높은 편이다. 채준석 한국주택금융공사 차장은 "대학교에서 열심히 공부했다면 풀 수 있는 정도의 난이도"라면서도 "실제 합격자 중엔 행정·사법고시를 준비했던 지원자가 많았다"고 전했다. NH농협은행 필기도 어렵기로 소문났다. 김주영 과장은 "너무 어렵고 시간이 부족하다는 피드백도 많이 받고 있지만 변별력을 갖추기 위해 어렵게 낼 수밖에 없는 부분이 있다"며 "앞으로도 마냥 쉽게 출제되진 않을 것 같다"고 말했다.

팁은 있다. 경제신문 읽기다. 이승민 차장은 "취업준비생 대부분이 금융, 디지털 기초 지식이 많진 않다 보니 평상시에 신문을 꾸준히 읽는 게 시험 준비에 도움이 될 것"이라고 조언했다. 남성우 책임역도 "지난해 합격한 신입직원 39명에게 물어보니 신문을 수시로 보고 다양한 문항 유형에 대비하라는 조언을 전해왔다"고 말했다. 남 책임역은 이어 "필기시험이 끝난 후 면접 일정이 촉박하게 진행되기 때문에 미리 스터디 그룹 등을 활용해 제한 시간 안에 의견을 정리해 말하는 등의 연습을 해두는 것이 좋다"고 조언했다.

2019 서울머니쇼 참관객들이 전망하는 재테크 시장

강남 재건축, 선진국 펀드, 국내 중소형+5G 주…
머니쇼 참관객이 꼽은 유망 투자처

2019 서울머니쇼에 참가할 만큼 재테크에 관심 많은 우리나라 국민들이 2019년 꼽은 유망 투자상품은 강남 재건축, 선진국 펀드, 국내 중소형주와 5G 수혜주로 나타났다. 외화 예금과 미국 IT 기업 주식 투자 등 해외 자산 투자에 대한 관심도 뜨거웠다. 머니쇼 참관객 중 462명을 대상으로 설문조사한 결과다.

우선 '앞으로 1년간 가장 높은 수익률이 예상되는 재테크 상품'을 꼽는 질문에서 가장 많은 134명(29%)이 '국내 부동산'을 선택했다. 국내 부동산이 유망 투자상품 1위로 꼽힌 것은 2018 서울머니쇼 당시 조사에 이

1. 앞으로 1년간 가장 높은 수익률이 예상되는 재테크 상품은 무엇입니까?

- 국내 부동산
- 국내 주식
- 국내 주식형 펀드
- 신흥국 주식형 펀드
- 선진국 주식형 펀드
- 금, 원유 등 원자재 관련 펀드
- 채권(CB, BW 포함)
- 예·적금
- ELS 등 주식 파생상품
- 비트코인 등 가상화폐
- P2P 대출
- 크라우드펀딩
- 기타

어 2년째다. 다만 그때는 유례없는 시장 과열로 반년 새 서울 아파트 가격이 5% 가까이 오른 반면 2019년에는 대출 조이기 같은 각종 정부 규제로 지금까지 28주 연속 떨어질 만큼 상황이 좋지 않다.

그럼에도 투자자들이 국내 부동산에 대한 기대를 놓지 않는 것은 온갖 규제에도 결국 서울을 중심으로 아파트 가격이 오를 것이라는 믿음 때문이다.

향후 부동산 시장에 대한 전망에 대해 응답자 중 38%가 보합세를 점친 가운데 상승(36%) 예상이 하락(25%)을 넘어섰다. 가격이 가장 많이 뛸 지역과 상품으로는 서울 강남(58%)과 강남 재건축 아파트(50%)가 나란히 꼽혔다.

국내 부동산에 이어 선진국 주식형 펀드가 두 번째로 유망한 재테크

2. 향후 부동산 시장에 대한 전망은 어떠십니까?

구분	응답 수(명)	비율 (%)	그래프 보기
올 연말까지 가격 오를 듯	53	11	
내년 말까지 가격 오를 듯	60	13	
앞으로 3년간은 가격 오를 듯	57	12	
지금과 비슷한 가격이 당분간 유지될 듯	177	38	
올 하반기부터 가격 하락세	78	17	
내년 초부터 가격 하락세	16	3	
내후년(2021년)부터 가격 하락세	21	5	
무응답	0	0	

■ 올 연말까지 가격 오를 듯
□ 내년 말까지 가격 오를 듯
■ 앞으로 3년간은 가격 오를 듯
■ 지금과 비슷한 가격이 당분간 유지될 듯
■ 올 하반기부터 가격 하락세
■ 내년 초부터 가격 하락세
■ 내후년(2021년)부터 가격 하락세

3. 부동산 가격이 오를 것으로 예상되는 지역은 어디입니까?

구분	응답 수(명)	비율 (%)	그래프 보기
서울 강남	267	58	
서울 강북	46	10	
신도시	91	20	
부산, 대구 등 지방 대도시	15	3	
경기 남부	12	3	
경기 북부	6	1	
인천 주변(송도, 청라, 영종도 등)	16	3	
기타	4	1	
무응답	5	1	

■ 서울 강남
□ 서울 강북
■ 신도시
■ 부산, 대구 등 지방 대도시
■ 경기 남부
■ 경기 북부
■ 인천 주변(송도, 청라, 영종도 등)
■ 기타

4. 현재 투자 가치가 가장 큰 부동산 상품은 무엇이라고 생각하십니까?

구분	응답 수(명)	비율 (%)	그래프 보기
강남권 재건축 아파트	230	50	
일반 아파트(강남권 포함)	117	25	
상가	20	4	
오피스텔(도시형 생활주택)	30	6	
토지	49	11	
단독주택	8	2	
기타	4	1	
무응답	4	1	

종목에 이름을 올린 것은 이미 해외 투자에 익숙한 투자자들이 많은 사실과 맞닿아 있다. 달러예금, 해외 펀드 등 해외 자산 투자 경험이나 할 생각이 있는지를 묻는 질문에 70%가 '있다'고 답했고, 투자 예산도 제일 많은 22%가 1,000만~3,000만 원을 꼽았다. 5,000만~1억 원을 투자하겠다는 응답도 10%에 달했다.

금, 원유 등에 투자하는 원자재 펀드는 2018년만 해도 투자 유망상품 순위에서 7위에 그쳤지만 2019년에는 3위로 뛰어올랐다. 미·중 무역 분쟁으로 경제 상황에 대한 불안감이 커지면서 대표적인 안전자산에 주목했기 때문으로 보인다.

국내 주식은 최근 박스권에 갇혔는데도 유망 투자상품 3위에 꼽혔다. 주식자산 비중을 지금보다 '소폭(15%) 늘린다'는 응답자는 40%로 가장

5. 달러예금, 해외 펀드 등 해외 자산에 투자하는 금융상품에 이미 투자했거나 향후 투자할 의향이 있으십니까?

구분	응답 수(명)	비율 (%)	그래프 보기
있다	325	70	
없다	113	24	
무응답	24	5	

5-1. 만약 5번에서 '있다'고 대답했다면 자신의 자산 중 어느 정도나 해외 자산에 투자할 수 있다고 생각하십니까?

구분	응답 수(명)	비율 (%)	그래프 보기
100만 원 미만	32	7	
100만~1,000만 원	75	16	
1,000만~3,000만 원	100	22	
3,000만~5,000만 원	63	14	
5,000만 ~1억 원	44	10	
1억 원 초과	18	4	
무응답	130	28	

많았다.

최근 비트코인 가격이 1년 만에 1,000만 원을 회복했지만 가상화폐 재

6. 주식자산 비중을 어떻게 하는 게 좋다고 보십니까?

구분	응답 수(명)	비율 (%)	그래프 보기
대폭 늘린다 (15% 초과 확대)	56	12	
소폭 늘린다 (15% 미만 확대)	185	40	
그대로 유지한다	126	27	
소폭 줄인다 (15% 미만 축소)	73	16	
대폭 줄인다 (15% 초과 축소)	22	5	
무응답	0	0	

■ 대폭 늘린다
□ 소폭 늘린다
■ 그대로 유지한다
■ 소폭 줄인다
■ 대폭 줄인다

테크는 위험하다는 의견이 대세였다. 가상화폐 투자 의향을 묻는 질문에 72%가 '없다'고 답했는데, 그 이유로는 '너무 큰 가격 변동폭'을 꼽았다.

중·장년층이 재테크에 더 관심이 많다는 고정관념도 이번에 깨졌다. 3일간 머니쇼 현장을 찾은 참관객 가운데 30대 이하 비중은 51.4%로 10년간 행사 중 최초로 절반을 넘었다. 2018년에는 36.2%였다. 실제 머니쇼 기간 중 행사장 곳곳에는 주말 데이트 코스로 재테크 강연을 선택한 20대 커플과 사회초년생을 위한 세미나를 듣는 대학생, 유모차를 끌고 부스 곳곳을 누비는 젊은 부부들이 쉽게 눈에 띄었다.

젊은 참관객이 늘어난 영향으로 모바일 금융 서비스를 써본 적이 있느냐는 질문에는 응답자의 대부분인 82%가 '있다'고 답했다. 가장 많이 쓰는 서비스는 카카오뱅크, 케이뱅크 등 인터넷 전문은행 앱(31%)으로 시중

7. 비트코인 등 가상화폐에 이미 투자했거나 향후에 할 의향이 있으십니까?

구분	응답 수(명)	비율 (%)	그래프 보기
있다	128	28	
없다	333	72	
무응답	1	0	

7-1. 만약 7번에서 '없다'고 대답했다면 가상화폐에 투자할 수 없는 이유는 무엇입니까?

구분	응답 수(명)	비율 (%)	그래프 보기
가격 변동폭이 너무 커서	92	20	
손실이 걱정돼서	77	17	
해킹 등 보안 문제 우려	30	6	
믿을 수 없어서 (운용 원리를 잘 몰라서)	61	13	
투자가 아닌 투기라서	35	8	
기타	1	0	
무응답	166	36	

은행 모바일 앱(25%)보다 더 높았다. 토스 같은 간편송금 서비스가 22%로 뒤를 이었다.

연령대별 등록 현황

조사내역	응답 수 (명)	비율 (%)
10대	176	1.7
20대	1,892	18.0
30대	3,343	31.7
40대	2,146	20.4
50대	1,656	15.7
60대 이상	1,320	12.5
합계	10,533	100

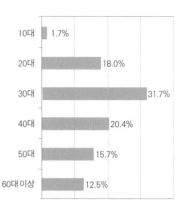

10년간 참관객·참가업체 수 2배 성장, 종합 재테크 박람회로 진화한 '서울머니쇼'

지난 2010년 탄생한 서울머니쇼는 10회를 맞은 2019년까지 약 10년 간 양과 질 양쪽에서 진화해 이제는 명실상부한 아시아 최대 재테크 박 람회로 자리매김했다. 행사 첫해 70개사, 120부스 수준이던 머니쇼 참가 사 규모는 2014년 110개, 200여 부스로 커진 후 2019년에는 역대 최대 인 120개사, 250개 부스까지 확대됐다. 참관객 수도 공식 집계가 시작된 2011년 2만 명에서 2014년 3만 5,000명을 거쳐 이제는 4만 명을 넘는 규 모로 올라섰다.

'머니쇼의 꽃' 세미나도 첫해 25명의 연사가 진행하는 21개로 시작해

한류로 읽는
한국 문화

저자 최정아

Korean Culture

한글파크

여러분, 안녕하세요? 저는 한국어 교사 최정아라고 합니다. 저는 대학교에서 한국어와 한국 문학을, 대학원에서 한국어 교육을 공부했습니다. 지금은 세계 여러 나라의 학생들에게 한국어를 가르치고 있습니다. 한국어를 가르치면서 많은 학생들에게 부담 없이 가볍게 읽을 수 있는 한국어 책이 있으면 좋겠다는 이야기를 자주 들었습니다. 그러한 의견들을 모아 이 책을 쓰게 되었습니다.

● **<한류로 읽는 한국 문화>는 이런 책입니다.**

① 이 책은 한류를 통해 한국 문화와 한국어를 배우는 책입니다. 여러분은 한국 드라마나 영화, 그리고 케이팝(K-pop)을 보거나 들으면서 한국 사람들은 왜 이럴까 궁금한 적이 있을 것입니다. 이 책을 읽으면 그 이유를 이해할 수 있습니다.

② 이 책에는 크게 네 가지의 내용이 있습니다. '음식'은 한국 드라마나 영화에 자주 나오는 한국 음식에 대한 내용입니다. '생활'은 사랑과 취미 같은 한국 사람의 생활에 대한 내용입니다. '사회/역사'는 한국 사회와 역사에 대한 내용입니다. '한류'는 한국 드라마나 영화, 케이팝(K-pop)에 대한 내용입니다.

③ 이 책에는 전체 40개의 이야기가 있습니다. 하나의 이야기는 네 쪽입니다. 첫 번째 쪽에는 제목과 그림, 그리고 질문이 있습니다. 두 번째와 세 번째 쪽은 하나의 긴 글입니다. 네 번째 쪽인 '작가의 말'에는 제가 여러분에게 말하는 것처럼 쓴 짧은 글이 여러 개 있습니다. '작가의 말'은 긴 글보다 조금 어렵지만, 요즘 유행하는 말과 인터넷 유머가 나와서 재미있게 읽을 수 있습니다.

● **<한류로 읽는 한국 문화>는 이런 사람이 읽으면 좋습니다.**

① 이 책의 모든 이야기에 한국 드라마와 영화, 텔레비전 프로그램, 그리고 케이팝(K-pop)이 나옵니다. 한류를 좋아하는 사람은 더 재미있게 읽을 수 있습니다.

② 이 책은 중급 이상의 학생이 읽으면 좋습니다. 3급(중급1) 학생은 뜻을 보면서 읽을 수 있고, 4급(중급2) 학생은 더 편안하게 읽을 수 있습니다.

③ 이 책은 어린이나 청소년보다 성인이 읽으면 좋습니다. 어린이나 청소년은 내용을 이해하기 어려울 수 있습니다.

- **<한류로 읽는 한국 문화>는 이렇게 읽으면 좋습니다.**

  ① 꼭 차례대로 읽지 않고 읽고 싶은 과를 먼저 읽어도 괜찮습니다. 그런데 조금 쉬운 내용도 있고, 조금 어려운 내용도 있습니다. 물론 앞에서부터 차례대로 읽어도 좋습니다.

  ② 중급 이상의 학생은 사전이 없어도 단어의 뜻을 보면서 읽을 수 있습니다. 문법은 뜻이 나오지 않습니다. 모르는 문법은 어떤 뜻인지 생각하면서 읽으면 좋습니다.

  ③ 소리를 들으면서 읽으면 좋습니다. QR 코드로 소리를 들으면서 따라하세요. 그러면 읽기와 듣기뿐만 아니라, 말하기와 쓰기 실력까지 좋아질 것입니다.

- **이 책을 만들 때 많은 분이 도와주셨습니다.**

  저는 대학원에서 이 책을 만들기 위한 공부를 했습니다. 존경하고 사랑하는 방성원 교수님, 김지형 교수님, 장미라 교수님께서는 많은 것을 가르쳐 주셨습니다. 그리고 학생과 한국어 교사 189분께서 어떤 책이 필요한지 자세하게 알려 주셨습니다. 한글파크의 모든 분, 특히 김아영 편집자님은 저에게 '홍반장'이었습니다. 서지연 작가님은 그림을 알기 쉽게 잘 그려 주셨습니다. 주위 한국어 선생님들과 학생들, 그리고 사랑하는 가족들은 제가 책을 쓸 수 있게 응원하고 도와주었습니다. 모두에게 감사의 말씀을 드립니다.

  여러분이 이 책을 읽고 어떻게 느낄지 무척 궁금합니다. 여러분의 느낌을 알려 주세요. 감사합니다.

2022년 12월 저자 **최정아**

🔲 tongtongkorean

3

차례

5

01 한국 식당에서 어떻게 해야 할까?

▶ 여러분은 한국 식당에 가 본 적이 있어요?

▶ 한국 식당은 여러분 나라와 어떻게 달라요?

텔레비전 프로그램 〈어서 와~ 한국은 처음이지?〉에는 외국인들이 한국 여행을 즐기는 모습이 나온다. 여행지는 다 다르지만 외국인들이 반드시 들르는 곳이 있다. 바로 식당이다. 누구나 밥은 먹어야 하니까 말이다. 그런데 한국에 처음 온 외국인에게는 식당도 신기한* 여행지가 되는 것 같다.

    한국 식당 중에는 신발을 벗고 들어가야 하는 곳이 있다. 한국 사람은 집에 들어갈 때 신발을 벗는데, 집 같은 분위기의 식당에서도 그렇게 한다. 혹시 여행하느라고 많이 걸어서 발 냄새가 걱정될지도 모른다. 하지만 옆 친구도 같은 고민을 하고 있을 테니까 너무 걱정하지 않아도 된다.

    이런 식당에 들어가면 낮은 식탁이 있는 것을 보게 된다. 다시 말해, 바닥에 앉아야 한다. 한국의 집은 겨울에 바닥이 따뜻하다. 한국 사람들은 오랫동안 침대나 소파 대신 따뜻한 바닥에서 밥을 먹고, 공부하고, 잠을 자 왔다. 한국 사람에게는 바닥에 앉아 밥을 먹는 것이 그렇게 어렵지 않다. 그런데 그 모습이 외국인의 눈에는 요가*를 하면서 밥을 먹는 것처럼 보이기도 한다.

    메뉴를 정했으면 주문을 하자. 종업원이 오지 않으면 혹시 테이블에 작은 벨*이 있는지 찾아보자. 벨을 누르면 한국의 인터넷 속도만큼 빨리 종업원이 올 것이다.

- 신기하다 	영 novel 	일 目新しい 	중 神奇
- 요가 	영 yoga 	일 ヨガ 	중 瑜伽
- 벨 	영 bell 	일 ベル 	중 (按)铃

드디어 음식이 나왔다. 여러 개의 그릇이 식탁에 가득 찼다. 그런데 어? 주문하지 않은 음식도 있다. "저기요, 이 음식은 주문하지 않았는데요!" 용기˙를 내서 말했지만, 아마 주위의 한국 사람들은 웃음을 참고 있을 것이다. 한국 음식점에서는 김치찌개를 시키면 김치찌개와 밥, 그리고 반찬 몇 가지가 함께 나온다. 그리고 반찬은 대부분 더 먹을 수 있다. 그것도 돈을 더 내지 않고!

한식은 주로 밥과 국, 반찬으로 되어 있다. 이 음식들은 처음부터 함께 나오는데, 밥을 먹으면서 중간에 국과 반찬을 먹으면 된다. 밥과 국은 자기˙ 앞에 있는 것을 먹고, 가운데 놓인 반찬과 찌개는 보통 나누어 먹는다. 그러니까 한국 친구가 내 음식을 먹어도 되는지 묻지 않고 먹어도 놀라지 말자.

한국 음식은 숟가락과 젓가락을 모두 써서 먹는다. 숟가락으로는 밥이나 국, 찌개를 먹고, 젓가락으로는 반찬을 먹는다. 숟가락과 젓가락은 함께 들지 않으며 한 손으로 하나만 드는 것이 좋다. 그릇은 들지 않고 식탁에 놓고 먹는다.

이렇게 한 끼˙ 식사만으로 한국 문화를 경험할 수 있다. 익숙하지 않은 식당의 풍경과 식사 예절˙ 그리고 한국의 역사까지 만날 수 있다. 식탁에서 나와 다른 문화를 만나는 즐거움˙ – 이것이 바로 여행의 즐거움 중 하나가 아닐까?

- -

- 용기 영 courage 일 勇気 중 勇气
- 자기 영 oneself 일 自分 중 自己
- 끼 영 meal 일 ~食 중 頓
- 예절 영 manners 일 礼節 중 礼节
- 즐거움 영 joy, pleasure 일 楽しみ 중 快乐

"한국 식당에서 반찬을 몇 번까지 더 먹을 수 있을까요? 식당 주인의 표정*이 어두워 질 때까지? 하하! 농담이에요~ 사실 정해진 것은 없지만, 음식을 남기지 않을 정도라면 보통 한두 번은 괜찮아요. 그런데 밥은 대부분 돈을 따로 내요. 밥보다 반찬이 더 비쌀 것 같은데 왜 그럴까요?"

"불고기, 갈비, 삼계탕, 치킨 같은 고기 요리가 외국에서 인기가 많아요. 그래서 외국인들은 한국 사람들이 고기를 많이 먹을 거라고 생각해요. 그런데 한국 사람들은 사실고기보다 두부나 생선을 더 많이 먹어요. 특히 채소는 세계에서 가장 많이 먹는대요. 한국 사람은 호랑이가 아니라 토끼였네요."

"한정식*에는 보통 여러 가지 음식이 차례로 나와요. 음식이 너무 많아서 다 먹기 힘들 때도 많아요. 그런데 가장 비싼 요리는 마지막에 나온다는 사실을 잊지 마세요!"

"한국어에서는 많은 걸 '먹는다'고 말해요. 밥이나 술, 약도 먹고, 실제로*는 먹지 않는 담배나 돈도 먹는다고 해요. 또 눈에 보이지 않는 나이나 마음도 먹는다고 말해요. 한국 사람들은 정말 많은 걸 먹네요. 그런데 왜 날씬한 걸까요? 물론 저 같은 사람도 많습니다만…….."

"한국 사람과 식사를 하고 그 사람이 서둘러 신발을 신는다면 돈을 내려고 하는 것일 수 있어요. 그러면 돈을 내기 싫을 때는 어떻게 하면 될까요? 신기 힘든 신발을 신고 가면 돼요.(농담이에요~)"

- **표정** 영 facial expression 일 表情 중 表情
- **한정식** 영 hanjeongsik(Korean Table d'hote)
  일 韓定食 중 韩定食(韩式套餐)
- **실제로** 영 actually 일 実際に 중 实际上

02 한국 사람은 왜
밥 한번 먹자고 할까?

▶ 여러분 나라에서는 주로 밥을 먹어요, 빵을 먹어요?

▶ 밥을 주로 먹는 나라와 빵을 먹는 나라의 문화가 어떻게 달라요?

드라마 〈나의 아저씨〉에서 지안은 어느 날 같은 회사에서 일하는 동훈에게 밥을 사 달라고 한다. 같이 밥을 먹은 후부터 동훈은 그냥 '아는 사람'이었던 지안을 가족처럼 돌보게° 된다. 드라마의 마지막 역시 '밥'으로 끝난다. 지안은 동훈에게 처음으로 "제가 밥 살게요." 라고 말한다. 그동안의 고마운 마음이 들어간 말이다.

　이처럼 한국 사람들의 인사는 밥으로 시작해서 밥으로 끝난다. 친구를 만났을 때 "밥 먹었어?"라고 묻고, 헤어질 때는 "언제 밥 한번 먹자."라고 말한다. 혼자 사는 친구를 걱정하며 "밥은 잘 먹고 있어?" 라고 묻고, 헤어질 때는 "밥 잘 먹고 다녀."라고 한다. 친해지고 싶은 사람에게 "밥 좀 사 주세요."라고 말하기도 하고, 고마운 사람에게는 "언제 밥 한번 살게요."라고 한다. 도대체° 밥은 한국 사람에게 어떤 의미일까?

　한국어에서 '밥을 먹다'는 '식사하다'와 같은 뜻이다. 한국 사람은 수천 년 동안 쌀로 지은 밥을 주로 먹어 왔다. 한국 사람은 옛날부터 밥을 많이 먹는 것으로 유명했다. 1940년대°에 쓰던 밥그릇°은 요즘보다 3~4배나 컸다고 한다. 옛날에는 먹을 것이 많지 않아 밥을 중심으로 식사했기 때문이다.

　지금은 농사°를 짓는 사람이 적어도 쌀이 남을 정도이다. 하지만

- ● 돌보다　영 take care of　일 面倒を見る　중 照顾
- ● 도대체　영 what on earth　일 一体　중 究竟
- ● 년대　영 years　일 年代　중 年代
- ● 밥그릇　영 rice bowl　일 ご飯茶碗　중 饭碗
- ● 농사　영 farming　일 農事、農業　중 农事、种地

옛날에는 사람들 대부분이 농사를 지어도 쌀은 늘 부족했다. 밥을 배가 부르게 먹을 수 있는 사람이 곧 부자였다. 사람들은 밥을 많이 먹기 위해 많이 일하고, 또 많이 일하기 위해 밥을 많이 먹었다.

쌀은 먹기까지 많은 시간과 노력이 필요하다. 쌀을 뜻하는 한자° '米(미)'에는 숫자 '八(팔)'이 두 개 들어 있는데, 쌀을 먹기까지 88번 돌봐야 해서 그렇다고 한다. 농사에는 사람이 많이 필요하다. 그래서 한국 사람들은 같은 마을에 사는 이웃들과 함께 농사를 지었다. 지금도 한국 사람들은 고향을 소중하게 생각하는 편인데, 이것은 오랫동안 농사를 지어 왔기 때문일 것이다.

한국어에서 가족을 의미하는 '식구(食口)'는 밥을 같이 먹는 사람을 뜻한다. 매일 함께 밥을 먹는 가족만큼 가까운 사람은 없을 것이다. 가족이 아니어도 밥을 함께 먹으면 '남'은 '우리'가 된다. 한국 사람이 자꾸 밥 먹었냐고 묻는 것은 그 사람을 가족처럼 소중하게 생각한다는 뜻이다.

그러고 보면 드라마 제목인 〈나의 아저씨〉의 '아저씨'도 원래° 친척을 뜻하는 말이었다. 아픈 할머니와 둘이 살고 있는 지안에게 가장 필요한 것은 가족이 아니었을까? "밥 좀 사 주죠?"라는 지안의 말이 가족처럼 돌봐 줄 사람이 필요하다는 에스오에스(SOS) 신호로 들린다.

• 한자　영 Chinese characters　일 漢字　중 汉字
• 원래　영 originally, by nature　일 元来　중 原来

"한국 친구가 밥 먹었냐고 물었는데, 빵을 먹었으면 어떻게 대답해야 할까요? 그럴 때는 고민하지 말고 밥 먹었다고 하면 돼요. 이때 밥은 식사를 말하는 거니까요."

"저희 어머니께 전화로 식사하셨는지 여쭈었는데, 어머니는 나이가 들어서 그런지 밥을 안 먹어도 배가 안 고프다고 하셨어요. 그런데 알고 보니까 빵이나 과일 같은 것을 많이 드셨더라고요. 하하!"

"입학식이 열리는 3월, 한국의 대학에서는 선배들이 후배들에게 점심을 사느라고 바빠져요. 신입생*은 3월에 자기* 돈으로 밥을 사 먹지 않는다는 이야기도 있어요. 3월에는 선배들의 통장이 텅* 비어서 '텅장(텅 빈 통장)'이 된다고 하네요. 그런데 요즘에는 선배와 후배가 친하게 지내는 일이 점점 줄고 있다고 해요."

"밥을 많이 먹게 하는 반찬을 '밥도둑'이라고 해요. 보통 짜거나 매워서 밥과 함께 먹어야 하는 반찬이 많아요. 밥을 훔치는* 도둑*이니까 나쁜 의미 같지만, 맛있는 반찬을 말해요."

"한국에서는 1970년대까지 쌀이 부족했어요. 학교에서는 점심시간에 도시락*의 밥에 콩이나 보리* 같은 것을 섞었는지 선생님이 검사했어요. 요즘에는 쌀이 남아서 문제가 되고 있어요. 그런데도 한국 사람들은 아직도 인사로 밥 먹었냐고 묻고 있네요."

- **신입생** 영 freshman 일 新入生 중 新生
- **자기** 영 oneself 일 自分 중 自己
- **텅** 영 emptily 일 からっぽ 중 空空地
- **훔치다** 영 steal 일 盗む 중 偷盗
- **도둑** 영 thief 일 泥棒 중 盜賊
- **도시락** 영 lunch box 일 弁当 중 盒饭
- **보리** 영 barley 일 麦 중 大麦

▶ 여러분 나라에는 몸이 아프면 어떤 음식을 먹어요?

▶ 건강에 좋은 음식에 대해 생각해 봅시다.

한국 식당에 가면 어떤 음식이 몸에 어떻게 좋은지 써 놓은 것을 자주 볼 수 있다. 식당에 온 것인지 약국에 온 것인지 모를 정도이다. 한국 사람들은 평소에도 음식을 먹으면서 버릇처럼 몸에 좋다고 한다. 한국 사람은 음식을 약으로 생각하는 것일까?

음식이 건강에 중요하다는 것은 옛날부터 잘 알려진˚ 사실이다. 2천 년 전 서양에서는 의사 히포크라테스(Hippocrates)가 음식으로 고칠 수 없는 병은 약으로도 못 고친다고 했다. 먼 옛날 중국 사람들도 음식과 약이 같다고 생각했다. 이런 생각은 한국에도 전해져서 지금까지 강하게 남아 있다.

한식을 만들 때 넣는 '양념˚'은 '약념(藥念)'에서 변한 말이다. 이 말은 '약으로 생각한다'는 뜻이다. 파˚와 마늘 같은 재료는 약으로도 쓰이니까˚ 틀린 말은 아닌 것 같다. 그 밖에도 한국 사람들은 밥에 여러 가지 재료가 들어간 '약밥'이나 간식으로 '약과'를 먹고, 몸에 좋은 재료를 넣어 만든 '약술'을 마셨다. 이런 음식을 먹으면 건강이 좋아질 것이라 믿었다.

약은 한국 음식의 재료로도 자주 쓰인다. 삼계탕은 닭고기에 인삼 같은 약으로 쓰이는 재료를 넣고 푹 끓인 음식이다. 한국 사람은 일 년 중 가장 더운 날에 삼계탕을 먹는다. 땀을 흘리면서 뜨거운 음식을

• 알려지다 영 become known 일 知られる 중 众所周知、有名
• 양념 영 seasoning 일 薬味 중 调料
• 파 영 green onion 일 ネギ 중 葱、大葱
• 쓰이다 영 be used 일 使われる 중 被使用

먹고 나면 정말 몸이 시원해진다고 한다. 더운 여름에 뜨거운 음식을 먹으면서 시원하다고 하는 모습은 외국인에게 재미있어 보인다.

그런데 한국 사람은 왜 이렇게 몸에 좋은 음식을 좋아할까? 한국 사람이 옛날부터 부모님을 잘 모시는 일을 중요하게 생각했던 것에서 그 이유를 찾을 수 있다. 늙으면 음식을 씹거나 소화*하기 어렵고, 병에 걸리기 쉽다. 이때 자식들은 건강에 좋으면서 부드러운 음식을 만들어 부모님이 드시기 쉽게 했다.

죽*은 그런 음식 중 하나이다. 죽은 쌀 같은 재료에 물을 많이 넣고 오래 끓여서 만든다. 타지 않게 계속 저어야* 해서 시간이 오래 걸린다. 드라마에서 누군가 아플 때 죽을 만들어 주기도 하는데 그것은 그 사람을 정말 걱정한다는 뜻이다.

요즘에는 결혼해서 부모님과 따로 사는 사람이 많다. 이제 한국 사람들은 늙은 부모님께 드리던 몸에 좋은 음식을 맛으로 먹는다. 그 음식을 먹으며 건강을 바란다.

이처럼 한국 사람들은 음식이 곧 약이고, 약이 곧 음식이라고 생각한다. 그래서 누군가 아프면 어떤 음식이 몸에 좋을지를 먼저 생각한다. 음식을 만든 사람의 따뜻한 마음을 생각하면 있던 병도 나을 것만 같다.

- 소화 영 digestion 일 消化 중 消化
- 죽 영 (rice) porridge 일 粥 중 粥
- 젓다 영 stir 일 かきまぜる 중 攪拌

"한국에서 '영양* 센터'라는 식당 간판*을 본 적 있으세요? 그건 삼계탕이나 치킨을 파는 식당이에요. 그런데 요즘에는 사람들이 너무 많이 먹어서 문제죠. '영양 센터'보다 '다이어트 센터'가 더 필요한 것 같아요."

"한국 사람들은 겨울에 소의 꼬리*나 뼈*를 넣고 푹 끓인 곰탕*을 먹어요. 그렇게 하면 긴 겨울 동안 감기에 잘 안 걸리고, 몸이 아픈 사람은 다친 곳을 빨리 낫게 해 준대요. 곰탕 재료를 한 번 사면 큰 냄비에 두세 번 정도 만들어 먹어요. 우리 가족은 한 달 동안 매일 같은 국을 먹어야 해서 싫어했어요. 어머니께서는 곰탕을 싫어하는데도 매년 끓이셨어요. 한 달 동안 국을 새로 안 끓여도 되거든요."

"한국 음식 중에 '떡갈비'라는 게 있어요. 소고기를 다져서* 양념한 후 뼈에 붙여 구운 음식이에요. 이렇게 하면 이가 약한 노인도 갈비를 먹을 수 있어요. 그런데 이름 때문에 그런지 요즘에는 떡에 고기를 붙여서 만들기도 해요. 한국 식당에서 그렇게 만들면 여러분이 제대로* 알려 주세요. 그런데 먹어 보면 맛있어서 다시 떡으로 만들어 달라고 할 거예요."

"한국에서는 여자가 임신*하면 음식을 정말 조심해서 먹어요. 예*를 들어 임신했을 때 닭고기를 먹으면 아기 피부*가 닭처럼 된다고 해서 안 먹어요. 그런데 제 친구가 임신했을 때 치킨을 먹었는데 아이 피부는 정말 좋았거든요. 누군가 닭고기를 혼자 다 먹으려고 만든 말 같아요."

• **영양** 영 nutrition 일 栄養 중 营养	• **다지다** 영 mince 일 切り刻む 중 剁碎
• **간판** 영 signboard 일 看板 중 招牌	• **제대로** 영 properly 일 ちゃんと 중 好好地、正確地
• **꼬리** 영 tail 일 しっぽ 중 尾巴	
• **뼈** 영 bone 일 骨 중 骨头	• **임신** 영 pregnancy 일 妊娠 중 怀孕
• **곰탕** 영 gomtang, beef-bone soup 일 コムタン 중 精熬牛骨汤	• **예** 영 example 일 例 중 例子
	• **피부** 영 skin 일 皮膚、肌 중 皮肤

04 한국 사람은 왜 이렇게 라면을 자주 먹을까?

▶ 한국 라면을 먹어 본 적 있어요?

▶ 여러분은 라면을 얼마나 자주, 그리고 주로 언제 먹어요?

••••

한국에서 '라면'이라고 하면 보통 인스턴트˚ 라면을 뜻한다. 한국은 인스턴트 라면을 많이 먹는 나라 중 하나이다. 2022년 한 해 동안 한 사람당˚ 라면을 73개나 먹었다고 하니까 5일에 한 번은 먹은 것이다. 한국 드라마에도 라면을 먹는 모습이 자주 나온다. 그런데 한국 사람들은 왜 이렇게 라면을 자주 먹을까?

　다른 음식도 많은데 라면을 먹는 가장 큰 이유는 아마 만들기 쉽기 때문일 것이다. 물을 끓일 수만 있으면 누구나 라면을 먹을 수 있다. 드라마 〈SKY 캐슬〉에서 아내가 집을 나가자 요리를 하지 못하는 남편은 며칠 동안 라면만 계속 먹어야 했다. 그에게 라면은 아내의 빈 자리를 대신하는˚ 음식이다.

　지금의 라면은 1958년 일본 닛신식품에서 개발돼 1963년 한국에 처음 전해졌다. 쌀이 부족해서 밥을 굶는 사람들이 많던 때였다. 한국에 처음 라면 공장을 세운 전용운 씨는 돈이 없는 사람들도 쉽게 먹을 수 있도록 가격을 올리지 않았다고 한다. 라면은 고픈 배를 채워˚ 주는 고마운 음식이었다.

　1980년대˚ 이후 한국의 경제˚는 빠르게 발전˚했다. 쌀이 충분해

- 인스턴트　영 instant　일 インスタント　중 方便食品
- -당　영 per　일 あたり　중 每
- 대신하다　영 replace　일 代る　중 代替
- 채우다　영 fill　일 充たす　중 填满
- 년대　영 years　일 年代　중 年代
- 경제　영 economy　일 経済　중 経済
- 발전　영 development　일 発展　중 发展

졌는데도 사람들은 라면을 더 많이 먹었다. 라면은 5분이면 만들 수 있기 때문에 바쁠 때 특히 좋다. 사람들은 먹기 위해서 일한다고 하면서도, 먹을 시간도 없을 만큼 바빠서 결국 또 라면을 먹었다.

요즘에는 라면을 조금 다른 의미로도 쓰게 되었다. 드라마에서 젊은 남녀가 집 앞에서 "라면 먹고 갈래요?"라고 하면 이것은 같이 자고 싶다는 뜻이다. 물론 드라마 〈김비서가 왜 그럴까〉의 김미소와 이영준처럼 그 뜻도 모르고 정말 라면'만' 먹고 가는 사람도 있다. 2001년 〈봄날은 간다〉라는 영화에 이 말이 처음 나온 후부터 라면은 사랑을 부르는 음식이 되었다.

한국 사회°가 빠르게 변하면서 라면의 의미도 변했다. 할머니와 할아버지는 라면으로 배를 채웠던 옛날 생각을 할 것이다. 또 어떤 사람은 밥을 먹을 시간도 없이 바쁘게 일했던 때를 생각할 것이다. 아내나 아이는 해외 유학을 가고, 혼자 라면을 먹으며 외로워 하는 아버지도 있다. 또 어떤 사람은 좋아하는 사람의 집에서 함께 라면을 먹으면서 가슴이 뛰던 기억이 날 것이다. 이렇게 라면은 밥을 대신해 배를 채우고 외로운 마음을 채워 준 음식이다. 라면은 그냥 라면이 아니다.

● 사회 영 society 일 社会 중 社会

"한국에서는 식당에서도 라면을 주문하면 대부분 인스턴트 라면을 끓여 줘요. 보통 김밥 같은 저렴한˚ 음식을 파는 식당에서 그렇게 해요. 식당에서 직접 만든 라면을 먹고 싶으면 일본식˚ 라면 가게를 찾는 것이 좋아요."

"육상 선수 임춘애 씨는 1986년 아시안 게임˚에서 금메달˚을 세 개나 딴 달리기 선수인데 그것보다 '라면 소녀˚'로 더 유명해요. 집이 가난˚해서 라면만 먹고 연습했다는 기사가 났거든요. 그런데 사실 임춘애 씨는 몸에 좋은 음식을 많이 먹었다고 하네요. 라면은 그냥 맛있어서 먹은 것 같아요."

"라면은 '먹는다'는 말 대신 '때운다˚'고 자주 말해요. 라면으로 때웠다고 하면, 밥을 먹을 시간이 없거나 귀찮아서 할 수 없이 라면을 먹었다는 뜻이에요. 한국 사람은 정말 밥이 아니면 제대로˚ 먹지 않았다고 생각하는 것 같네요."

"군대˚에서만 먹을 수 있는 '뽀글이'도 있어요. '뽀글이'는 라면이 먹고 싶은데 요리하기 힘드니까 라면 봉지˚에 라면 수프와 끓는 물을 넣어서 먹는 것을 말해요."

"영화 〈기생충〉에 나온 '짜파구리'가 인기였죠. '짜파구리'는 '짜파게티'라는 인스턴트 짜장면과 '너구리'라는 인스턴트 라면을 섞어서 만들어요. 그렇게 해 먹는 것이 유행하자 그 회사에서는 '짜파구리'라는 상품을 만들었어요."

- **저렴하다** 영 cheap 일 低廉だ 중 低廉、便宜
- **-식** 영 style 일 式 중 表达 "方式" 意的后缀。
- **아시안 게임** 영 Asian Games 일 アジア大会 중 亚运会
- **금메달** 영 gold medal 일 金メダル 중 金牌
- **소녀** 영 girl 일 少女 중 少女
- **가난** 영 poverty 일 貧しさ 중 贫穷
- **때우다** 영 eat lightly 일 済ます 중 充饥
- **제대로** 영 properly 일 ちゃんと 중 好好地、正确地
- **군대** 영 military 일 軍隊 중 军队
- **봉지** 영 pack 일 袋 중 袋子

05 한국 사람의 집에는 정말 김치만 넣는 냉장고가 있을까?

▶ 여러분은 어떤 김치를 먹어 봤어요?

▶ 김치로 만든 요리에 무엇이 있어요?

••••

드라마를 보면 한국 사람들은 거의 모든 음식을 김치와 함께 먹는 것 같다. 설렁탕 같은 한 그릇 음식부터 여러 가지 음식을 내는 한정식˙까지 김치는 꼭 나온다. 또 어떤 드라마에서는 김치를 싸울 때 쓰기도 한다!

　김치는 한국 사람의 식탁에 거의 매일 오르는 음식이다. 한 번에 많이 담가서˙ 오랫동안 먹기 때문에 한국 사람들은 보통 김치 냉장고를 따로 쓴다. 김치 냉장고가 에어컨보다 더 팔린다고 하니 한국 사람의 집에는 대부분 김치 냉장고가 있다고 봐도 된다. 그런데 한국 사람들은 언제부터 김치 냉장고를 따로 쓰게 되었을까?

　김치는 오래되면 맛이 깊어지는 음식이다. 옛날에는 채소가 부족한 겨울이 오기 전에 김치를 담가서 봄까지 먹었다. 김치를 다 담그면 마당의 땅을 파서˙ 저장˙했다. 그렇게 하면 김치의 온도가 거의 변하지 않아서 오랫동안 먹을 수 있다. 김치는 그냥 먹기도 하고, 찌개나 만두 같은 음식의 재료로도 쓰기 때문에 많이 담가야 했다.

　1980년대˙까지만 해도 한국 사람들은 대부분 집에서 김치를 담가 먹었다. 11월 말에서 12월 초에는 동네 사람들이 마당에 모여 김치를 함께 담그는 모습을 자주 볼 수 있었다. 언제 다 담글까 싶을 정도로

- 한정식　영 hanjeongsik(Korean Table d'hote)　일 韓定食　중 韓式套餐(韩式套餐)
- 담그다　영 make (kimchi)　일 漬ける　중 腌渍
- 파다　영 dig　일 掘る　중 挖
- 저장　영 storage　일 貯蔵　중 储藏
- 년대　영 years　일 年代　중 年代

많던 배추와 무가 거의 없어질 때쯤이면 돼지고기를 삶기* 시작한다. 삶은 돼지고기(수육)를 막* 담근 김치에 싸서 먹는 그 맛은 정말 특별하다.

도시에서 일하는 사람들이 늘면서 아파트가 많이 생겼다. 그런데 아파트에는 마당이 없기 때문에 김치를 땅에 저장할 수 없었다. 아파트에서는 동네 사람이 다 모여서 김치를 담글 수도 없었다. 김치를 냉장고에 넣으면 냄새가 많이 나고, 다른 음식을 넣을 자리가 부족했다. 김치 냉장고는 그래서 생겼다.

요즘에는 김치를 옛날처럼 많이 담그지 않는다. 먹을 것이 많아지면서 김치를 점점 안 먹게 되었기 때문이다. 김치를 전혀 먹지 않는 사람도 늘고 있다. 2005년에는 한 사람이 하루에 김치 123.9g을 먹었지만, 2015년에는 96.3g을 먹었다고 한다. 10년 사이 22.3%나 준 것이다.

요즘 젊은 사람 중에는 김치를 담글 줄 모르는 사람도 많다. 이들은 부모님이 담근 김치를 받거나 조금씩 사 먹는다. 앞으로 몇십 년 뒤에는 김치 냉장고가 있는 집도 보기 힘들어질지 모른다. 동네 사람들이 모여 함께 김치를 담그던 풍경이 이미 없어진 것처럼 말이다.

• 삶다 영 boil 일 茹でる 중 煮
• 막 영 just, just at the moment 일 (漬けた)ばかりの 중 刚

"겨울이 되어 김치를 담글 때가 되면 배춧값은 한국에서 중요한 뉴스가 돼요. 배춧값이 많이 오르면, 김치가 '금치'가 되었다고 해요. '금치'는 금•처럼 비싼 김치라는 뜻이에요."

"오래되어 신맛이 나는 김치는 찌개나 볶음밥 같은 요리에 쓰면 좋아요. 그런데 한국 사람들은 김치찌개나 김치볶음밥을 먹을 때 반찬으로 또 김치를 먹기도 해요. 하하!"

"한국 사람들은 김치를 카레 같은 외국 음식과도 함께 먹어요. 나이 드신 분들은 스테이크•나 피자같이 기름이 많은 음식을 먹으면 김치를 찾으시기도 해요. 또 찐 고구마•나 감자, 그리고 라면을 먹을 때도 김치를 꼭 먹어요. 한국 사람은 김치 없이는 못 사는 것 같네요."

"한국 사람들이 단체• 사진을 찍을 때 하는 말은? '다 함께 김치~!'"

"여자들이 제일 좋아하는 김치는? '총각김치•'. ('총각'은 결혼하지 않은 남자를 말해요.) 깜짝 놀랄 정도로 맛있는 김치는? '갓김치•'래요. ('갓'은 영어 'God'과 발음이 같아요. 깜짝 놀랐을 때 'Oh, my God(오 마이 갓)!'이라고 하죠.)"

- **금** 영 gold 일 金 중 金子
- **스테이크** 영 steak 일 ステーキ 중 牛排
- **고구마** 영 sweet potato 일 サツマイモ 중 紅薯
- **단체** 영 group 일 団体 중 集体
- **총각김치** 영 Whole radish kimchi 일 チョンガッキムチ 중 嫩萝卜辛奇
- **갓김치** 영 Kimchi made from mustard leaves and stems. 일 からし菜キムチ 중 芥菜辛奇

06 한국 사람은 생일에 무엇을 먹을까?

▶ 여러분 나라에서는 생일에 무슨 음식을 먹어요?

▶ 여러분 나라에서는 어머니가 아기를 낳으면 어떤 음식을 먹어요?

생일은 이 세상에 태어난 날이다. 많은 나라에서 그러는 것처럼 한국에서도 가족이나 친구와 케이크를 나누어 먹으며 이날을 축하한다. 그런데 한국에서는 생일에 케이크 말고도 꼭 먹는 음식이 있다. 바로 미역*을 넣어 푹 끓인 미역국이다.

　드라마에서는 혼자 사는 친구의 생일에 미역국을 먹었냐고 묻기도 하고, 평소에는 요리를 잘 하지 않는 남편이 아내의 생일에 미역국을 끓이기도 한다. 또 자신의 생일에 미역국을 끓이면서 슬퍼하는 사람도 있다. 미역국에 어떤 의미가 있는 것일까?

　한국에서 미역국은 어머니가 아기를 낳은* 후 먹는 음식이다. 옛날에는 아기가 태어나기 전에 좋은 미역을 선물했다. 아기가 태어나면 어머니는 21일 동안 몸을 따뜻하게 하면서 푹 쉬었다. 21일은 7일이 세 번 지나는 '삼칠일'로 중요한 일이 있을 때 몸과 마음을 새롭게 하는 기간이다. 이때 어머니는 매일 미역국을 먹는다. 미역이 피를 맑게 해 주고 상처를 치료해 주기 때문이다.

　"네 어머니도 너를 낳고 미역국을 드셨겠지."라는 말은 한국 사람에게 참기 힘들다. 어머니가 힘들게 낳아 길러 주셨는데 나쁜 사람이 되었다는 뜻이기 때문이다. 이 말은 바꾸어 말하면, 아무리 나쁜 사람이라고 해도 어머니에게는 소중한 자식이라는 뜻이다.

　한국 사람들은 자신이 태어난 후 어머니가 드셨던 미역국을 매년 생일에 먹는다. 어머니는 자식의 생일에 미역국을 끓이면서 그때를

● 미역 　영 brown seaweed　일 ワカメ　중 海帯
● 낳다 　영 give birth　일 産む　중 生(孩子)

다시 기억한다. 아기가 태어나 얼마나 기뻤는지…! 자식은 그 미역국을 먹으며 어머니께 감사한다. 드라마 〈도깨비〉에서 부모님이 돌아가신 주인공*이 자신의 생일에 미역국을 끓여 먹는 장면*은 그래서 더 슬프다.

매년 있는 생일이지만 조금 더 특별한 생일도 있다. 한국에서는 태어난 지 일 년이 되는 생일에 사람을 많이 초대한다. 이것은 부모가 아이에게 해 주는 가장 큰 잔치이다. 예순한 살이나 일흔 살 생일에도 사람들을 초대해 오래 산 것을 축하한다. 이것은 자식이 부모님께 해 드리는 가장 큰 잔치이다. 맛있는 음식이 많이 나오는 이날에도 미역국을 먹는다.

달력이 생기면서 사람들은 특별한 날을 기억하고 그 날에 특별한 의미를 더하게 되었다. 사람들이 생일을 축하는 이유는 삶*을 축하하고 소중히 하고 싶기 때문이다. 한국 사람들이 매년 생일에 먹는 미역국 한 그릇에는, 아이가 태어났을 때 기뻐하던 부모의 마음이 담겨* 있다. 그리고 부모님의 사랑에 감사하는 자식의 마음이 담겨 있다. 미역국은 부모와 자식 사이의 사랑이다.

- 주인공 영 main character 일 主人公 중 主人公
- 장면 영 scene 일 場面 중 場面
- 삶 영 living, life 일 生 중 人生
- 담기다 영 be filled with 일 こもる 중 蘊含

"한국에서는 태어나자마자 한 살이 돼요. 이건 엄마 뱃속˚에서부터 나이를 세기˚ 때문이에요. 그리고 1월 1일이 되면 모두 함께 한 살을 더 먹어요. 그러면 12월 31일에 태어나서 하루가 지나면 두 살이 되는 거예요? 믿을 수 없겠지만 맞아요."(2023년 6월부터 한국에서도 다른 나라처럼 태어난 지 일 년이 되면 한 살이 돼요.)

"한국에서는 1월에 아기가 가장 많이 태어나요. 같은 해에 태어난 아이들이 초등학교에 같이 입학하는데, 요즘 부모들은 아이가 조금이라도 더 큰 다음 학교에 들어가는 게 좋을 거라고 생각해서 1월에 많이 낳아요. 봄에― 그러니까 1월에 태어나는 아이를 만들 때 부부 사이가 특별히 좋아지기 때문은 아니에요."

"한국에서는 중요한 시험 전날˚에 미역국을 먹지 않아요. 미역이 미끄러워서˚ 시험에 떨어질 것 같아서 그래요. 그런데 제 친구는 시험 전날에 어머니께서 미역국을 끓여 주셨대요. 혹시 시험에 떨어지면 어머니 때문이니까 편한 마음으로 시험을 보라는 뜻이었대요."

"미역국은 보통 건조˚ 미역을 물에 불려서˚ 끓여요. 불리면 양˚이 많이 늘어나요. 그러니까 드라마 〈검색어를 입력하세요. WWW〉의 송가경처럼 미역을 많이 넣지 마세요. 2인분을 끓이려다가 20인분을 끓일 수 있으니까요!"

- 뱃속 영 womb 일 お腹の中 중 腹中
- 세다 영 count 일 数える 중 干、干燥
- 전날 영 previous day 일 前日 중 前一天
- 미끄럽다 영 slippery 일 つるつるする 중 滑
- 건조 영 being dry 일 乾燥 중 干、干燥
- 불리다 영 soak, macerate 일 ふやかす 중 泡
- 양 영 quantity, amount 일 量 중 量

07 한국 드라마에서는 왜 화나면 비빔밥을 먹을까?

▶ 여러분은 배고픈데 먹을 음식이 없으면 어떻게 해요?

▶ 여러분은 스트레스를 받으면 어떤 음식을 먹어요?

한국 드라마에 많이 나오는 음식 중 하나로 비빔밥이 있다. 드라마에서 주인공◦이 화나거나 스트레스를 받을 때 자주 먹는다. 그런데 많은 음식 중에서 왜 비빔밥을 먹을까?

비빔밥은 '비빈◦ 밥'이라는 뜻이다. 비빔밥은 밥에 여러 가지 반찬과 고추장, 참기름 같은 양념◦을 넣고 잘 섞어서 먹는다. 이때 반찬으로 나물◦, 김치, 김, 고기, 달걀 같은 것을 넣는다. 싫어하는 반찬은 넣지 않아도 되고, 매운 음식을 싫어하면 고추장을 조금만 넣거나 된장이나 간장을 넣어도 된다. 먹고 싶은 대로 만들 수 있어서 비빔밥이 더 맛있게 느껴지는 것 같다.

밥과 반찬만 있으면 비빔밥은 누구나 쉽게 만들 수 있다. 한국 사람은 냉장고에 반찬이 보통 한두 가지는 있다. 그리고 고추장이나 간장은 항상 있으니까 밥에 재료를 넣고 비비기만 하면 된다. 드라마 〈내 이름은 김삼순〉의 김삼순처럼 새벽에 갑자기 먹고 싶을 때도 먹을 수 있다. 김삼순의 말처럼 다이어트는 내일부터 하면 되니까.

비빔밥은 그릇을 적게 쓰기 때문에 설거지하기 편하다. 요리할 때 쓰는 큰 그릇에 밥과 반찬을 넣고 비빈 후 그 그릇을 들고 그대로 먹는 모습이 드라마에 자주 나온다. 이것은 주인공이 설거지하기 귀찮을 만큼 바쁘거나 피곤하다는 것을 뜻한다. 드라마에 그런 장면◦이

- 주인공 영 main character 일 主人公 중 主人公
- 비비다 영 mix 일 混ぜ合わせる 중 拌
- 양념 영 seasoning 일 薬味 중 调料
- 나물 영 seasoned vegetables 일 ナムル 중 素菜、野菜
- 장면 영 scene 일 場面 중 场面

자주 나와서 그런지 비빔밥은 그렇게 먹어야 더 맛있다고 생각하는 사람도 많다.

비빔밥은 분위기 있는 데이트를 하고 싶을 때 먹는 음식이 아니다. 비빔밥은 주로 가족이나 친구처럼 친한 사람과 함께 편하게 먹는다. 한국 사람은 친한 사람과 비빔밥을 함께 비벼서 작은 그릇에 나누지 않고 그냥 먹기도 한다.

비빔밥은 먹는 사람이 직접 비벼서 먹는 음식이다. 식당에서 먹어도 그렇다. 맛도 맛이지만 비비는 재미가 비빔밥을 더 맛있게 하는 것 같다. 이때 숟가락으로 마구* 비벼서 먹으면 스트레스가 풀린다*고 한다. 이것은 화날 때 운동을 하면 기분이 좋아지는 것과 같다. 또 비빔밥처럼 매운 음식은 스트레스를 풀기 좋다고 한다. 그래서 드라마의 주인공이 화났을 때 자주 먹는 것 같다.

음식을 보면 그 음식을 먹는 사람들의 생활을 알 수 있다. 비빔밥을 보면 밥과 반찬을 주로 먹는 한국 사람의 식탁이 보인다. 바쁘게 일하다가 서둘러 밥을 먹는 사람들이 보인다. 가족이나 친구들과 함께 비빔밥을 비벼 먹으면서 즐거워 하는 사람들도 보인다. 그리고 피곤하거나 화가 난 사람도 보인다. 그래서 드라마에서 사람들이 비빔밥을 자주 먹는 것 같다.

- 마구 영 severely 일 むやみに、やたらに 중 随便、任意
- 풀리다 영 be relieved, feel relaxed 일 解ける 중 消除、释放

"돌솥 비빔밥●은 1960년대● 한 식당에서 처음 시작되었다고 해요. 그런데 외국인들이 돌솥 비빔밥을 더 좋아하는 것 같아요. 저도 돌솥 비빔밥을 한국보다 외국에서 더 많이 먹었어요."

"비빔밥을 숟가락보다 젓가락으로 비비는 것이 더 맛있다는 사람도 있어요. 그런데 이렇게 말하는 사람도 있죠. '배에 들어가면 똑같다!'"

"한국 편의점에서는 비빔밥으로 만든 삼각 김밥●을 팔아요. 비빔밥 삼각 김밥은 편의점의 인기 메뉴라고 하네요. 비빔밥 삼각 김밥은 비비지 말고 드세요."

"비빔밥의 재료로 산에서 나는 채소를 넣으면 산채● 비빔밥, 소고기 육회●를 넣으면 육회 비빔밥이에요. 그러면 진주 비빔밥에는 진주●가 있을까요? 진주 비빔밥은 진주●에서 유명한 비빔밥이에요."

"비행기에서도 비빔밥을 먹을 수 있어요. 한국으로 가는 비행기에 비빔밥 메뉴가 있는지 확인●해 보세요. 참●! 우주●에서도 비빔밥을 먹을 수 있어요. 우주에 갈 때 꼭 확인해 보세요."

- **돌솥 비빔밥** 영 hot stone pot bibimbap 일 石焼きビビンバ 중 石锅拌饭
- **년대** 영 years 일 年代 중 年代
- **삼각 김밥** 영 triangular kimbap 일 三角おにぎり 중 三角形紫菜包饭
- **산채** 영 wild vegetable 일 山菜 중 山菜
- **육회** 영 beef tartare 일 ユッケ 중 生拌牛肉
- **진주** 영 pearl 일 真珠 중 珍珠
- **진주** 영 Jinju(name of a place) 일 晋州(地名) 중 晋州
- **확인** 영 check 일 確認 중 確认
- **참** 영 aha 일 そうだ 중 哎呀
- **우주** 영 space 일 宇宙 중 宇宙

08 한국에서는 왜 치킨에 맥주를 마실까?

▶ 여러분 나라에서는 술을 마시면서 어떤 음식을 많이 먹어요?

▶ 집으로 배달해 먹을 수 있는 음식에 뭐가 있어요?

몇 년 전 드라마 〈별에서 온 그대〉의 인기로 유행한 말이 있다. 바로 치킨과 맥주를 함께 먹는 것을 말하는 '치맥'이다. 한국에 온 외국인들이 드라마에서처럼 치킨에 맥주를 마시는 모습이 뉴스에 나왔다. 그런데 한국에서는 왜 맥주를 마실 때 치킨을 먹을까?

한국에서 치킨을 많이 먹게 된 것은 그렇게 오래되지 않았다. 1970년대* 시장에서 닭 한 마리를 그대로 튀겨 팔기 시작했다. 퇴근한 아버지가 닭고기 튀김을 사 오는 날이면 아이들은 신났다*. 그런데 아이들이 좋아하는 부드러운 닭 다리는 한 마리에 두 개밖에 없었다. 형제가 많은 집 아이들은 닭 다리를 서로 먹으려고 싸우기도 했다.

1980년대에는 치킨을 집까지 배달해 주는 가게가 많이 생겼다. 비나 눈이 내리는 날에도 집에서 편하게 먹을 수 있어서 인기였다. 치킨 집에서 낮에는 콜라를, 저녁에는 맥주를 함께 팔았다. 가벼운 맛의 한국 맥주와 치킨이 잘 어울렸다. 이렇게 사람들은 집에서나 밖에서나 치킨을 많이 먹게 되었다.

1997년에는 한국 경제*가 매우 나빠졌다. 갑자기 직장을 잃게 된 사람 중 많은 수가 가게를 열었다. 이때 치킨 집이 많이 늘었다. '한 집 건너 치킨 집'이라는 말도 있었다. 많은 음식점 중에 치킨 집이 유행한 이유는, 배달을 주로 하니까 가게가 작아도 되고, 종업원이 많이 필요하지 않기 때문이었다.

- 년대 영 years 일 年代 중 年代
- 신나다 영 be excited 일 よろこぶ 중 开心、来劲
- 경제 영 economy 일 経済 중 经济

2002년에는 월드컵*이 한국과 일본에서 열렸다. 사람들은 집에서 텔레비전으로 축구 경기를 보면서 치킨을 시켜 먹었다. 경기가 시작하기 전에 치킨을 주문했는데 경기가 끝난 후에 배달되기도 했다. 배달하는 사람도 월드컵을 봐야 하기 때문이었다. 지금도 월드컵이나 올림픽처럼 큰 스포츠 경기가 열리면 치킨 집은 배달 주문으로 바빠진다.

그러나 월드컵이나 올림픽이 매일 열리는 것은 아니다. 사람들이 치킨을 많이 먹었지만 치킨 집이 너무 많아져서 돈을 벌기는 쉽지 않았다. 2000년부터 2019년까지 문을 연 치킨 집 열 곳 중 여덟 곳이 문을 닫을 정도였다.

한국에는 길에서 "사장님!"하고 부르면 열 명 중 두세 명은 쳐다본다는 말이 있다. 그 정도로 자신의 가게나 회사에서 일하는 사람이 많다는 뜻이다. 물론 스스로 가게나 회사를 열고 싶어서 하는 사람도 많다. 하지만 회사를 그만두거나 취직하는 게 어려워서 가게나 회사를 낸 사람들도 많다.

앞으로 취직하기 조금 더 쉬워지면 치킨 집은 줄어들지도 모른다. 그렇게 되면 치킨을 지금보다 먹기 힘들어질까? 맥주에는 역시 치킨이 최고라고 생각하는 사람들이 아직 많으니까 그럴 일은 없을 것 같다.

• 월드컵 영 World Cup 일 ワールドカップ 중 世界杯

"옛날에는 닭 날개⁰를 먹으면 바람피운다⁰고 해서 남자는 먹지 못하게 했어요. 날개를 움직이면 바람이 나서 그런 말이 나왔어요. 그런데 정말 닭 날개를 먹으면 바람피울까요? 아마 여자들이 닭 날개를 먹고 싶어서 만든 말 같아요. 아니면 혹시 여자들도 바람피우고 싶었던 걸까요?"

"한국의 치킨 집에서는 한 마리나 반 마리씩 팔아요. 패스트푸드⁰ 음식점처럼 먹고 싶은 부분만 주문할 수 없어요. 그러니까 닭 다리를 좋아하시는 분은 가슴살⁰을 좋아하는 친구와 함께 치킨을 먹으러 가세요."

"한국 학생들은 어떤 대학에 가도 결국 죽거나 치킨 집을 하게 된다는 슬픈 유머⁰가 있어요. 인기가 없는 학교나 학과⁰의 학생은 취직을 하지 못해 굶어⁰ 죽거나 치킨 집을 열게 되고, 취직해도 회사가 문을 닫아서 굶어 죽거나 치킨 집을 열게 되고, 좋은 회사에 취직한 사람은 일을 너무 많이 해서 죽는다는 말이에요."

"'치맥'을 많이 먹으면 치매⁰에 걸린대요. 시간이 지나면 기억(기억)력⁰이 떨어져서 그렇다고 하네요. 무슨 말인지 모르겠으면 '치맥'에서 받침⁰ 'ㄱ(기역)'을 빼 보세요."

- 날개 영 wing 일 羽 중 翅、翅膀
- 바람피우다 영 have an affair with 일 浮気する 중 偷情、有外遇
- 패스트푸드 영 fast food 일 ファストフード 중 快餐
- 가슴살 영 breast 일 胸肉 중 胸脯肉
- 유머 영 humor 일 ユーモア 중 幽默

- 학과 영 major 일 学科 중 专业
- 굶다 영 starve 일 飢える 중 饿肚子
- 치매 영 dementia 일 認知症 중 痴呆症
- 기억력 영 memory 일 記憶力 중 记忆力、记性
- 받침 영 final consonant 일 パッチム(終声になる子音) 중 收音

09 한국 사람은 왜 삼겹살을 좋아할까?

▶ 여러분 나라에서는 여러 사람이 모일 때 어떤 음식을 자주 먹어요?

▶ 여러분 나라 사람들은 어떤 고기를 좋아해요?

한국 사람들이 가장 많이 먹는 고기는 무엇일까? 바로 돼지고기-그중*에서도 특히 삼겹살이다. 한국 드라마에는 퇴근 후 직장 사람들과 함께 삼겹살에 소주를 한잔하거나 가족들이 모두 모여 삼겹살을 구워 먹는 모습이 자주 나온다.

삼겹살은 돼지 가슴 부분의 살을 말하는데 기름이 많아 부드럽고 맛이 고소하다. 보통 '삼겹살'이라고 하면 얇게 자른 삼겹살을 구운 후 양념*에 찍어서 상추 같은 채소에 싸 먹는 음식을 말한다. 싸 먹는 재미와 함께 고기와 채소를 입에 가득 넣어 함께 씹는 맛을 즐길 수 있다.

한국 사람은 옛날부터 상추에 밥이나 고기를 싸서 먹는 것을 좋아했다. 상추에 싸서 먹는 고기로는 특히 소고기를 사랑했다. 그런데 소고기는 비싸서 자주 먹을 수 없는 반면*, 돼지고기는 값이 싸서 쉽게 먹을 수 있었다.

삼겹살은 고기를 불에 구워서 바로 먹는다. 이것은 불을 사용해 만들 수 있는 가장 간단한 요리이다. 요리가 간단해서 산이나 바다에 놀러 갔을 때도 자주 해 먹는다. 즐겁게 놀고 난 후에 먹기 때문에 더 맛있게 느껴진다. 평소에 요리를 잘하지 못하는 사람도 이날만큼은 훌륭한 요리사가 될 수 있다.

삼겹살은 먹는 사람까지 요리사로 만든다. 먼저 손바닥 위에 상추

- 그중 	영 among them 	일 その中 	중 其中
- 양념 	영 seasoning 	일 薬味 	중 调料
- 반면 	영 the other side 	일 反面 	중 相反

처럼 잎이 넓은 채소를 놓고, 그 위에 밥을 한 숟가락 올린다. 그리고 구운 고기를 양념에 찍어서 올린다. 그 밖에 여러 가지 채소나 반찬을 올린 후 잘 싸서 먹는다. 먹는 사람에 따라 고기를 찍어 먹는 양념과 속에 넣는 재료가 다르니까 맛도 다 다르다. 삼겹살을 먹는 사람의 손바닥 수만큼 부엌이 있다.

삼겹살은 사람들이 많이 모였을 때 먹기 좋은 음식이다. 여러 사람이 먹기에는 비싼 갈비보다 삼겹살이 적당하다. 삼겹살은 맵지 않아 아이부터 어른까지 먹을 수 있으며 술도 함께 마실 수 있다. 그래서인지 음식점 중에는 삼겹살을 2인분 이상 주문해야 하는 곳이 많다. 물론 혼자 먹는 사람이 없는 것은 아니다. 드라마 〈눈이 부시게〉에서 영수는 삼겹살이 정말 먹고 싶은데 어머니가 안해 주자 방문을 다 닫고 혼자 구워 먹다가 연기 때문에 쓰러진다.

그런데 삼겹살이 싸다는 것도 옛날 말이다. 요즘에는 삼겹살의 인기가 높아져서 돼지고기 중에서 가장 비싸다고 한다. 〈눈이 부시게〉의 영수는 특별한 직장이 없이 가끔 인터넷 방송을 하며 산다. 비싼 갈비는 꿈도 꾸지 못하고 삼겹살을 먹는 게 꿈일 정도이다. 그렇게 먹고 싶었던 삼겹살을 드디어 먹게 되었는데, 많이 먹지도 못하고 병원에 실려* 가는 장면*은 웃기면서도 슬프다.

- 연기 영 smoke 일 煙氣 중 烟、烟气
- 쓰러지다 영 collapse 일 倒れる 중 倒、倒下
- 실리다 영 be carried 일 乗せられる 중 被送往
- 장면 영 scene 일 場面 중 场面

작가의 말

"사실 한국은 아시아*에서 고기를 가장 많이 먹는 나라 중 하나예요. 그중에서도 한국 사람의 소고기 사랑은 옛날부터 유명했어요. 한국 사람은 소고기 중에서도 한국 소고기를 말하는 한우*를 특히 좋아하는데 수가 적어서 비싸요. 설날이나 추석 같은 명절에는 소중한 사람에게 한우를 선물하기도 해요."

"삼겹살은 고기가 얇아서 칼이 아닌 가위로 잘라요. 식탁에서 가위로 고기를 자르는 것을 보고 놀라는 외국인도 있어요. 삼겹살은 작게 잘라서 굽는 것보다 다 구운 후 자르는 게 더 맛있다고 하네요. 그런데 주부들이 제일 좋아하는 고기는 뭘까요? 다른 사람이 구워 주는 고기예요."

"3월 3일은 삼겹살을 먹는 날이에요. 한국 사람은 삼겹살에 기름이 많아서 목에 좋다고 믿어요. 그래서 먼지*가 많은 봄에 삼겹살을 많이 먹어요. 삼겹살에 소주까지 먹으면 봄에 다이어트는 힘들겠네요. 그런데 이런 말도 있죠. '맛있으면 0(영) 칼로리!'"

"한국 사람은 돼지 꿈을 꾸면 좋은 일이 생긴다고 믿어요. 그래서 돼지 꿈을 꾸면 복권*을 사는 사람이 많아요. 돼지는 새끼*를 많이 낳기* 때문에 부자가 된다는 의미가 있어요. 그런데 사람에게 '돼지 새끼'라고 하면 뚱뚱한 사람을 나쁘게 말하는 뜻이니까 쓰지 마세요. '새끼 돼지'는 귀엽지만요."

- **아시아** 영 Asia 일 アジア 중 亚洲
- **한우** 영 hanu(Korean cattle) 일 韓牛 중 韩牛
- **먼지** 영 dust 일 埃 중 灰尘
- **복권** 영 lottery ticket 일 宝くじ 중 彩票
- **새끼** 영 cub 일 (動物の)赤ちゃん 중 崽子
- **낳다** 영 give birth 일 産む 중 生(孩子)

10 한국 사람은 왜 이렇게 커피를 자주 마실까?

▶ 여러분은 어떤 음료를 좋아해요? 하루에 몇 잔 정도 마셔요?

▶ 여러분 나라에서는 밥을 먹은 후 주로 무엇을 먹거나 마셔요?

● ● ● ●

한국 사람들이 가장 자주 먹는 음식이 커피라고 한다. 밥보다 더 자주 먹는다고 하니 한국 사람은 커피를 정말 사랑하는 것 같다. 한국 드라마를 봐도 식사 후나 회사에서 쉬는 시간에는 커피를 늘 마신다. 그런데 한국 사람들은 왜 이렇게 커피를 좋아할까?

　커피는 1890년대˚ 처음 한국에 전해졌다. 그러나 커피를 마실 수 있는 사람은 매우 적었다. 사람들은 주로 밥을 지은 후 남은 밥에 물을 붓고 끓여서 식사 후에 마셨다.

　보통 사람들도 커피를 많이 마시게 된 것은 1950년대 이후이다. 사람들은 차를 파는 다방˚에 모여 커피를 마시면서 이야기를 나누고, 함께 공부하고, 음악을 들었다. 1970년대에는 1인분씩 포장한 인스턴트˚ 커피가 나왔다. 이 커피는 달고 고소하며 간편해서 인기를 얻게 되었다. 이제 회사나 가정에서는 손님이 오면 커피를 내게 되었다.

　1990년대 이후에는 더욱 다양한 커피를 즐기게 되었다. 다방은 커피숍이나 카페 같은 이름으로 변했다. 커피 자판기도 많이 생겼다. 대학생들은 쉬는 시간에 자판기에서 커피를 뽑아 마시고, 학교가 끝나면 커피숍에서 데이트를 하거나 친구를 만났다.

　커피를 좋아하는 사람들이 많아지자 음식점이나 회사에서도 커피 자판기를 준비해 놓았다. 사람들이 음식점에서 식사를 마친 후나, 회사에서 일하다 잠시 쉴 때 커피는 늘 옆에 있었다. 이렇게 누구나 커

• 년대　영 years　일 年代　중 年代
• 다방　영 coffee shop, coffeehouse　일 喫茶店　중 茶館、茶室
• 인스턴트　영 instant　일 インスタント　중 速溶

피를 쉽게 마실 수 있게 되었다.

한국 사람들에게 커피는 만남[*]이었다. 사람들과 어울리는 것을 좋아하는 한국 사람들은 다방에서, 커피숍에서, 카페에서 누군가를 만나 커피를 마시고 또 마셨다. 사랑하는 사람과 친구, 그리고 직장 동료와 함께 있는 자리에는 늘 커피가 있었다.

한국 사람들에게 커피는 휴식[*]이었다. 커피를 마시면 잠도 깨고 기운이 난다. 한국 사람들은 일이나 공부를 많이 하고 잠을 적게 자는 편이라고 한다. 커피 한잔을 마시며 잠시 쉰 후에는 다시 일이나 공부를 한다. 한국에서 인스턴트 커피의 인기가 아직도 높은 것은 늘 바쁘기 때문일 것이다. 드라마 〈미생〉에서 바쁜 회사원들이 그래서 그렇게 자주 커피를 마셨던 것 같다.

커피를 마시면 밤에 잠이 오지 않아 늦게 자게 된다. 늦게 자도 일찍 일어나야 하니 아침에 졸려서[*] 또 커피를 마신다. 이렇게 계속 커피를 마시게 된다. 한국 사람들이 일이나 공부를 지금보다 더 적게 하게 되면 커피를 덜[*] 마시게 될까?

- 만남 영 meeting 일 出会い 중 见面
- 휴식 영 break 일 休憩 중 休息
- 졸리다 영 feel drowsy 일 眠い 중 困
- 덜 영 less 일 少なく 중 少

44 음식

"커피는 어른들이 마시는 음료예요. 아이들이 커피를 마시고 싶어 하면 옛날 어른들은 커피를 마시면 머리가 나빠진다고 하면서 못 먹게 했어요. 어른들은 커피를 마셔도 머리가 나빠지지 않는 걸까요? 아니면 머리가 나빠져도 괜찮은 걸까요?"

"인스턴트 커피는 보통 물에 '타서' 만들어요. 원두커피°는 커피를 '내려서' 만들어요. 지금도 원두커피를 만들어 달라고 할 때 커피를 '타' 달라고 말하는 사람들이 많아요."

"옛날에는 다방에 전화로 커피를 주문하면 젊은 여자가 와서 인스턴트 커피에 손님이 원하는 대로 설탕과 크림을 넣어 줬어요. 다방에서 팔던 커피처럼 인스턴트 커피에 설탕과 크림을 넣은 커피를 아직도 '다방 커피'라고 불러요."

"밥을 짓고 난 후 밥솥° 바닥에 있는 누룽지°에 물을 넣고 끓인 음료를 '숭늉'이라고 해요. 옛날에는 밥을 먹고 난 후 숭늉을 주로 마셨어요. 밥을 먹고 또 밥으로 만든 음료를 마신 거네요. 숭늉의 구수한° 맛이 '다방 커피'와 비슷해서 한국에서 커피가 인기를 얻게 되었다고 말하는 사람도 있어요. 요즘에도 음식점에서 식사 후에 숭늉이 나오는 곳이 있어요. 그런데 한국 사람들은 숭늉을 마시고 또 커피를 마셔요."

- **원두커피** 영 brewed coffee 일 豆を挽いたコーヒー
  중 原豆咖啡
- **밥솥** 영 rice cooker 일 炊飯器 중 饭锅
- **누룽지** 영 nurungji(Scorched Rice) 일 おこげ
  중 锅巴粥
- **구수하다** 영 earthy flavour 일 こうばしい 중 香甜

11 한국 드라마에서 여자들은 왜 떡볶이를 좋아할까?

▶ 여러분 나라에서는 학생들이 무슨 음식을 좋아해요?

▶ 여러분은 친구들과 만날 때 무슨 음식을 자주 먹어요?

떡볶이는 한국 드라마에 자주 나오는 음식 중 하나이다. 주로 남자보다는 여자가, 부자보다는 보통 사람이 떡볶이를 좋아한다. 그런데 한국 드라마에서 여자들은 왜 많은 음식 중 특히 떡볶이를 좋아할까?

떡볶이는 옛날에 왕도 먹은 특별한 음식이었다고 한다. 쌀로 만든 하얗고 긴 떡을 먹기 좋게 자른 후 소고기와 여러 가지 채소를 넣고 간장으로 맛을 내어 볶아서 만들었다. 떡은 명절 같은 특별한 날에 먹을 수 있었으니까 아마 떡볶이도 자주 먹을 수 없었을 것이다.

지금의 떡볶이는 특별한 요리가 아니라 보통 사람들이 자주 먹는 간식이다. 지금같이 맵고 단맛의 빨간 떡볶이는 1950년대•에 생겼다. 서울 신당동에서 마복림 씨가 떡에 고추장을 넣고 끓여서 팔기 시작했다. 이 가게가 인기가 있자 주변에 떡볶이 가게가 많이 생겼다. 지금도 신당동은 떡볶이 거리로 유명하다.

1970년대에서 1980년대에는 떡볶이 가게가 여기저기 많이 생겼다. 학교, 특히 여자 학교 주변에는 떡볶이 가게가 대부분 있었다. 학교가 끝나고 배가 고픈 학생들은 친구들과 간식으로 떡볶이를 먹으러 갔다. 그때는 쌀이 부족했기 때문에 밀가루로 떡을 만들었다. 밀가루 떡으로 만든 떡볶이는 배가 부르면서도 저렴해서• 주머니가 가벼운 학생들도 쉽게 먹을 수 있었다.

떡볶이 가게가 동네에 많이 생기자 신당동의 떡볶이 가게에는 손님이 줄었다. 그러자 신당동의 떡볶이 가게에서는 손님이 신청한 음악

• 년대 영 years 일 年代 중 年代
• 저렴하다 영 cheap 일 低廉だ 중 低廉、便宜

을 틀어 주기 시작했다. 음악을 트는 디제이(DJ)는 여학생들에게 인기가 많았다. 여학생들에게 떡볶이 가게는 떡볶이와 친구와 음악, 그리고 잘생긴 디제이가 있는 곳이었다.

한국에 쌀이 충분해지면서 쌀로 만든 떡볶이가 나왔다. 떡볶이의 맛은 더 달고 매워졌다. 사람들이 많이 지나가는 길에는 쌀 떡볶이를 파는 가게가 많이 생겼다. 떡볶이는 버스를 기다리는 짧은 시간에도 서서 먹을 수 있는 음식이 되었다.

친구들과 떡볶이를 먹던 어린 학생이 나이를 먹었다. 이제 떡볶이는 나이 든 어른도 좋아하는 음식이 되었다. 드라마 〈서른, 아홉〉에는 열여덟 살 때처럼 친구들과 함께 떡볶이를 먹는 서른아홉 살의 여자들이 나온다. 떡볶이를 먹으면 친구들과 함께 즐거웠던 때가 생각나서 더 맛있게 느껴지는 것 같다.

드라마를 볼 때 사람들은 주인공˙과 함께 울고 웃는다. 그런데 보통 사람들에게는 비싼 음식보다 떡볶이를 먹는 주인공이 더 가깝게 느껴진다. 1970년대 이후 학교를 다니던 사람들 대부분은 학생 때부터 떡볶이를 먹어 왔다. 특히 여자들에게 떡볶이는 친구들과의 추억˙이 있는 음식이다. 그래서 한국 드라마의 여자 주인공들이 떡볶이를 좋아하는 것 같다.

• 주인공 영 main character 일 主人公 중 主人公
• 추억 영 memory 일 思い出 중 回忆、追忆

"떡볶이는 떡의 재료에 따라 쌀로 만든 '쌀떡'과 밀가루로 만든 '밀떡'으로 나누어져요. 그리고 가게에서 만든 것을 바로 먹는 떡볶이와, 넣고 싶은 재료를 넣어 식탁에서 끓이면서 먹는 즉석 떡볶이가 있어요. 보통 계란이나 라면 같은 것을 넣어서 끓여요. 최근에는 치즈를 넣은 아주 매운 떡볶이가 유행하고 있어요."

"떡은 여러 명이 함께 먹는 음식이에요. 한국 사람들은 지금도 명절에는 다 함께 떡을 먹어요. 또 아이가 태어난 지 100일이 되는 백일●이나 첫 번째 생일인 돌●에는 주위 사람들에게 떡을 나누어 주고 축하를 받아요. 이것을 '떡을 돌린다'고 해요. 이사를 하거나 가게를 새로 열어도 떡을 돌려요."

"떡은 명절에나 먹을 수 있는 귀한● 음식이었어요. 그런데 옆집에서 떡을 돌리면 기쁘겠죠? 이렇게 생각하지 못한 좋은 일이 갑자기 생기면 '이게 웬 떡이냐'고 하면서 좋아했어요."

"떡볶이를 반찬으로 먹는 사람도 있어요. 밥을 먹고 반찬으로 또 쌀로 만든 떡볶이를 먹는 거예요. 그리고 떡볶이를 먹은 후 남은 양념에 밥을 볶아 먹기도 해요. 밥에 떡볶이에 볶음밥까지 먹어요. 다이어트에는 별로 안 좋아요. 그런데 다이어트를 하면 왜 떡볶이가 제일 먹고 싶은 거죠?"

- 백일 영 one hundredth day 일 百日
  중 百日、百岁
- 돌 영 first birthday 일 初誕生日 중 一周岁
- 귀하다 영 rare 일 貴重だ 중 珍贵

12 한국 드라마에는
왜 부자 남자와 사랑하는
이야기가 많을까?

▶ 여러분 나라에는 부자 남자와 가난한 여자가 사랑하는 이야기가 많아요?

▶ 반대로 부자 여자와 가난한 남자가 사랑하는 드라마는 있어요?

한국 드라마에는 가난°한 여자가 부자 남자와 사랑하는 이야기가 매우 많았다. 아니, 지금도 아직 많다. 이들의 사랑이 성공하면 여자는 힘든 생활을 끝내고 행복하게 살게 된다. 이야기 속의 신데렐라(Cinderella)처럼 말이다.

　사실 이런 이야기는 다른 나라에도 옛날부터 많이 있었다. 오랫동안 남자는 밖에서 일하고, 여자는 집안일을 해 왔기 때문일 것이다. 특히 아이를 키우는 데 시간이 오래 걸리기 때문에 여자들이 일에서 성공하기는 무척 어려웠다. 여자들에게 능력 있는 남자와 결혼하는 일은 중요했다.

　요즘에는 여자들도 점점 밖에서 일하게 되었다. 어머니가 일하는 동안 아이를 봐 주는 곳이 생겼다. 몇십 년 전만 해도 한국 여자들의 꿈은 대부분 '좋은 어머니와 아내'가 되는 것이었지만, 요즘에는 어렸을 때부터 다양한 꿈을 가지고 큰다.

　그러나 아직도 여성이 남성보다 취직하기 더 어렵고, 월급도 더 적은 것이 사실이다. 같은 대학에서 같은 공부를 하고, 성적이 같아도 여성이 남성보다 월급을 더 적게 받는 경우°가 많다. 한국 드라마에 아직도 신데렐라 이야기가 많은 것은 당연한° 일일지도 모른다.

　신데렐라 이야기는 1990년대° 후반°부터 더 많아졌다. 그 이유로

- 가난　영 poverty　일 貧しさ　중 贫穷
- 경우　영 case　일 場合　중 情况
- 당연하다　영 natural　일 当然だ　중 理所当然
- 년대　영 years　일 年代　중 年代
- 후반　영 second half　일 後半　중 后半期

두 가지를 생각해 볼 수 있다. 먼저 1997년 한국 경제˙가 갑자기 어려워졌기 때문이다. "부자 되세요!"라는 텔레비전 광고가 크게 인기를 얻던 때였다. 부자가 되고 싶은 사람들은 부자가 나오는 드라마를 보며 대신 만족˙했다.

두 번째 이유는 텔레비전 광고 때문이다. 드라마를 만드는 데는 돈이 많이 든다. 방송국에서는 광고로 돈을 버는데, 1997년 이후 광고가 많이 줄었다. 그러면서 드라마 안에서 상품이나 장소를 광고하게 되었다. 이때 주인공˙이 부자이면 비싼 상품을 광고하기 더 좋다고 한다.

요즘에는 이런 신데렐라 이야기가 점점 줄고 있다. 여자도 일에서 성공할 수 있다고 생각하는 사람들이 늘었기 때문일 것이다. 꼭 성공하지 않아도 자신이 원하는 일을 하면서 작은 행복을 느끼는 이야기도 늘고 있다. 이렇게 한국 드라마는 조금씩 변하고 있다.

● 경제 영 economy 일 経済 중 经济
● 주인공 영 main character 일 主人公 중 主人公

"광고 때문에 드라마에 어울리지 않는 상품이 자주 나온다는 사람도 많아요. 가난한 주인공인데 비싼 옷을 입고, 비싼 휴대폰이나 가방을 드는 것처럼 말이에요."

"한국 드라마에 재벌˚이 정말 많이 나오죠. 재벌은 여러 개의 기업을 가지고 있는 사람을 말하는데, 가족이 그 회사를 나누어 맡는 것이 한국 재벌의 특징˚이에요. 한국 드라마에서 재벌은 주로 나쁜 사람으로 많이 나왔는데 요즘에는 꼭 그렇지도 않아요. 멋있는 남자 주인공이 재벌 집 아들로 많이 나와요. 그런데 실제˚ 재벌 중에 그렇게 멋있는 사람은 별로 보지 못했어요."

"드라마는 작가가 상상˚해서 만든 이야기라는 걸 잊지 마세요. 재벌들은 보통 재벌하고 결혼해요. 현실˚에서는 보기 힘든 이야기라서 드라마로 만들었겠죠?"

"요즘에는 요금을 내면 영화나 드라마를 볼 수 있는 인터넷 서비스(OTT)가 많아요. 그런 곳에서 만든 드라마에는 재벌이 많이 나오지 않아요. 광고가 중요한 텔레비전 드라마와 다른 것 같아요."

- **재벌** 영 conglomerate, chaebol 일 財閥 중 财阀
- **특징** 영 peculiarity, feature 일 特徴 중 特征
- **실제** 영 truth, actual state 일 実際 중 实际、实际上
- **상상** 영 imagination 일 想像 중 想象
- **현실** 영 reality 일 現実 중 现实

13 한국 드라마의
남자 주인공은
어떻게 변하고 있을까?

▶ 한국 드라마의 주인공 중에서 누구와 연애해 보고 싶어요?

▶ 그 이유는 뭐예요?

한국 드라마에는 사랑 이야기가 많다. 사람들은 주인공*의 사랑 이야기를 보면서 자신이 사랑하고 있는 것처럼 느낀다. 그런데 한국 드라마의 남자 주인공을 보면 유행이 있는 것 같다. 한국 드라마의 남자 주인공은 어떻게 변해 왔고, 또 어떻게 변하고 있을까?

　2010년에 방송한 드라마 〈시크릿 가든〉의 남자 주인공 김주원은 백화점 사장이다. 그때는 김주원처럼 일에서 성공한 차가운 도시 남자가 인기였다. 인터넷에서는 '차가운 도시 남자'를 줄여서 '차도남'이라고 한다. '차도남'은 주로 부자이며 세련됐다*. 드라마 속 '차도남'의 패션*이 유행한 적도 있다.

　'차도남'은 여자에게 처음에는 차갑지만, 사랑에 빠진 후부터는 누구보다 더 뜨겁게 변한다. 여자들은 '차도남'이 차가워서 좋아하는 게 아니라, 한번 사랑에 빠지면 더 뜨겁게 사랑하기 때문에 좋아하는 것 같다. 이것은 소금을 먹다가 설탕을 먹으면 더 달게 느껴지는 것과 같다. 능력 있는 남자가 옷도 잘 입고 멋있으며 나만 뜨겁게 사랑하니 안 좋아할 수가 없다.

　'차도남'이 멋있기는 하지만, 자신만 생각해서 싫다는 사람도 있다. 그런 사람은 사랑하게 되기까지 시간이 걸리고, 함께 있을 때 긴장할 것 같다. 그래서인지 최근에는 친구처럼 편하고 따뜻한 남자가 드라마에 많이 나왔다.

● 주인공　영 main character　일 主人公　중 主人公
● 세련되다　영 refined, sophisticated　일 洗練された　중 干练
● 패션　영 fashion　일 ファッション　중 时尚

2019년 방송한 드라마 〈동백꽃 필 무렵〉의 주인공 황용식이 그런 남자이다. 시골 마을의 경찰인 그는 부자도 아니고 촌스럽다*. 그러나 있는 그대로의 나를 좋아해 주고, 언제나 응원*해 준다. 이런 남자와 함께 있으면 마음이 편해지고 힘이 날 것 같다.

2010년 '차가운 도시 남자'에 빠졌던 한국 여자들이 2019년엔 '따뜻한 시골 남자'에 빠졌다. 도시 생활에 지친 사람들이 이제는 편안하게 쉬고 싶어진 것일까? 도시 사람들이 주말에 시골로 놀러 가는 것처럼 말이다.

이렇게 한국 드라마 속 남자 주인공은 계속 변해 왔다. 그리고 그 주인공들은 그때 사람들이 원하는 것을 채워* 주었다. 친구처럼 편하고 따뜻한 남자 뒤에는 또 어떤 남자 주인공이 사랑을 받게 될까?

- 촌스럽다 영 unpolished ,countrified, dowdy 일 田舎くさい 중 俗气
- 응원 영 cheering 일 応援 중 支持、鼓励
- 채우다 영 fill 일 満たす 중 填满

"드라마에서는 차가운 남자가 멋있게 보이지만 실제로˙는 친절하고 부드러운 남자가 좋다는 여자가 더 많다고 하네요. 친구 말을 듣고 좋아하는 여자에게 일부러˙ 차갑게 해서 헤어진 남자들은 어떡하죠˙?"

"2000 년대˙ 중반˙에는 운동을 열심히 해서 멋있는 몸을 가진 '몸짱'이나 얼굴이 예쁜 '얼짱'이 인기가 많았어요. 배우가 아닌 사람들도 외모˙를 중요하게 생각했어요. 드라마에 남자 주인공이 샤워하는 모습이 자주 나왔기 때문에 배우들은 아무리 바빠도 운동을 꼭 했다고 하네요."

"2010 년대에 강한 남자가 인기였던 적도 있어요. 이런 남자를 '짐승˙ 같은 남자'라는 뜻에서 '짐승남'이라고 해요. 또 거친˙ 남자를 말하는 '까칠남'도 인기가 있었어요."

"'남자 친구'나 '여자 친구'는 보통 연인˙을 말해요. 그러면 '남자'인 친구나 '여자'인 친구는 어떻게 말할까요? 젊은 사람들은 '남자 사람 친구'를 줄여서 '남사친', '여자 사람 친구'를 줄여서 '여사친'이라고 불러요. '남사친'이 '남자 친구'가 되고, '여사친'이 '여자 친구'가 되기도 해요."

- **실제로** 영 actually 일 実際に 중 実際上
- **일부러** 영 deliberately, intentionally 일 わざと 중 故意、特意
- **어떡하다** 영 do something 일 どうする 중 怎么办
- **년대** 영 years 일 年代 중 年代
- **중반** 영 middle phase 일 中盤 중 中期

- **외모** 영 appearance 일 容貌、外見 중 外貌
- **짐승** 영 beast 일 獣 중 野兽
- **거칠다** 영 rough, violent, wild 일 荒い 중 粗犷
- **연인** 영 couple 일 恋人 중 恋人

14 한국에서는 왜 남자 친구를 '오빠'라고 부를까?

▶ 여러분 나라에서는 남자 친구나 여자 친구가 서로 뭐라고 불러요?

▶ 여러분은 연애할 때 상대방의 나이가 중요하다고 생각해요?

한국 드라마를 보면 여자들이 남자 친구를 '오빠'라고 부를 때가 있다. 결혼한 후에도 남편을 '오빠'라고 계속 부르기도 한다. '오빠'는 여자가 자신보다 나이가 많은 남자 형제를 부르는 말이다. 남자 친구나 남편은 형제가 아닌데 왜 오빠라고 부를까?

한국어에서는 사람을 부를 때 누가 위이고 아래인지를 잘 생각해야 한다. 윗사람˙을 부를 때는 '선생님'이나 '사장님', '형'처럼 그 사람의 자리를 알 수 있는 말을 자주 쓴다. 윗사람의 이름을 부를 때는 '홍길동 선생님', '길동 오빠'처럼 한다. 동료˙나 아랫사람˙은 '홍길동 씨', '길동 씨'처럼 이름을 더 자주 부른다. 친한 사이에서는 '길동아'처럼 이름에 '아'나 '야'를 붙여서 부른다.

이렇게 한국어에서는 사람 사이의 관계를 위와 아래로 나누어 말을 다르게 쓴다. 이것은 윗사람에 대한 존경˙의 표현˙이다. 윗사람은 경험을 많이 해서 아는 것이 많고 생각이 깊으며, 어려운 일이 있으면 아랫사람을 도와준다고 믿기 때문이었다.

한국 사람은 먼 옛날부터 농사를 지어 왔다. 농사를 지으려면 같은 곳에서 오래 살게 된다. 한국 사람들은 친척들과 같은 동네에서 함께 살면서 서로 가깝게 지냈다. 그래서 한국어에는 가족이나 친척을 부

- 상대방 영 counterpart, partner 일 相手 중 对方
- 윗사람 영 one's senior, one's superior 일 目上 중 长辈、上级
- 동료 영 coworker, colleague 일 同僚 중 同事
- 아랫사람 영 one's junior 일 目下 중 晚辈、下属
- 존경 영 admiration 일 尊敬 중 尊敬
- 표현 영 expression 일 表現 중 表现

르는 말이 많다.

　요즘에는 많은 사람들이 가족이나 친척과 멀리 떨어져 산다. 학교나 회사에서 남과 더 자주 만나게 되었다. 그러면서 가족이나 친척이 아닌 사람을 '누나', '언니', '형', '아주머니', '아저씨', '이모'라고 부르게 되었다. 이렇게 부르면 모르는 사람이라도 가족이나 친척처럼 가까운 느낌을 받게 된다.

　'오빠'도 그렇다. 요즘에는 형제뿐만 아니라 여자가 자신보다 나이가 많은 남자를 친한 느낌으로 부를 때도 쓴다. 남자들은 나이 어린 여자가 '오빠'라고 부르면 여동생처럼 귀엽게 보인다고 한다. '오빠'라고 부르던 남자 친구와 결혼해 아이를 낳으면• 아이의 아빠가 된다. 그러면 남편을 부를 때 아이 이름을 넣어서 'ㅇㅇ 아빠'라고 부르기도 한다. '오빠'가 '아빠'가 되는 것이다.

　요즘에는 처음 결혼하는 부부의 열 중 셋 정도는 남자와 여자의 나이가 같거나 여자가 더 많다고 한다. 그래서인지 요즘 한국 드라마에는 '누나'가 자주 나온다. 드라마 〈로맨스는 별책 부록〉에서도 강단이가 차은호보다 다섯 살이 더 많다. 그런데 차은호는 평소에 강단이를 '누나'라고 부르지 않고, 친구처럼 이름을 부른다. 어떨 때는 자신을 '오빠'라고 부르라고 해서 강단이가 화를 낸다. 남자들은 좋아하는 여자에게만큼은 '오빠'가 되고 싶은 것일까?

• 낳다 영 give birth 일 産む 중 生(孩子)

"은행이나 대사관 같은 곳에서 서류를 쓸 때 보고 따라˙하는 샘플(sample)을 보면 이름이 대부분 '홍길동'이라고 쓰여˙ 있어요. 그런데 홍길동이 누구일까요? 옛날 소설에 나오는 사람인데 도둑˙이에요. 은행 서류에 도둑 이름을 쓰는 거네요."

"성인˙ 남자를 부를 때 '아저씨'라고 하죠. 아저씨는 원래˙ 결혼하지 않은 아버지의 남동생을 말하니까 보통 아저씨보다 오빠가 더 젊어요. 그래서 남자들이 '아저씨'보다 '오빠'라고 불리고˙ 싶어 해요. 그런데 아저씨와 오빠는 어떻게 나눌까요? 더울 때 단추를 풀면 오빠, 바지를 걷으면˙ 아저씨라고 하네요."

"성인 여자를 '아줌마'라고 부르는 건 조심해야 돼요. 아주머니를 낮추어˙ 부르는 말이거든요. '아주머니'라고 해도 싫어하는 사람이 많아서, 요즘에는 친한 느낌으로 '이모'라고 부르기도 해요. 그런데 아가씨와 아줌마의 차이˙를 아세요? 하이힐˙을 신고도 뛸 수 있으면 아가씨, 운동화를 신고도 못 뛰면 아줌마래요."

- **따르다** 영 follow 일 従う, 真似る 중 跟着
- **쓰이다** 영 be written 일 書かれる 중 写、写有
- **도둑** 영 thief 일 泥棒 중 盗賊
- **성인** 영 adult 일 成人 중 成年人
- **원래** 영 originally, by nature 일 元来 중 原来
- **불리다** 영 be called 일 呼ばれる 중 被称为
- **걷다** 영 roll up 일 まくりあげる 중 挽、卷
- **낮추다** 영 lower the status of the addressee 일 下げる、低める 중 (说话时)降低阶称、不用敬辞。
- **차이** 영 difference 일 差 중 差异
- **하이힐** 영 high heels 일 ハイヒール 중 高跟鞋

15 한국에서는 왜 남녀가
만난 지 100일을
축하할까?

▶ 여러분 나라에서는 남녀가 사귈 때 어떤 날을 기념해요?

▶ 여러분은 그날 상대방과 함께 무엇을 하고 싶어요?

••••

요즘 한국의 젊은 연인*들은 만난 지 100일이 되는 날에 특별한 데이트를 한다. 이날 보통 분위기 있는 레스토랑에서 식사하고 선물을 주고받는다*. 200일이나 300일을 기념*하기도 하지만, 가장 중요한 날은 역시 100일이다.

남녀가 서로 사랑할 때 누구나 처음에는 로미오와 줄리엣(Romeo and Juliet)이 된다. 이때는 사랑하는 사람이 세상에서 제일 멋져 보인다. 드라마 〈별에서 온 그대〉에서 도민준이 평소에 제일 싫어하는 여자는 '술 먹는 여자, 술을 마시면 이상한 행동을 하는 여자, 아는 것이 적은 여자'였다. 그런데 딱* 그런 여자— 천송이를 세상에서 제일 사랑하게 된다.

아무리 사랑해도 어느 정도 시간이 지나면 사랑하는 사람에게 싫은 모습이 점점 보이게 된다. 이때 서로 싸우거나 헤어지기 쉽다. 반대로 그런 모습을 내가 사랑하는 사람의 일부로 생각하고 이해한다면 앞으로 더욱 깊은 관계를 만들어 나갈 수 있다. 한국 사람들은 이때가 만난 지 100일 정도라고 생각한다.

한국 사람들은 먼 옛날부터 100을 특별한 숫자라고 생각해 왔다. 아이를 갖고 싶을 때나 아이가 훌륭한 사람이 되기를 바랄 때 어머니

- 기념 영 memory 일 記念 중 紀念
- 상대방 영 counterpart, partner 일 相手 중 对方
- 연인 영 couple 일 恋人 중 恋人
- 주고받다 영 exchange 일 取り交わす 중 互送
- 딱 영 precisely 일 ちょうど 중 正好

는 100일 동안 기도°를 드렸다. 지금도 대학 입학시험° 기간이 되면 100일 동안 기도를 드리는 어머니가 많다. 이때 100일은 바라는 것을 이루기° 위해 할 수 있는 가장 큰 노력을 뜻한다.

한국에서는 옛날부터 아이가 태어난 지 100일이 되면 잔치를 해 왔다. 옛날에는 일찍 죽는 아이가 많았다. 그래서 아기가 100일까지 산 것을 축하하고, 앞으로도 건강하게 살 것을 바라는 마음으로 잔치를 했다. 이때 100일은 꿈이 이루어짐과 동시에 새로운 출발을 의미한다.

사랑하는 모든 연인은 그 사랑이 오래 계속되기를 바란다. 그러나 모든 연인이 헤어지지 않고 계속 만날 수 있는 것은 아니다. 시작하는 연인들은 불안해서 이렇게 말한다. "100일이 지나도 헤어지지 않으면 우리는 아마 앞으로도 계속 만날 수 있을 거야. 자, 100일 날 파티를 하자. 멋있는 선물을 준비할게! 그러니까 나를 계속 만나 줘."

물론 100일 후에는 많은 수가 이미 헤어져 있을 것이다. 아직 만나고 있는 연인은 반지 같은 선물을 주고받으며 그 반지처럼 앞으로도 사랑이 변하지 않기를 바란다. 사랑은 눈에 보이지 않지만, 반지는 눈에 아주 잘 보인다. 이렇게 연인에게 100일은 사랑이 아직 식지 않은 것을 축하하고, 앞으로도 그 사랑이 계속되기를 바라는 날이다.

- 기도 영 prayer 일 祈り 중 祈祷
- 입학시험 영 entrance examination 일 入学試験 중 入学考试
- 이루다 영 achieve, accomplish 일 成す 중 实现

"날짜 계산이 걱정되는 사람은 100일이 되는 날을 계산해 주는 프로그램을 쓰세요. 깜빡˙ 잊어버리면 100일이 마지막 날이 될지도 모르니까요."

"백일잔치˙에는 떡을 만들어서 100명에게 나누어 줘요. 그렇게 하면 아이가 앞으로 100살까지 건강하게 살 것이라고 믿기 때문이에요. 백일잔치 때 먹는 '백설기'는 눈처럼 하얀 떡이에요. '하얗다'는 뜻의 '백(白)'이 숫자 100을 의미하는 '백(百)'과 소리가 같아서 백설기를 먹는다고 해요. 그런데 아는 사람이 100명이 되지 않으면 어떻게 하죠?"

"백일기도˙는 한국의 신화˙에도 나와요. 옛날에 곰˙과 호랑이가 사람이 되기 위해 100일 동안 마늘˙과 쑥˙만 먹으면서 동굴˙에서 살았어요. 호랑이는 끝까지 참지 못했지만, 곰은 성공해서 여자가 되었어요. 여자가 된 곰이 낳은˙ 아이가 나라를 세웠어요. 그런데 호랑이는 고기를 먹는 동물이니까 처음부터 이기기 힘들었을 것 같아요. 100일 동안 고기를 먹어도 됐으면 호랑이가 인간이 되지 않았을까요?"

"'백세주'라는 술이 있어요. 백 살(백세)까지 살기를 바라면서 약으로 마셨다고 해요. '백세소주'와 보통 소주를 섞어서 마시기도 하는데, 이것을 '오십세주'라고 해요. 그럼 '오십세주'를 두 병 마시면 백 살까지 사는 걸까요?"

- **깜빡** 영 forgetfully 일 うっかり 중 (记忆或意识一时间)恍惚、一下子(忘了)
- **백일잔치** 영 100th-day celebration party 일 百日祝い 중 (小孩)过百岁、百日宴席。
- **백일기도** 영 praying for a hundred days 일 百日参り 중 百日祈祷
- **신화** 영 myth 일 神話 중 神话
- **곰** 영 bear 일 熊 중 熊
- **마늘** 영 garlic 일 にんにく 중 大蒜
- **쑥** 영 mugwort 일 よもぎ 중 艾蒿
- **동굴** 영 cave 일 洞窟 중 洞窟
- **낳다** 영 give birth 일 産む 중 生(孩子)

16 한국 드라마에서는 왜 키스하기까지 시간이 오래 걸릴까?

▶ 한국 드라마에서 기억에 남는 키스 장면이 있어요?

▶ 여러분 나라의 드라마에 나오는 키스 장면과 어떻게 달라요?

요즘 한국의 대학생들은 사귄 지 일주일이면 첫 키스를 한다고 한다. 하지만 드라마에서는 대부분 그보다 더 오래 기다려야 한다. 드라마 〈김비서가 왜 그럴까〉에서는 첫 키스까지 8회나 기다려야 했다. 한국 드라마에서는 왜 키스하기까지 시간이 오래 걸릴까?

서양 드라마에서는 보통 이야기를 중요하게 생각한다. 주인공에게 어떤 문제가 생기고, 그 문제를 어떻게 푸는지를 중요하게 생각한다. 그러나 한국 드라마에서는 두 사람의 관계가 무엇보다 중요하다.

한국 드라마에서는 입술만 조금 닿을 뿐인 키스를 보기 위해 주인공의 가족 관계까지 다 봐야 한다. 주인공은 어떤 사람인지? 사랑해도 되는 사람인지? 부모님은 반대하지 않는지? 이런 것들을 다 보여주면서 두 사람의 사랑은 천천히 깊어진다.

주인공이 처음으로 키스하는 날이면 신문에 나오기도 한다. "오늘 드디어 첫 키스!" 이렇게 모두가 기다리고 기다리던 첫 키스가 시작된다. 시간은 멈춘 것 같고, 아름다운 음악이 흐른다. 분위기는 빨간색보다 분홍색에 가깝다. 그리고 키스한 후부터 두 사람의 관계는 더욱 깊어진다.

〈김비서가 왜 그럴까〉에는 키스하는 장면이 많이 나오는데 특히 '피자 키스', '침대 키스', '리본 키스' 같은 것이 유명하다. 한국 드

- 키스 영 kiss 일 キス 중 接吻
- 주인공 영 main character 일 主人公 중 主人公
- 닿다 영 attach, touch 일 触れる、当たる 중 触碰
- 장면 영 scene 일 場面 중 場面
- 리본 영 ribbon 일 リボン 중 蝴蝶结

라마의 키스 장면에는 이런 이름이 자주 붙는다. 어떤 드라마에서는 사탕을 먹다가, 커피를 마시다가, 떡볶이를 먹다가 키스를 한다. 드라마보다 더 유명한 키스도 있다.

한국 드라마에서 가장 유명한 키스는 1991년에 방송한 〈여명의 눈동자〉의 '철조망[•] 키스'일 것이다. 이 드라마에서 남녀 주인공이 한 진짜 같은 키스를 보고 사람들은 놀랐다. 한국 드라마에 이런 장면이 나오다니! 다음날 이 드라마를 본 사람들은 모두 키스 이야기만 했다. 이후 드라마 작가는 기억에 남는 키스 장면을 만들기 위해 고민해야 했다.

'피자 키스', '침대 키스', '리본 키스'는 그런 고민 끝에 나왔다. 이런 이름을 붙이면 기억하기도 쉽고, 인터넷에서 찾기도 쉽다. 예[•]를 들어 '드라마 〈김비서가 왜 그럴까〉에서 피자를 먹다가 키스하는 장면'보다는 '피자 키스'가 더 기억하기 쉽다.

한국 드라마를 보면 키스가 세상에서 가장 중요한 일 같다. 한국 드라마에서는 두 사람의 관계가 중요한데, 키스는 두 사람이 깊은 관계에 들어갔다는 신호이다. 이렇게 중요한 첫 키스가 기억에 남도록 천천히, 그리고 아름답게 그려진다. 한국 드라마는 새로운 키스를 만드는 중이며, 앞으로도 계속 나올 것이다.

● 철조망 영 wire fence 일 鉄条網 중 铁丝网
● 예 영 example 일 例 중 例子

"볼 이나 이마에 입을 맞추는 것을 '뽀뽀'라고 해요. 한국에서 뽀뽀는 주로 아이나 연인 에게 해요. 그래서 서양 사람이 인사로 뽀뽀를 하면 한국 사람은 오해 할 수 있어요. 난 아이가 아닌데 혹시 날 좋아하세요…?"

"요즘은 키스 장면이 나오지 않는 사랑 드라마를 찾기 힘들죠? 하지만 몇십 년 전까지만 해도 그렇지 않았어요. 한국 영화에 키스 장면이 처음 나온 게 1954년이었으니까요. 그때 주인공 남녀가 키스하자 영화관에서 영화를 보던 사람들이 놀라서 소리를 질렀대요. 그 후로 텔레비전에서 키스하는 모습을 보기까지 20년이나 걸렸어요. 물론 대부분은 키스할 때 카메라를 돌려서 주위 풍경을 보여 주는 정도였지만요."

"여러분은 가족과 함께 텔레비전을 보다가 키스하는 장면이 나오면 어떻게 해요? 제가 초등학생 때 가족들과 함께 텔레비전으로 외국 영화를 보고 있었는데 갑자기 키스하는 장면이 나왔어요. 어머니는 놀라서 이불로 텔레비전을 덮으셨어요 . 영화가 끝나고 어머니께서 영화는 재미있는데 이상한 장면이 나와서 아쉽다 고 하셨어요. 혹시 키스하는 장면을 못 보셔서 아쉬우셨던 게 아닐까요?"

"배우들도 드라마에서 키스하는 장면을 찍을 때 긴장한다고 해요. 촬영 전에 이를 닦는다는 배우가 많아요. 그런데 한 배우가 키스하는 장면을 찍기 전에 다른 사람들이 삼겹살을 먹는 것을 보고 너무 먹고 싶어졌대요. 그래서 주인공 남녀가 같이 삼겹살에 마늘 까지 먹고 드라마를 찍었다고 하네요. 마늘 키스? 으~"

- 볼 영 cheek 일 頬っぺた 중 脸颊
- 연인 영 couple 일 恋人 중 恋人
- 오해 영 misunderstanding 일 誤解
  중 误会
- 덮다 영 cover 일 覆う 중 盖、遮盖

- 아쉽다 영 being a pity 일 惜しい、残念だ
  중 可惜
- 촬영 영 shooting 일 撮影 중 拍摄
- 마늘 영 garlic 일 にんにく 중 大蒜

17 한국 사람과 외국인이
결혼하면 어떨까?

▶ 외국인과 결혼하면 뭐가 좋고 나쁠까요?

▶ 한국 사람의 결혼 생활은 여러분 나라와 어떻게 다른 것 같아요?

〈동상이몽〉이라는 방송 프로그램에서 한국 배우 추자현과 중국 배우 우효광의 결혼 생활이 소개되었다. 한국 사람들은 남편 우효광이 아내를 사랑하는 모습을 보고, 그를 '우블리(우+lovely)'라고 부르며 좋아했다. 외국인과 결혼하면 좋겠다는 사람들도 많았다. 그런데 실제로* 한국 사람과 외국인이 결혼하면 어떨까?

　요즘에는 추자현과 우효광처럼 국적이 다른 남녀의 결혼이 적지 않다. 2010년대* 이후로 부부의 국적이 다른 결혼은 전체의 7~9% 정도나 된다. 2018년 한국 사람과 결혼한 외국인으로는 베트남 여성과 중국 남성이 가장 많은 것으로 나타났다. 1992년 이전에는 쉽게 오고 갈 수도 없었던 두 나라 사람들이 이제는 가까운 사이가 된 것이다. 중국과 베트남뿐만 아니라 태국, 일본, 미국 등* 세계 여러 나라의 사람들이 한국 사람과 가족이 되고 이웃이 되었다.

　부부가 서로 다른 문화를 가졌다는 것은 특별한 일이다. 〈동상이몽〉을 본 한국 사람은 부엌에서 요리하는 시아버지를 보고 놀랐고, 중국 사람은 아침에 미역국을 끓여 주는 아내를 보고 놀랐다. 자신의 나라에서는 보기 어려운 풍경이기 때문이다. 다른 사람들은 해외여행을 가도 경험하기 힘든 일들이 이들 부부에게는 매일 일어난다.

　그러나 결혼은 여행이 아닌 생활이다. 문화가 다른 것을 이해하지 못하고 싸우거나 헤어지기도 한다. 외국어로 싸워야 하는 일도 생긴

● 실제로　영 actually　일 実際に　중 实际上
● 년대　영 years　일 年代　중 年代
● 등　영 et cetera　일 等　중 (列擧)等

다. 실제로 한국 사람과 결혼해 한국에서 살고 있는 사람들은 언어 문제가 가장 힘들다고 한다. 물론 우효광처럼 상대방®이 화내도 무슨 말인지 몰라 웃기만 해서 싸우지 못하기도 한다.

이 밖에도 돈 때문에 힘들어 하거나 아이들 문제로 고민하는 일도 있다. 이것은 국적이 같은 부부도 하는 고민이지만 외국 사람에게는 더 큰 문제가 될 수 있다. 돈을 벌고 싶어도 할 수 있는 일이 적고, 아이들 교육도 한국 가족보다 더 힘들 수 있기 때문이다. 부부 중 어느 한 명은 외국에서 살아야 하는 것도 스트레스가 될 수 있다. 부모와 형제, 그리고 친구와 떨어져서 살아야 하는 것도 쉬운 일은 아니다.

그런데 국적이 다른 부부가 한국 부부보다 결혼 생활에 더 만족®한다고 한다. 서로의 문화가 다른 것을 이미 알고 있어서 더 노력하기 때문인 것 같다. 우효광이 사랑하는 아내를 위해 한국어를 공부하는 것처럼 말이다. 중요한 것은 사랑이지, 어느 나라 사람인지가 아닌 것 같다. 서로 사랑하면 우주®에 있어도 행복하지 않을까?

"한국과 중국이 영화나 드라마를 함께 만드는 경우가 늘면서 한국과 중국 배우의 결혼도 늘었어요. 그래서 그 배우를 좋아하는 한국 사람들은 농담으로 중국 사람을 '사돈'이라고 불러요. '사돈'은 결혼한 부부의 부모들이 서로 부를 때 쓰는 말이에요."

"한국 사람이 스스로를 말할 때 '한민족'이라는 말을 자주 써요. 한민족은 한반도◦와 그 주변의 섬에서 옛날부터 살아온◦ 사람들을 말해요. 또 '배달민족'이라는 말도 자주 써요. 한국에 짜장면이나 치킨 같은 음식을 집까지 배달해 주는 서비스가 많은 게 배달의 민족이라서 그럴까요? 하지만 '배달민족'의 '배달'은 그 뜻이 아니에요. 옛날부터 전해져 온 단어라서 정확◦한 뜻을 알 수는 없어요."

"한국 사람은 먼 옛날부터 중국, 몽골 등에서 온 사람과 많이 결혼했는데도 하나의 민족이라고 생각하는 사람들이 많아요. 중국이나 몽골 사람은 한국 사람과 외모◦가 비슷해서 그렇게 생각하는 것 같아요. 그런데 전쟁◦ 이후 미국 사람과 결혼해서 태어난 아이들은 다른 아이들과 외모가 조금 달랐어요. 가수 윤수일, 인순이, 윤미래 씨는 남과 다른 외모 때문에 어렸을 때 마음에 상처를 입었다고 해요. 하지만 요즘에는 모델◦ 한현민 씨처럼 개성◦ 있는 외모로 인기를 얻는 사람이 늘고 있어요."

- **한반도** 영 Korean Peninsula 일 朝鮮半島
  중 韩半岛
- **살아오다** 영 live, survive 일 暮らしてくる
  중 生活、活下来
- **정확** 영 accuracy 일 正確 중 正确

- **외모** 영 appearance 일 容貌、外見
  중 外貌
- **전쟁** 영 war 일 戦争 중 战争
- **모델** 영 model 일 モデル 중 模特
- **개성** 영 characteristic 일 個性 중 个性

18 한국 사람은 왜 게임을 좋아할까?

▶ 여러분은 어떤 게임을 해 봤어요?

▶ 게임은 누구와 주로 해요?

게임도 스포츠일까? 물론이다. 게임으로 하는 경기를 말하는 '이 (e)스포츠'는 세계에서 인기가 많다. 한국에서는 큰 경기장에 몇만 명씩 모여 게임 경기를 함께 본다. 남이 하는 게임을 보는 게 재미있을까 싶을지 모르지만 남이 하는 축구 시합을 보는 것과 다르지 않다.

　한국의 젊은 사람들은 친구를 만나면 피시(PC)방˚에 자주 간다. 피시방에는 컴퓨터가 많이 있어서 여러 명이 함께 인터넷 게임을 즐길 수 있다. 집에서 혼자 하는 것보다 피시방에서 친구와 함께 이야기하면서 게임을 하면 더 재미있다고 한다. 축구도 혼자 하는 것보다 여러 명이 함께하는 것이 더 재미있는 것과 같다.

　피시방은 1990년대˚ 후반˚ 한국에 처음 생겼다. 그때 인터넷 속도가 빨라지면서 인터넷 게임이 유행했다. 젊은 사람들이 많이 가는 곳에 피시방이 많이 생겼다. 피시방에서는 적은 돈으로 오래 놀 수 있었다. 또 24시간 문을 열기 때문에 밤에도 놀 수 있었다. 피시방으로 음식을 배달해 먹으면서 며칠 동안 게임만 하는 사람도 있었다. 요즘에는 피시방에서 컴퓨터로 음식을 주문하면 직원이 요리해서 자리에 가지고 온다.

　피시방은 학교 주변에도 많이 생겼다. 한국의 학생은 학교가 끝난 후 대부분 학원에 가서 늦게까지 공부를 한다. 그런데 학원에 가기 전의 짧은 시간 동안 친구들과 함께 놀 수 있는 장소가 부족했다. 학생

● 피시방　영 internet cafe　일 ネットカフェ　중 网吧
● 년대　영 years　일 年代　중 年代
● 후반　영 second half　일 後半　중 后半期

들은 피시방에서 게임을 하면서 스트레스를 풀었다.

한국에서는 혼자 하는 게임보다 여러 명이 함께하는 게임이 인기가 높다. 한국 사람들은 팀을 만들어 다른 팀과 싸우는 게임을 특히 잘한다. 대부분 피시방에서 친구들과 많이 하는 게임이다. 그만큼 게임을 많이 하니까 잘하는 것이다.

1990년대 후반에 대학생이었던 사람들이 지금은 40대가 되었다. 이제 한국에서 게임은 10대에서 40대까지 즐기는 인기 스포츠이다. 기업에서 만든 팀도 많이 있다. 게임을 직업으로 하는 선수 중에는 연예인처럼 인기가 많은 사람도 있다.

그러나 부모들 대부분은 아이들이 게임 시간을 줄이기를 원한다. 부모들은 아이들이 공부하지 않는 것이 다 게임 때문이라고 생각한다. 게임을 지나치게 많이 하는 것을 병이라 생각하는 사람도 있다. 아이들은 이렇게 묻는다. 그럼 어디에서 무엇을 하고 놀면 돼요?

부모가 좋아하든 싫어하든, 이제 게임은 아이들이 가장 좋아하고 쉽게 할 수 있는 놀이이다. 피시방에서 친구들과 게임을 하던 아이들이 지금은 어른이 되었다. 게임을 즐기는 어른도 많다. 게임을 만드는 것도, 피시방을 하는 것도 모두 어른이다. 이렇게 게임을 좋아하고 즐기는 사람이 많은데, 게임을 나쁘다고 생각하는 사람이 많다. 게임이 정말 나쁘다면 아이들이 게임 대신 다른 놀이를 할 수 있도록 해야 하는 것도 어른일 것이다.

● 기업 영 company 일 企業 중 企业

"2018년 한국의 인천에서 게임 대회가 열렸어요. 미국의 한 유명한 게임 회사에서 하는 세계 대회예요. 이 대회에 게임 캐릭터들로 된 케이팝(K-pop) 그룹이 나와 축하 공연을 했어요. 그만큼 한국에서 그 게임이 인기가 많아서 게임 회사에서 한국 팬을 위해 서비스한 것 같아요."

"한국 사람이 게임에서 제일 센 적을 너무 빨리 잡아서 한 게임 회사에서 일부러 어렵게 만들었대요. 그런데 어떤 한국 사람이 여섯 시간만에 적을 잡았다고 해요. 그런데 여섯 시간 중 한 시간은 식사 시간이었다는 사실!"

"한국에는 피시방뿐만 아니라 노래방, 찜질방 같은 '방'이 많이 있어요. 80년대에는 만화방도 있었고, 90년대에는 비디오방도 있었죠. 지금은 디브이디(DVD)방이 됐지만요. 모두 실내에서 여가를 즐기는 곳이에요. 한국 사람은 방을 정말 좋아하는 것 같아요."

"한국에는 청소년이 새벽에 게임을 하지 못하는 법이 있었어요. 그래서 한 프로 게이머(gamer)가 경기하는 중에 게임을 서둘러 끝낸 적이 있었어요."

- **캐릭터** 영 character 일 キャラクター 중 人物、角色
- **그룹** 영 group 일 グループ 중 组合
- **공연** 영 performance, show 일 公演 중 公演、演出
- **팬** 영 fan 일 ファン 중 粉丝、崇拜者、(体育、文艺)迷
- **적** 영 enemy 일 敵 중 敌人
- **일부러** 영 deliberately, intentionally 일 わざと 중 故意、特意
- **실내** 영 indoor 일 室内 중 室内
- **여가** 영 leisure 일 余暇 중 休闲
- **법** 영 law 일 法律 중 法律
- **프로** 영 professional 일 プロ 중 职业的、职业选手

19 한국 사람은 인터넷에서 어떤 말을 쓸까?

▶ 여러분 나라에서는 인터넷에서 글을 쓸 때 감정을 어떻게 표현해요?

▶ 여러분은 할 말이 있을 때 전화로 하는 것이 좋아요, 메신저로 하는 것이 좋아요?

한국의 인기 가수 트와이스의 노래 'TT(티티)'는 두 손가락으로 글자 '티(T)' 모양을 만드는 춤으로 유명해졌다. 'TT'는 우는 것 같은 글자 모양 때문에 인터넷에서 울고 싶은 느낌을 나타낼* 때 쓴다. 한글로는 'ㅠㅠ'나 'ㅜㅜ'를 쓴다. 이 밖에 한국 사람은 인터넷에서 어떤 말을 쓸까?

먼저 'TT'처럼 감정*을 그림처럼 나타내는 방법이 있다. 웃는 모습을 나타내는 'ㅅㅅ', 'ㅅ_ㅅ', 'ㅅㅇㅅ' 같은 것이다. 이것은 글로는 표현*하기 어려운 감정을 전할 때 쓴다.

인터넷에서는 줄인 말을 많이 쓴다. '초딩(초등학생)'처럼 단어 일부만 쓰거나, 'ㅇㅇ(응응)', 'ㄱㅅ(감사)'처럼 글자 일부만 쓰기도 한다. 이렇게 하면 빨리 쓸 수 있어서 문자* 메시지나 게임을 할 때 좋다.

소리 나는 대로 쓰는 방법도 있다. 젊은 사람들은 '축하'를 '추카', '좋아요'를 '조아요'라고 쓰기도 한다. 이렇게 쓰면 아이처럼 귀여운 느낌이 든다. 그러나 정말 몰라서 잘못 쓴 것으로 보일 수 있고, 가벼운 느낌을 주기 쉽다.

최근에는 글자 모양을 이용해 새로운 글자를 만드는 방법이 유행하고 있다. '댕댕이'가 무슨 말일까? 이 단어는 강아지를 말하는 '멍멍이'를 뜻한다. 왜 그런지 잘 모르겠으면 멀리서 봐 보자. '댕댕이'와

● 메신저 영 messenger 일 メッセンジャー 중 聊天工具、聊天软件
● 나타내다 영 express 일 表す 중 表示、表达
● 감정 영 emotion 일 感情 중 感情
● 표현 영 expression 일 表現 중 表現
● 문자 영 letters, message 일 文字、ショートメール 중 文字、短信

'멍멍이'는 글자 모양이 비슷하다. 비슷하게 '대한민국*'은 '머한민국', '세종대왕*'은 '세종머왕'이라고 쓴다. 이렇게 쓰는 이유는 특별히 없다. 그냥 재미있어서 쓰는 것이다.

마지막으로 일부러* 글자를 틀리게 써서 알기 어렵게 하는 방법이 있다. 주로 외국인이 많이 가는 인터넷 사이트*에 한국어를 아는 사람만 알도록 하는 것이다. 예*를 들어 외국의 식당 사이트에 "여러분, 이곳은 절대 가지 마세요."라고 쓰는 대신에 "여러뿐이꽃은절때가찌 마쎄요."라고 쓰는 것을 말한다. 이렇게 하면 한국어를 아는 사람에게만 정보*를 전할 수 있다.

이런 말들을 모두가 좋아하는 것은 아니다. 어떤 사람들은 뜻을 모르면 대화하기 어려우니까 쓰지 말자고 한다. 특히 나이가 많은 사람들은 젊은 사람들이 쓰는 말을 이해하기 어렵다고 한다.

그러나 말과 글은 언제나 변하고 있다. 세상이 이렇게 빨리 변하는데 말과 글이 변하지 않기를 바라는 게 이상한 일이다. 세종대왕이 한글을 처음 만들었을 때도 반대하는 사람들이 많았다는 사실! 세종대왕도 요즘 유행하는 인터넷 말을 보면 재미있다고 생각하지 않을까?

- 대한민국 영 Republic of Korea 일 大韓民国 중 韩国
- 세종대왕 영 King Sejong 일 世宗大王 중 世宗大王
- 일부러 영 deliberately, intentionally 일 わざと 중 故意
- 사이트 영 site 일 サイト 중 网站
- 예 영 example 일 例 중 例子
- 정보 영 information 일 情報 중 情报、信息

"인터넷에서 웃는 소리를 말할 때 'ㅋㅋ'나 'ㅎㅎ'를 많이 써요. 둘 다 분위기를 부드럽게 만들고 싶을 때 써요. 정말 웃길 때는 'ㅋㅋㅋㅋㅋㅋㅋ'하고 많이 쓰면 돼요."

"젊은 사람들 사이에 '비빔면'이라는 상품 이름을 '네넴띤'이라고 부르는 게 유행했어요. 글자 모양이 비슷하거든요. 그런데 그 회사의 높은 사람들이 처음에 왜 '비빔면'을 '네넴띤'이라고 하는지 잘 몰랐다고 하네요. 그 회사에서는 젊은 사람들을 위해 '네넴띤'이라는 상품을 새로 만들었어요."

"한글과 글자 모양이 비슷한 외국 글자를 섞어서 쓰기도 하죠. '좋아하다(조아하다)'는 '조아ㅎㄷ다', '사랑해'는 'ㅅ5ㄹ6ㅎH'라고 쓰는 것처럼 말이에요. 알아보기는 힘들지만 정말 재미있는 것 'ㄱㅏㅌㅏ요(같아요)'."

"10대들이 인터넷에서 쓰는 말을 '급식체'라고 해요. '급식체'는 학교에서 급식*을 먹는 초등학생부터 고등학생까지 쓰는 말을 뜻해요. 아이들이 '급식체'를 쓰는 것을 싫어하는 부모들도 많아요. 그런데 그런 부모들도 냉면 집에 가면 '물냉면'을 '물냉', '비빔냉면'을 '비냉'이라고 줄여서 말하죠."

• 급식 영 food service, the provision of school meals
  일 給食 중 供餐、提供饮食

20 한국의 남녀는 왜 영화관에서 데이트를 많이 할까?

▶ 여러분은 영화관에 얼마나 자주 가요?

▶ 여러분 나라에서는 주로 어디에서 데이트해요?

한국 드라마에서는 남녀가 사귀기 시작할 때 영화관에 자주 간다. 영화를 보면서 음식을 먹다가 손이 닿으면* 서로 부끄러워하는 장면*이 많이 나온다. 그런데 많은 장소 가운데 왜 영화관에서 데이트를 할까?

한국은 세계에서 영화관에 가장 자주 가는 나라 중 하나이다. 휴일이나 방학 때면 영화관은 사람들로 붐빈다*. 젊은 사람들만 영화관에 가는 것도 아니다. 젊은 사람들이 학교나 회사에 가 있는 시간에는 노인들이 많이 보인다. 한국 사람들은 정말 영화를 사랑하는 것 같다.

요즘에는 여러 영화를 상영*하는 영화관이 많이 생겼다. 이런 곳에서는 이른 아침부터 늦은 밤까지 영화를 볼 수 있다. 물론 집에서 텔레비전이나 컴퓨터로 보는 것이 제일 싸고 편하다. 그러나 역시 영화는 영화관에서 보는 게 더 재미있다고 생각하는 사람이 많다.

아무리 사랑하는 사이라고 해도 카페나 레스토랑에서 몇 시간이나 계속 앉아 있기는 힘들다. 그런데 영화관에서는 영화뿐만 아니라 쇼핑이나 게임을 하면서 시간을 보낼 수 있다. 눈이나 비가 와도, 춥거나 더워도 괜찮다. 또한* 영화는 연극이나 콘서트보다 표가 싸다. 그래서 친구나 애인을 만났을 때 특별히 할 일이 없으면 "영화나 볼까?"라고 가볍게 이야기할 수 있다.

- 닿다　영 touch　일 触れる、当たる　중 触碰
- 장면　영 scene　일 場面　중 场面
- 붐비다　영 be crowded　일 混む　중 拥挤、喧闹
- 상영　영 screening　일 上映　중 上映
- 또한　영 also, as well　일 また　중 而且

데이트할 때 영화관은 특히 더 좋다. 사랑하는 사람과 같이 웃고, 같이 울고 있다는 것만으로도 좋은데, 그 사람이 바로 옆에 앉아 있고, 주위는 어둡다! 요즘에는 두 명이 함께 앉을 수 있는 자리도 많이 생겼다. 그런 자리는 주로 뒤쪽에 있어서 앞에 앉은 사람들은 뒤에서 무슨 일(!)이 일어나고 있는지 잘 모른다. 이렇게 적당한 긴장을 느낄 수 있기 때문에 영화관 데이트가 드라마에 많이 나오는 것 같다.

한국에는 천만 명 이상의 사람이 본 영화가 많이 있다. 한국의 인구●가 오천만 명이 조금 넘으니까 다섯 명 중 한 명이 그 영화를 보았다는 뜻이다. 영화관이 많이 있어도 인기가 많은 영화만 상영하기 때문에 다양한 영화를 보기 힘들어졌다고 하기도 한다.

한국 사람이 영화를 너무 많이 본다고 말하는 사람도 있다. 영화뿐 아니라 다른 문화도 함께 즐기는 것이 좋다는 것이다. 그러고 보면 드라마에 남녀가 미술관이나 박물관에서 데이트하는 모습은 잘 나오지 않는 것 같다.

앞으로 한국 사람이 더 다양한 문화를 즐기게 되면 드라마에서도 미술관이나 박물관에서 데이트하는 장면이 늘까? 그런 곳은 그렇게 어둡지 않으니까 영화관만큼 인기가 없을지도 모르겠다.

● 인구 영 population 일 人口 중 人口

"데이트할 때 배우가 너무 멋있거나 예쁜 영화는 안 보는 게 좋대요. 보고 나서 나하고 비교되니까요. 한국 사람은 농담으로 영화가 끝나고 옆을 봤는데 오징어[●]가 있었다고 자주 말해요. 그런데 왜 오징어일까요? 아마 영화관에서 구운 오징어를 많이 먹어서 그런 것 같아요. 구운 오징어는 영화관의 인기 메뉴예요."

"어떤 영화관에서는 특별한 경험을 할 수 있어요. 침대에 누워서 영화를 보기도 하고, 영화를 보면서 술을 마시거나 요리사가 만든 요리를 먹을 수 있어요. 또 재미있는 경험을 할 수 있는 곳도 있어요. 어떤 영화관에서는 영화는 안 보고 잠만 잔다고 해요. 또 잠옷[●]을 입거나 이불을 덮거나 수영을 하면서(!) 영화를 볼 수 있는 곳도 있어요. 여러분은 어떤 영화관에 가 보고 싶어요?"

"4월 1일은 만우절이에요. 만우절은 거짓말을 해도 되는 날이에요. 그날 영화관에서 재미있는 이벤트[●]가 많이 열려요. 어떤 영화관에는 팝콘[●]은 콜라 컵에, 콜라는 팝콘통[●]에 넣어서 팔기도 했고, 할인 쿠폰[●]을 손님이 직접 만들어 가면 영화를 싸게 볼 수 있었어요. 또 나이가 많은 사람도 표를 살 때 '우리 청소년인데요!'라고 말하면 청소년 요금으로 영화를 볼 수 있는 곳도 있었대요. 아마 청소년보다 청소년이 아닌 사람들이 더 많지 않았을까요?"

- **오징어** 영 squid 일 イカ 중 鱿鱼
- **잠옷** 영 sleepwear 일 寝間着 중 睡衣
- **이벤트** 영 event 일 イベント 중 活动、惊喜
- **팝콘** 영 popcorn 일 ポップコーン 중 爆米花
- **통** 영 bucket, container 일 ボックス、パック 중 桶
- **쿠폰** 영 coupon 일 クーポン 중 优惠券

21 한국의 노인들은 왜 등산을 좋아할까?

▶ 여러분 나라에는 등산을 자주 해요?

▶ 여러분 나라에서는 어떤 운동이 인기 있어요?

••••

한국 드라마를 보면 한국 사람들은 산에 무척 자주 간다. 그런데 젊은 사람들보다 나이 든 사람들이 산에 더 자주 가는 것 같다. 한국에서는 주말 이른 아침에 전철을 타면 배낭*을 메고 산에 가는 노인들을 쉽게 볼 수 있다. 등산은 힘든 운동인데, 한국에서는 왜 노인들이 많이 할까?

등산은 한국 사람이 가장 좋아하는 취미이다. 이것은 한국에 산이 많이 있기 때문일 것이다. 한국은 전체의 70% 정도가 산이기 때문에 산이 보이지 않는 곳을 찾기가 더 어려울 정도이다. 그런데 한국의 산은 대부분 높지 않아서 에베레스트(Everest) 산과는 다르게 오르기 쉽다. 그래서 노인들도 등산을 쉽게 할 수 있다.

한국 사람은 집을 고를 때 북쪽에 산이 있고, 남쪽에 강이 있는 곳을 최고로 생각한다. 그런 집에 살면 겨울에는 북쪽에서 부는 차가운 바람을 막을* 수 있고, 여름에는 강에서 부는 시원한 바람을 맞을* 수 있다. 산이 집에서 가까우니까 한국 사람들은 동네 공원에 가는 것처럼 가벼운 마음으로 산에 간다.

한국은 사계절이 있는 나라이다. 옛날부터 한국 사람들은 산에서 봄에는 맛있는 나물*을, 여름에는 시원한 물을, 가을에는 밤* 같은 먹을 것을, 겨울에는 방을 따뜻하게 해 줄 나무를 얻었다. 한국 사람

● 배낭　영 backpack　일 リュックサック　중 背囊、背包
● 막다　영 block　일 防ぐ　중 阻挡
● 맞다　영 be exposed to　일 当たる　중 (风、雨、雪等)淋
● 나물　영 wild vegetables　일 ナムル、山菜　중 素菜、野菜
● 밤　영 chestnut　일 栗　중 栗子

들에게 등산은 생활이었다.

요즘에는 도시에 사는 사람이 늘었다. 그러면서 산은 시간을 내서 가야 하는 곳이 되었다. 등산은 취미가 되었다. 젊은 사람들은 평일에는 학교나 회사에 가야 하니까 쉬는 날에 주로 산을 찾는다. 노인들은 젊은 사람들보다 시간도 많고, 건강에 관심이 많으니까 더 자주 간다.

한국에서 등산은 가족이나 친구와 함께 즐기기 좋은 운동이다. 산에 길이 잘 만들어져 안전하고, 높지 않아 오르면서 편안하게 대화할 수 있다. 유명한 산에는 막걸리 집이 많이 있어서 오후가 되면 등산을 끝내고 막걸리 한잔 마시는 사람들로 붐빈다. 드라마 〈서른, 아홉〉의 여자들처럼 등산은 포기하고, 막걸리만 마시고 가는 사람들도 많다.

등산은 돈도 많이 안 든다. 골프*를 치려면 사야 할 것이 많지만 등산은 편한 신발만 있으면 된다. 65세 이상의 노인은 전철을 무료로 탈 수 있으니까 교통비 걱정도 없다(2023년 서울 기준). 자식들의 교육과 결혼에 많은 돈을 써서 돈이 별로 없는 노인이라도 등산을 즐길 수 있다.

한국의 산은 언제든지 만날 수 있는 친한 친구 같다. 편한 옷을 입고 있어도, 화장하지 않아도, 돈이 없어도 만나면 마음이 편한 친구 같다. 이런 친구는 오래 사귀면 사귈수록 더 좋아진다. 그래서 노인들이 산을 더 좋아하는 것 같다.

● 골프 [영] golf [일] ゴルフ [중] 高尔夫

"한국은 산이 낮은데도 등산 가는 사람들이 입은 옷을 보면 꼭 에베레스트 산에 가는 것 같아요. 몇 년 전까지만 해도 등산복*을 평소에 입는 사람이 많았어요. 외국 사람들은 공항에서 등산복을 입고 있는 한국 사람들을 보고 등산하러 해외여행을 가는 줄 알았대요."

"한국의 교가(학교 노래)에는 산이나 강이 꼭 나와요. 한국 사람을 만나면 교가에 어떤 산이나 강이 나오는지 물어보세요. 저희 학교 노래에는 북한산이 나왔어요. 북한*에 있는 학교냐고요? 하하! 북한산은 한강 북쪽에 있는 산이에요."

"남녀가 함께 등산할 때 모습을 보면 결혼한 부부인지 아닌지를 알 수 있대요. 올라가기 힘든 곳에서 남자가 여자 손을 잡아 주면 부부가 아니고, 따로 올라가면 부부라고 하네요. 또 여자가 자기* 배낭을 메고 있으면 부부, 여자 배낭을 남자가 메고 있으면 아직 결혼하지 않은 사이래요."

"산에서 제일 인기 많은 간식은 오이예요. 오이는 물이 많으니까 등산하다가 목이 마를 때 먹으면 좋대요. 한국 사람들은 여러 사람이 있을 때 혼자만 먹으면 '정*이 없다'고 생각해서 보통 다른 사람이 먹을 것까지 준비해 가요. 그런데 친구도 오이를 가지고 오면 어떡하죠*? 함께 나누어 먹고, 함께 화장실에 가면 되죠. 그런데 산에는 화장실이 적으니까 조심하세요!"

- **등산복** 영 hiking clothes 일 登山服 중 登山服
- **북한** 영 North Korea 일 北韓、北朝鮮 중 朝鮮
- **자기** 영 oneself 일 自分 중 自己
- **정** 영 affection 일 情 중 情谊
- **어떡하다** 영 do something 일 どうする 중 怎么办

22 한국 사람은 왜 찜질방을 좋아할까?

▶ 여러분 나라에서는 피로를 풀고 싶을 때 어디에 가요?

▶ 한국 드라마에서 찜질방을 본 적 있어요?

찜질방*은 서양의 사우나*처럼 몸을 따뜻하게 해서 땀을 흘리는 곳이다. 서양의 사우나와 다르게 바닥을 뜨겁게 해서 눕거나 앉아서 쉰다. 가족이나 친구, 데이트하는 남녀, 그리고 관광객들이 찜질방에 많이 간다. 또 드라마 〈갯마을 차차차〉의 혜진처럼 갑자기 전기가 끊겨서* 은행에서 돈을 찾을 수 없는 의사도 간다. 그런데 한국 사람은 왜 이렇게 찜질방을 좋아할까?

한국에는 몇백 년 전부터 찜질방과 비슷한 '한증소'라는 곳이 있었다. '한증소'는 보통 사람부터 왕까지 피로를 풀거나 병을 치료하러 가는 곳이었다. 사람들은 이곳에서 땀을 흘리면 병이 낫거나 건강해진다고 믿었다. 병원이 적었기 때문에 '한증소'는 인기가 많았다.

요즘에는 병원이 많아져서 사람들이 더 이상 병을 치료하러 찜질방에 가지 않는다. 요즘 찜질방은 병원보다 목욕탕에 더 가깝다. 한국 사람들은 몇십 년 전까지만 해도 대부분 동네 목욕탕에서 목욕했다. 그런데 집에서 샤워하는 사람들이 점점 늘자 목욕탕 중 많은 수가 찜질방으로 변했다.

한국 사람은 도시에 많이 산다. 그런데 도시 생활은 스트레스를 받기 쉽고, 피로*가 쌓이기 쉽다. 한국 사람들은 찜질방에서 편안하게 쉬면서 피로를 풀고, 몸과 마음을 새롭게 했다. 피곤한 사람들에게 찜

- 찜질방 영 jjimjilbang(Korean dry sauna) 일 チムジルバン 중 汗蒸房
- 사우나 영 sauna 일 サウナ 중 桑拿浴
- 끊기다 영 be cut off 일 切れる 중 被切断
- 피로 영 tiredness 일 疲労 중 疲劳

질방보다 좋은 곳은 없다.

찜질방에서 피로를 푸는 방법은 간단하다. 먼저 목욕을 한 후 찜질방에서 받은 옷으로 갈아입는다. 그리고 따뜻한 바닥에 누워 땀을 흘리기만 하면 된다. 멀리 갈 필요도 없고, 가격이 비싸지도 않다. 힘들지도 않고, 아프지도 않으니 이보다 더 편한 방법이 있을까?

찜질방에서는 다양한 여가˚를 즐길 수 있다. 보통 찜질방에는 텔레비전이나 컴퓨터, 만화 같은 것이 있다. 주말 동네 찜질방에 가면 부모들은 바닥에 누워 있고, 아이들은 놀고 있는 풍경을 쉽게 볼 수 있다. 찜질방에서는 쉬고 싶은 부모들과 놀고 싶은 아이들 모두 만족˚할 수 있다.

배가 고파지면 찜질방 안의 식당에서 밥을 먹으면 된다. 잠을 잘 수 있는 찜질방도 있다. 호텔처럼 편하지는 않지만 훨씬 싸기 때문에 젊은 사람에게 인기가 있다. 전철이 끊겨 집에 가지 못하거나 가족과 싸우고 집을 나와도 걱정할 필요 없다. 우리에겐 찜질방이 있으니까!

요즘 찜질방은 한국 여행을 가면 꼭 들러야 할 곳이 되었다. 관광지 주변의 찜질방에는 드라마처럼 수건을 머리에 쓰고 있는 외국인이 자주 보인다. 여행의 피로를 풀고, 다양한 여가도 즐길 수 있어서 외국인도 좋아하는 것 같다. 베트남처럼 더운 나라에도 찜질방이 생겼다고 하니 드라마의 힘은 대단한˚ 것 같다.

• 여가 영 leisure 일 余暇 중 休闲

• 만족 영 satisfaction 일 満足 중 满足、满意

• 대단하다 영 excellent 일 凄い 중 了不起

"수건으로 양˙ 머리 모양을 만드는 것은 2005년 드라마 〈내 이름은 김삼순〉에 처음 나와 유행했어요. 어렵지 않으니까 한번 해 보세요."

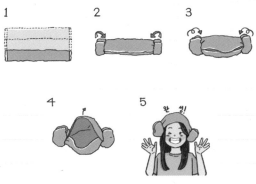

접는다 → 접는다 → 만다˙ → 연다 → 완성˙!!

"한국에서 찜질방에 가고 싶으면 설날이나 추석 같은 명절 다음날은 피하세요˙. 사람들이 명절 때 음식을 만들고 운전을 하느라고 피곤해서 다음날 찜질방에 많이 가거든요. 스트레스를 풀려고 찜질방에 갔다가 사람이 많아서 반대로 스트레스가 쌓일 수도 있으니까 조심하세요."

"나이가 들면 필요한 다섯 가지는 무엇일까요? 여자들은 돈, 딸, 건강, 친구, 그리고 찜질방이래요. 여자들은 나이가 들면 몸이 여기저기 아파서 그런가 봐요. 그럼, 남자들이 필요한 건 뭘까요? 부인, 아내, 집사람˙, 와이프(wife), 그리고 아이들 엄마라네요."

- **양** 영 sheep 일 羊 중 羊
- **말다** 영 roll 일 巻く 중 巻
- **완성** 영 completion 일 完成 중 完成
- **피하다** 영 avoid 일 避ける 중 避开、逃避、躲避
- **집사람** 영 wife 일 家内 중 妻子

23 한국 사람은 정말 드라마 속 배우처럼 피부가 좋을까?

▶ 여러분 나라에서는 어떤 사람이 아름답다고 생각해요?

▶ 여러분은 피부를 위해 무엇을 해 봤어요?

한국 드라마 속 배우는 피부*가 정말 좋다. 그래서인지 외국인들은 한국 사람들이 모두 피부가 좋다고 생각하는 것 같다. 한국 화장품도 외국에서 인기이다. 드라마에서 배우가 화장품을 자주 바르는데, 그 화장품을 쓰면 배우처럼 피부가 좋아질 것이라고 생각하는 것 같다.

어떤 사람은 한국 사람들이 피부에 좋은 음식을 많이 먹어서 그렇다고 믿는다. 한국의 물이 좋아서 그렇다는 사람도 있다. 어떤 사람은 한국 날씨가 너무 덥거나 춥지 않아서 좋은 것 같다고 한다. 그런데 한국 사람들은 정말 드라마 속 배우처럼 피부가 좋을까?

한국 사람들이 모두 배우처럼 피부가 좋은 것은 아니지만 평소 피부에 관심이 많은 것은 사실이다. 한국 사람들은 피부가 좋은 사람이 아름답다고 생각한다. 그래서 진한 화장*보다 피부가 맑게 보이는 화장을 좋아한다. 피부가 좋은 젊은 사람들도 데이트 전에는 평소보다 더 피부에 신경*을 쓴다. 물론 드라마 〈유미의 세포들〉의 유미처럼 얼굴에 팩(pack)을 붙인 것을 잊고 데이트하러 나가는 사람은 거의 없다.

한국 사람이 피부에 관심이 많은 것은 역사가 길다. 옛날 한국 사람들은 피부를 보면 그 사람의 건강을 알 수 있다고 생각했다. 스트레스를 받거나 잠을 푹 자지 못하면 피부가 나빠진다. 맑은 피부는 스트레스가 적고 건강하다는 것을 뜻하기 때문에 사람들은 피부를 맑게 하

● 피부 영 skin 일 皮膚、肌 중 皮肤

● 화장 영 make-up 일 化粧 중 化妆

● 신경 영 nerves 일 神経、気 중 神经、感受或想法

려고 노력했다.

　한국 사람은 흰* 피부를 좋아하는 편이다. 옛날 신분*이 높은 사람은 집에서 공부를 하느라 피부가 하얬다. 보통 사람은 밖에서 일하느라 피부가 검었다*. 그래서 피부가 흰 사람들을 부러워하고, 피부를 희게 보이기 위해 화장을 했다.

　요즘에는 안에서 생활하는 시간이 길어졌다. 흰 피부는 더 이상 신분이 높은 것을 의미하지 않는다. 서양 사람들은 햇빛으로 검어진 피부가 건강하고 아름답다고 생각한다. 특히 햇빛이 부족한 추운 나라에서 더 그렇다. 그런 곳에서는 날씨가 좋으면 일부러* 밖에 나간다. 그러면 밤에 잠도 잘 자고, 몸도 건강해진다.

　이렇게 사람들이 아름답다고 생각하는 얼굴은 사는 곳과 시대*에 따라 계속 변해 왔다. 요즘에는 부자들이 운동을 더 많이 한다고 한다. 여름이면 일부러 돈을 내고 피부를 검게 하는 사람도 있다. 앞으로 한국에서도 얼굴을 검게 하는 화장이 유행할지 모를 일이다.

- 희다　영 white, bright and clear　일 白い　중 白、白色
- 신분　영 status　일 身分　중 新娘
- 검다　영 black, dark　일 黒い　중 黑、黑色
- 일부러　영 deliberately, intentionally　일 わざと　중 故意
- 시대　영 period　일 時代　중 时代

"한국의 화장품에는 인삼, 녹차, 쌀처럼 약이나 음식으로 쓰이는° 것들이 자주 들어가요. 모두 옛날부터 피부에 좋다고 알려진° 성분°이에요. 몇백 년 전 사람들이 피부에 관심이 많았던 덕분에 한국 화장품이 세계에서 잘 팔릴 것이라고는 아무도 몰랐을 거예요."

"옛날 한국에서는 얼굴이 달처럼 둥글고°, 눈, 코, 입이 작은 사람이 아름답다고 생각했어요. 하지만 지금은 작은 얼굴에 눈이 크고 코가 높은 사람이 인기예요. 옛날 사람이 그린 그림을 보면 옛날 미인°과 지금 미인은 많이 달라요."

"어떤 나라에서는 한국 사람처럼(?) 열 가지 화장품을 차례로 바르는 것이 유행했다고 해요. 하지만 한국에서는 반대로 화장품 수를 줄이는 화장품 다이어트가 유행하고 있어요. 배우 이영애 씨가 화장품을 하나만 바른다고 해서 화제°가 된 적도 있어요. 그런데 사람마다 피부가 다르니까 자신한테 맞는 방법을 찾는 게 중요한 것 같아요. 그런데 이영애 씨가 쓰는 화장품이 뭘까요? 흠흠~"

"요즘 한국 사람들은 피부에 문제가 생기지 않아도 피부과°에 자주 가요. 마치 미용실에 가는 것처럼 말이에요. 한국에 여행을 갔다가 피부과에 들르는 외국인들도 많아요."

- **쓰이다** 영 be used 일 使われる 중 被使用
- **알려지다** 영 become known 일 知られる 중 众所周知、有名
- **성분** 영 ingredient 일 成分 중 成分
- **둥글다** 영 round 일 丸い 중 圆
- **미인** 영 beautiful woman 일 美人 중 美人
- **화제** 영 topic, issue 일 話題 중 话题
- **피부과** 영 dermatology 일 皮膚科 중 皮肤科

24 한국 사람은 왜
사람이 죽었는데
웃고 떠들까?

▶ 여러분 나라에서는 사람이 죽으면 어떻게 해요?

▶ 여러분은 슬플 때 주위 사람들이 어떻게 해 주는 것이 좋아요?

드라마 〈갯마을 차차차〉의 마지막 회에 바닷가 시골 마을의 노인 감리 씨의 장례식[•]이 나온다. 그런데 장례식에 간 마을 사람들이 술과 음식을 먹으며 웃고 떠드는 모습이 잔치를 하는 것만 같다. 한국 사람들은 왜 사람이 죽었는데 웃고 떠들까?

　요즘에는 분위기가 많이 달라졌지만, 20~30년 전만 해도 장례식에서 이런 모습을 쉽게 볼 수 있었다. 특히 나쁜 일로 죽은 것이 아니면 분위기가 그렇게 무겁지 않다. 가족들은 손님에게 인사를 하고 술과 음식을 내느라고 바빠서 슬퍼할 시간도 없는 것처럼 보인다.

　한국에서는 옛날부터 사람이 죽으면 죽은 사람이 있는 세상으로 간다고 믿었다. 사람이 죽었을 때 산 사람들이 너무 슬퍼하면 죽은 사람이 헤어지기 싫어서 가지 못한다고 생각했다. 그래서 죽은 사람을 잘 보내기 위해 일부러 웃고 떠들었다.

　또 다른 이유는 가족들이 너무 슬퍼하지 않도록 돕는 것이다. 손님이 너무 슬퍼하면 가족이 더 슬퍼진다고 생각해서 일부러[•] 그랬다. 장례식에는 보통 친한 친구가 사흘 동안 함께 있으면서 가족을 지킨다. 한국 사람들은 힘들 때 친구가 진짜 친구라고 생각한다. 그래서 결혼식에는 못 가도, 장례식에는 꼭 간다.

　옛날에는 죽은 지 사흘이 지나면 죽은 사람을 실어 마을 사람들이

• 장례식 영 funeral 일 葬儀 중 葬礼
• 일부러 영 deliberately, intentionally 일 わざと 중 故意、特意

함께 들고 무덤˙까지 갔다. 이때 죽은 사람을 싣는 것을 '상여' 혹은˙ '꽃가마'라고 하는데 높은 사람들이 평소에 타는 '가마'와 비슷하다. 보통 사람들도 마지막 가는 길만은 높은 사람처럼 가마를 타고 갈 수 있었다.

상여를 무덤까지 들고 가는 길은 슬프고 아름답다. 동네 사람들은 상여를 들고 뒤를 따르며˙ 함께 노래를 부르고 큰 소리로 울었다. 이 세상에 올 때는 혼자 왔지만, 저쪽 세상에 가는 마지막 길은 마을 사람 모두가 함께 간다.

기쁨은 나누면 두 배가 되고, 슬픔은 나누면 반이 된다고 한다. 옛날 사람들은 가족이 죽으면 마을 사람과 슬픔을 함께 나누고, 다시 살아갈 힘을 얻었다. 마을 사람의 죽음˙은 마을 전체의 일이었다.

〈갯마을 차차차〉의 감리 씨가 살아있을 때 자신은 죽어서 좋은 데로 갈 테니까 장례식에서 다들 웃고 떠들고 실컷˙ 놀다 갔으면 좋겠다고 했다. 그 말 대로 감리 씨의 장례식은 죽은 사람과 산 사람 모두를 위한 잔치가 되었다.

요즘에는 장례식을 대부분 병원에서 한다. 마을 사람들과 함께 상여를 메고 무덤까지 걸어가는 대신, 차를 타고 간다. 장례식 준비도 돈만 내면 다 해준다. 서로 편해지기는 했지만 슬픔을 함께 나눌 사람이 적어졌다. 그래서 장례식에서 웃고 떠드는 풍경도 사라진 것 같다.

- 무덤 영 grave 일 墓 중 坟墓
- 혹은 영 or 일 あるいは 중 或者
- 따르다 영 follow 일 追う、従う 중 跟着
- 죽음 영 death 일 死 중 死亡
- 실컷 영 to one's satisfaction 일 思う存分 중 尽情

"'이웃사촌'이라는 말이 있어요. 서로 이웃에 살면서 사촌●처럼 가깝게 지내는 사람을 말해요. 하지만 요즘에는 옆집에 누가 사는지 모르는 사람들도 많죠. '이웃사촌'도 점점 사라지고 있는 것 같아요."

"장례식에 가면 술과 음식을 줘요. 요즘에는 육개장●을 많이 먹어요. 귀신●이 빨간색을 싫어해서 그렇다고 하네요."

"옛날에는 부모님이 돌아가시면 자식들은 부모를 죽게 한 죄●를 지었기 때문에 편하게 지내면 안 된다고 생각했어요. 그래서 무덤 근처에 작은 집을 짓고 3년 동안 그곳에서 살면서 무덤 앞에 음식을 드렸다고 해요. 그동안 술과 고기를 먹지 않고, 좋은 옷도 입지 않았어요. 또 죄를 지었으니 부끄러워서 하늘을 보지 못했다고 해요."

"세종대왕●의 아버지는 돌아가시기 전에 아들이 고기를 먹어도 된다는 말을 남겼대요. 이게 무슨 말일까요? 세종대왕이 고기를 정말 좋아했거든요. 아버지는 평소에 아들에게 고기를 너무 많이 먹지 말라고 했대요. 그런데 자신이 죽으면 아들이 좋아하는 고기를 먹지 못할까 봐 미리 얘기한 거예요. 세종대왕은 고기를 먹을 때마다 아버지 생각이 났을 것 같아요."

"상여를 메고 무덤까지 갈 때 사람들이 뭐라고 하는지 아세요? '아이고(I go)~'"

- 사촌 영 cousin 일 いとこ 중 堂(兄弟姐妹)
- 육개장 영 yukgaejang(spicy beef soup) 일 ユッケジャン 중 香辣牛肉汤
- 귀신 영 ghost 일 幽霊、霊魂 중 鬼神
- 죄 영 guilt 일 罪 중 罪
- 세종대왕 영 King Sejong 일 世宗大王 중 世宗大王

25 한국의 영화나 드라마에는 왜 한강이 자주 나올까?

▶ 여러분은 강에서 주로 무엇을 해요?

▶ 한국 드라마나 영화에서 한강을 본 적이 있어요?

한국의 드라마나 영화에 가장 많이 나오는 곳은 한강이 아닐까? 넓은 강과 그 주변의 높은 빌딩들, 다리를 건너는 자동차– 이런 풍경은 '그림'을 만들어 준다. 드라마 〈갯마을 차차차〉도 멋진 한강의 풍경으로 시작된다. 그런데 왜 이렇게 드라마나 영화에 한강이 자주 나올까?

한강은 '큰 강'이라는 뜻이다. 한강은 한국의 동쪽에 있는 태백산에서 시작하여 서쪽 바다로 길게 흐른다. 길이만 긴 것이 아니다. 한강은 프랑스 센강(Seine)의 다섯 배 정도 넓다. 한강은 서울의 중심을 지나가기 때문에 서울 어디에서나 쉽게 갈 수 있다.

한강은 역사 속에서 한국 사람과 오랫동안 함께 했다. 한강에 사람이 살기 시작한 것은 농사*를 짓기 훨씬 전부터이다. 사람들은 한강에서 물과 생선 같은 것을 얻었다. 농사를 짓기 시작한 후 한강은 더 중요해졌다. 한강 근처에는 농사를 지을 물과 땅이 많았기 때문이다. 이 땅에 있던 여러 나라가 한강을 얻기 위해 서로 싸웠다.

한강은 오랫동안 정치*의 중심에 있었다. 한강을 중심으로 수도*가 생긴 지 600년이 넘었다. 수도의 이름은 한양에서 서울로 바뀌었다. 그동안 많은 왕과 대통령*이 이곳에 살았다.

한강은 교통의 중심에 있었다. 배로 여러 곳에 갈 수 있기 때문이었다. 동쪽 산에서 난 나무를 배로 싣고 와서 한양에 집을 지을 수 있었다.

• 농사 영 farming 일 農事、農業 중 农事、种地
• 정치 영 politics 일 政治 중 政治
• 수도 영 capital 일 首都 중 首都
• 대통령 영 president 일 大統領 중 总统

다른 나라에 물건을 팔거나 살 때도 한강을 이용했다.

한강은 경제*의 중심이 되었다. 공장에서 필요한 물과 전기를 쉽게 얻을 수 있기 때문이었다. 도시에 사는 사람들이 쓸 물도 얻을 수 있었다. 지금도 서울 시민은 매일 한강 물을 마시고, 한강 물로 빨래를 한다.

사람들의 생활은 빠르게 변했다. 전보다 일을 더 많이 해서, 쉴 시간이 줄었다. 한국은 부자 나라가 되었지만 모두가 그런 것은 아니다. 경제가 나빠지면 힘이 없는 사람들은 살기 더 힘들어진다. 한강은 고민이 많을 때 자주 가는 곳 중 하나였다.

지금 한강은 한국 사람들이 사랑하는 공원이다. 한국의 인구가 5000만 명이 조금 넘는데 일 년에 3000만 명 정도가 한강 공원에 간다. 사람들이 바쁜 도시 생활 속에서 자연을 즐기고 싶을 때 한강을 찾는다.

흐르는 한강처럼 역사는 흐르고, 그곳에 사는 사람들도 변해 왔다. 한강 주변에서 농사를 짓던 사람들, 한강을 얻기 위해 싸우던 사람들, 배를 타고 먼 길을 가던 사람들은 이미 먼 옛날 사람이 되었다. 한국 경제를 발전시킨 사람들도, 한국 경제가 어려워져 힘들어 하던 사람들도 그곳에 있었다. 한강의 역사는 곧 한국의 역사이다. 그래서 한국 드라마나 영화에 자주 나오는 것 같다.

● 경제 영 economy 일 経済 중 经济

"한국의 빠른 경제 발전●을 '한강의 기적●'이라고 해요. 독일이 전쟁● 후 경제 발전을 빠르게 한 것을 '라인강(Rhein)의 기적'이라고 하는데, 그 말을 따라한● 거예요."

"옛날에 궁궐●이 전쟁으로 불에 탔어요. 궁궐을 새로 짓는 데 필요한 나무를 한강에서 날랐대요●. 나무를 자른 후 묶어서● 그 위에 사람이 타고 갔는데, 그걸 '떼'라고 해요. 이때 나무를 날라 돈을 많이 번 사람들이 있었대요. 지금도 '떼돈을 벌다'라고 하면 돈을 많이 버는 것을 말해요."

"한국에는 배달 음식이 많죠. 한강에서도 배달 음식을 주문할 수 있을까요? 가게에 전화해서 이렇게 말해 보세요. "여기 한강인데요. 치킨 한 마리 배달해 주세요!" 농담 아니냐고요? 하하! 한강에 가면 한번 전화해 보세요. 30분만에 치킨을 드실 수 있을 거예요."

"한강에서는 정말 많은 것을 할 수 있어요. 캠프●나 바비큐●를 할 수 있고, 콘서트를 볼 수도 있어요. 수영도 할 수 있고, 자전거를 탈 수도 있어요. 낚시도 할 수 있고, 쇼핑도 할 수 있어요. 한강에서 할 수 없는 일을 찾는 것이 더 빠를지도 몰라요."

"아이들이 자기●가 어떻게 태어났냐고 물어보면 어른들은 웃으면서 한강 다리 밑에서 주워 왔다고 말했어요. 한국 사람에게 고향이 어디냐고 물어보면 한강이라고 대답할지도 몰라요."

- 발전 영 development 일 発展 중 发展
- 기적 영 miracle 일 奇跡 중 奇迹
- 전쟁 영 war 일 戦争 중 战争
- 따르다 영 follow 일 追う、従う 중 跟着
- 궁궐 영 palace 일 宮殿、王宮 중 宮阙、宮殿
- 나르다 영 carry 일 運ぶ 중 运送、搬运
- 묶다 영 tie, bind 일 結ぶ 중 捆绑
- 캠프 영 camping 일 キャンプ 중 露营、野营
- 바비큐 영 barbecue 일 バーベキュー 중 烧烤
- 자기 영 oneself 일 自分 중 自己

26 한국의 역사 드라마에서 왜 사람들이 대부분 모자를 쓰고 있을까?

▶ 여러분 나라에서는 누가 어떤 모자를 써요?

▶ 한국의 역사 드라마에서 어떤 모자를 봤어요?

드라마 〈킹덤〉이 세계에서 인기를 크게 얻었다. 그런데 재미있는 일이 생겼다. 외국인이 드라마에 나온 다양한 모자에 관심을 보인 것이다. 드라마를 만든 사람들도 전혀 생각하지 못했던 일이었다. 미국에서는 한국의 모자 전시회˚가 열렸고, 한 인터넷 쇼핑 사이트에서는 드라마에 나온 모자를 팔기도 했다.

그런데 100년 전에도 비슷한 일이 있었다. 그때 한국은 '조선˚'이라는 이름의 나라였다. 조선을 방문한 외국인들은 사람들이 대부분 모자를 쓰고 있는 것을 보고 놀랐다. 어떤 사람은 조선을 '모자의 나라'라고 불렀다.

조선 사람들은 날씨에 따라 다양한 모자를 썼다. 사계절의 날씨가 크게 다르기 때문이었다. 사람들은 추운 겨울이면 동물의 털˚로 만든 모자를 써서 머리를 따뜻하게 했다. 그리고 더운 여름이면 나무나 풀로 만든 모자를 써서 시원하게 했다. 비가 오는 날에는 기름을 바른 종이로 만든 모자를 썼고, 햇빛이 강한 날에는 넓은 모자를 썼다.

조선 사람들은 나이와 성별, 신분˚, 그리고 직업에 따라 서로 다른 모자를 썼다. 아이들은 어른이 되면 머리 모양을 다르게 하고, 그에 맞는 모자를 썼다. 여자들은 머리 장식˚을 신분에 따라 다르게 했다. 남자들은 조금 더 복잡했다. 모자를 보면 그 사람의 신분과 직업을 알

• 전시회 영 exhibition 일 展示会 중 展示会、展览会
• 조선 영 the Joseon Dynasty 일 朝鮮 중 朝鲜
• 털 영 feather 일 毛 중 毛
• 신분 영 status 일 身分 중 新娘
• 장식 영 decoration 일 飾り 중 装饰、打扮

수 있었다.

그뿐만 아니다. 조선 사람들은 장소에 따라 모자를 다르게 썼다. 집에 있을 때 쓰는 모자, 일할 때 쓰는 모자, 외출할 때 쓰는 모자가 다 달랐다. 특히 신분이 높은 남자는 집에서나 밖에서나 모자를 늘 쓰고 있었다. 모자를 쓰지 않고 사람을 만나는 일은 거의 없었다. 그들에게 모자는 예의*를 의미했다.

조선 사람들은 특별한 날에 특별한 모자를 썼다. 보통 사람도 결혼식을 올릴 때는 신분이 높은 사람이 쓰는 모자를 쓸 수 있었다. 그리고 부모님이나 왕이 죽으면 흰 모자를 쓰고 슬픈 마음을 함께 나누었다.

이렇게 모자를 사랑했던 조선 사람들이 1895년부터 점점 모자를 쓰지 않게 되었다. 서양 사람처럼 머리를 짧게 자르게 되었기 때문이다. 모자와 함께 신분의 차이*도 없어졌다. 신분이 높은 사람과 낮은 사람을 나눌 필요가 없어져서 모자가 필요 없게 되었다.

이제 모자에 그 사람의 신분을 알려 주는 의미는 없다. 멋을 내고 싶을 때나 덥거나 추울 때 쓰고 싶은 대로 쓰면 된다. 한국은 더 이상 '모자의 나라'가 아니다. 사람들은 모자 대신 비싼 가방이나 자동차를 더 가지고 싶어 한다. 이제 새로운 신분은 '돈'이 된 것 같다.

● 예의 [영] manners [일] 礼儀 [중] 礼仪
● 차이 [영] difference [일] 差 [중] 差异

"한국에서는 오랜 옛날부터 남자가 성인˙이 되면 머리를 위로 높이 올린 후 동그랗게˙ 감아서˙ 묶었어요. 그것을 '상투'라고 하는데 어른이라는 것을 의미해요. 그런데 상투 머리가 요즘 여자들이 여름에 자주 하는 '똥머리'와 비슷하지 않아요?"

상투 머리

똥머리

비녀

"여자들은 성인이 되면 머리를 위로 올려 동그랗게 한 후 '비녀'를 꽂았어요˙. 보통 결혼할 때 처음 비녀를 꽂기 때문에 '머리를 올린다'고 하면 결혼한다는 뜻이에요. 비녀는 신분에 따라 재료가 달랐어요. 또 비녀는 위험할 때 몸을 지킬 때도 썼어요. 드라마 〈미스터 션샤인〉에서 신분이 낮은 유진의 어머니는 유진이 만들어 준 나무 비녀를 꽂았는데, 아들이 위험해지자 이 비녀로 아들을 지켜요."

"한국의 역사 드라마에서 신분이 높은 남자들이 주로 쓰는 검은색의 넓은 모자를 '갓'이라고 해요. 영어의 '갓(God)'하고 발음이 비슷해서 한국의 드라마에는 놀랄 때 '오마이 갓(Oh, my Gat!)'하면서 갓을 손으로 잡는 유머˙가 가끔 나와요."

- **성인** 영 adult 일 成人 중 成年人
- **동그랗다** 영 circular 일 真ん丸い 중 圓
- **감다** 영 wind, twine 일 巻く 중 卷、盘绕
- **꽂다** 영 stick in, put up 일 挿す 중 插
- **유머** 영 humor 일 ユーモア 중 幽默

27 한국 사람은 왜 영어 공부를 열심히 할까?

▶ 여러분 나라에서는 학교에서 어떤 외국어를 배워요?

▶ 여러분 나라는 나라를 잃거나 전쟁을 한 적이 있어요?

한국의 학교에서는 초등학교 3학년부터 영어를 가르친다. 요즘에는 아기가 태어나자마자 영어를 가르치는 부모도 많다. 대학생이 되어도 취직을 위해 대부분 영어 공부를 계속한다. 매년 많은 수의 학생이 영어를 배우러 유학을 간다. 그런데 한국 사람들은 왜 이렇게 영어 공부를 열심히 할까?

　한국에서 영어는 주로 미국 영어를 말한다. 그만큼 미국은 한국 사람들에게 매우 특별한 나라이다. 하지만 150년 전에는 그렇지 않았다. 그때 조선˙은 외국에 문을 닫고 살던 나라였다. 조선의 왕은 처음에 미국을 작은 마을 정도로 생각했다고 한다.

　조선의 주변에는 힘이 센 나라들이 많았다. 조선은 결국 일본에게 나라를 잃게 되었다. 조선 사람들은 일본 이름으로 바꾸고, 학교에서는 일본 말을 배워야 했다. 사람들은 나라를 되찾기˙ 위해 노력했다. 36년이 지난 후 조선 사람들은 나라를 되찾을 수 있었다.

　그러나 나라는 곧 남쪽과 북쪽으로 나누어졌다. 일본이 간 자리에 남쪽에는 미국이 왔다. 한국의 첫 대통령˙은 미국에서 대학을 나온 사람이 되었다. 이제 영어는 가장 중요한 외국어가 되었다. 그런데 나라를 되찾은 지 얼마 되지 않아 전쟁˙이 일어났다. 세계 여러 나라가

• 조선　영 the Joseon Dynasty period　일 朝鮮　중 朝鮮
• 되찾다　영 recover　일 取り戻す　중 光复、收复、找回
• 대통령　영 president　일 大統領　중 总统
• 전쟁　영 war　일 戦争　중 战争

한국을 도왔다. 그중*가장 많은 군인을 보낸 곳은 미국이었다.

영화 〈국제시장〉은 북쪽에서 살다가 전쟁을 피해서* 남쪽으로 내려온 덕수 가족의 이야기이다. 어린 덕수는 "초코레또 기브 미!*"라고 말하면 미국 군인이 초콜릿을 준다는 것을 잘 알고 있었다. 한국 사람에게 영어는 초콜릿이었다.

미국 군인이 한국에 전해 준 것은 초콜릿뿐만이 아니었다. 한국에 있는 미국 군인을 위해 영어 방송이 시작되었고, 공연도 열렸다. 미국 군인이 쓰는 물건이나 그들이 즐기는 영화와 음악이 한국에 들어왔다. 덕수의 '꽃분이네' 가게처럼 미국 군인들이 쓰는 물건을 파는 곳도 생겼다.

부모들은 영어를 배우면 사는 데 도움이 된다는 사실을 경험으로 알게 되었다. 그들 자신은 영어를 잘하지 못했지만, 자식만큼은 잘하기를 바랐다. 이제 초콜릿은 누구나 쉽게 먹을 수 있지만, 한국 사람들은 아직도 전쟁 때의 아이들처럼 영어를 공부하고 있다.

한국 사람들은 전쟁 이후 미국을 모델*로 열심히 살았다. 요즘에는 미국에서 한국의 휴대폰과 냉장고가 인기가 있고, 한국의 음악이나 드라마도 점점 인기가 높아지고 있다. 미국 군인에게 "초코레또 기브 미!"라고 말하던 어린 덕수는 이런 세상이 올 줄 알았을까?

- 그중 영 among them 일 その中(で) 중 其中
- 피하다 영 avoid 일 避ける 중 避开、逃避、躲避
- 초코레또 기브 미! 영 Give me chocolate. 일 チョコレートちょうだい！ 중 给我巧克力！
- 모델 영 model, example 일 モデル 중 模范、典范

"일본에서는 미국을 한자*로 '米國'이라고 하는데 '쌀이 많은 나라'라는 뜻이에요. 그런데 한국에서는 미국을 '아름다운 나라'라는 뜻의 '美國'이라고 해요. 한국이 어려울 때 미국이 도와줬기 때문에 아름다운 나라라고 생각해서 그런 걸까요? 사실은 뜻보다 소리가 비슷해서 그렇게 쓰는 거예요."

"한국의 대학 입학시험* 영어 문제를 본 적 있어요? 영어를 쓰는 나라 사람들도 어렵다고 할 정도예요. 한국 사람들의 영어 시험 점수가 아시아*에서 필리핀* 다음으로 높다고 하죠. 그런데 한국 사람이 영어를 잘할 거라고 생각해서 영어로 말을 걸었다가 놀랄 수 있어요. 저 같은 사람도 많거든요.ㅋㅋ"

"조선의 영어 교과서를 보면 영어 단어를 소리 나는 대로 썼어요. '라이스(rice)'는 '으라이스', '런(learn)'은 '을러언'으로 써서 '아르(r)'와 '엘(l)'을 나누어 썼어요. 또 '브이(v)'와 '비(b)', '에프(f)'와 '피(p)'처럼 지금은 똑같이 쓰는 발음*도 다르게 썼어요. 혹시 조선 사람들이 요즘 사람들보다 발음이 더 좋았던 거 아닐까요?"

"한국 음식 중에 '부대찌개'를 아세요? 소시지*와 스팸(SPAM) 같은 것을 넣고 끓인 찌개예요. 부대찌개는 옛날에 미국 군인들이 먹고 버린 재료로 만들어 먹었던 슬픈 요리예요. 고기를 먹기 힘들었던 때라 더 맛있었을 거예요. 지금도 한국 사람들은 명절 때 스팸을 선물하기도 해요."

- 한자 영 Chinese characters 일 漢字 중 汉字
- 입학시험 영 entrance examination 일 入学試験 중 入学考试
- 아시아 영 Asia 일 アジア 중 亚洲
- 필리핀 영 Philippines 일 フィリピン 중 菲律宾
- 발음 영 pronunciation 일 発音 중 发音
- 소시지 영 sausage 일 ソーセージ 중 火腿肠

28 한국 사람은 북한 사람을 어떻게 생각할까?

▶ 여러분은 북한 사람을 어떻게 생각해요?

▶ 한국과 북한은 어떤 것이 다를까요?

드라마 〈사랑의 불시착〉은 남쪽 여자와 북쪽 남자의 사랑 이야기이다. 어느 날 갑자기 사고로 북한*에 가게 된 한국 여자가 북한 남자와 서로 사랑하게 된다. 그것도 그냥 남자가 아니라 멋있고 친절하며 능력 있는 남자와! 그동안 한국 드라마나 영화에서 북한 사람들은 대부분 어둡고 무섭고 나쁜 사람이었는데 세상이 바뀐 것 같다.

한국 사람들이 북한을 보는 마음은 복잡하다. 북한 사람들은 이전에는 가족이고 이웃이었지만, 전쟁*에서 서로 싸우던 상대였기 때문이다. 영화 〈태극기 휘날리며〉에서 형제가 서로 싸우게 된 것처럼 전쟁은 가족도 변하게 한다. 지금도 전쟁을 기억하는 노인 중에는 북한을 싫어하는 사람이 많다.

전쟁은 멈추었다. 그러나 완전히 끝난 것은 아니어서 언제 다시 시작될지 모른다. 사람들은 무섭고 불안했다. 책과 신문, 그리고 노래나 영화에서도 북한을 좋게 말하면 안 됐다. 1970년대* 아이들이 보는 만화영화에서 북한 사람을 돼지로 그릴 정도였다.

그러나 북쪽을 떠나 남쪽으로 온 사람들에게 북한은 꿈에서라도 가고 싶은 고향이다. 전쟁 후 한국에는 냉면 집이 많이 생겼다. 지금도 오래된 냉면 집에 가면 북한에서 온 사람들이 자주 보이는데, 냉면은 이들이 고향에서 자주 먹던 음식이었다.

1980년대부터 전쟁으로 헤어진 남쪽과 북쪽의 가족이 조금씩 만나

• 북한 영 North Korea 일 北朝鮮 중 朝鲜

• 전쟁 영 war 일 戦争 중 战争

• 년대 영 years 일 年代 중 年代

게 되었다. 어린 나이에 헤어진 자식은 머리가 하얀 노인이 되어 있었다. 짧은 만남*이 끝나면 언제 다시 만날 수 있을지 모른다. 한국 사람들은 텔레비전으로 그 모습을 보며 함께 울었다. 피는 물보다 더 진했다.

남과 북으로 나누어진 지 70년이 넘으면서 많은 것이 변했다. 가장 크게 변한 것은 경제*이다. 1960년대 초까지만 해도 북한의 경제는 한국보다 좋았다. 그 후 한국은 계속 발전*했고, 북한은 그러지 못했다. 사람들의 생각이나 언어, 그리고 음식 같은 문화도 70년의 세월만큼 달라졌다.

한국에서는 절반이 넘는 사람이 남북이 통일*하기를 바란다. 그렇게 되기를 가장 바라는 사람은 북쪽이 고향인 사람일 것이다. 어떤 사람은 전쟁으로 헤어진 가족을 만나고 싶어 하고, 어떤 사람은 죽기 전에 고향 땅을 밟고* 싶어 한다.

그러나 70년이라는 시간이 흐르면서 이런 사람도 점점 줄고 있다. 이미 돌아가신 분도 많고, 통일할 필요가 없다고 생각하는 사람도 늘고 있다. 통일이 어려우면 헤어진 가족만이라도 만날 수 있게 되었으면 좋겠다.

- 만남 영 meeting 일 出会い 중 见面
- 경제 영 economy 일 経済 중 经济
- 발전 영 development 일 発展 중 发展
- 통일 영 unification 일 統一 중 统一
- 밟다 영 step on 일 踏む 중 踏、踩

"2018년 남북정상회담* 때 먹은 냉면이 화제*가 됐어요. 북한의 평양이 냉면으로 유명한데 유명한 냉면 집에서 만든 진짜 평양냉면을 먹게 된 거예요! 한국에서는 냉면에 식초를 넣으면 냉면 맛을 모른다고 말해요. 그런데 북한에서는 식초를 많이 넣어서 먹어야 맛있다고 했대요. 하하!"

"제가 초등학생일 때 북한 사람은 머리에 뿔*이 난 줄 알았어요. 그때 했던 텔레비전 만화영화에서 북한 사람이 그렇게 나왔거든요. 그런데 한국에 온 북한 사람들이 그런 질문을 많이 받는다고 하네요. 죄송하지만, 뿔 좀 보여 주시겠어요?"

"1998년 자동차 회사인 현대의 정주영 회장*이 소 1001마리와 함께 북한에 갔어요. 북한이 고향인 정주영 씨가 어렸을 때 아버지가 소를 판 돈을 훔쳐서* 남쪽으로 내려와 사업을 했다고 해요. 소와 함께 북한에 가는 모습은 정말 감동*이었어요."

"요즘 북한에는 한국 드라마를 몰래* 보는 사람들이 많다고 해요. 〈사랑의 불시착〉에서 한국 배우 최지우 씨를 좋아하는 북한 군인 김주먹처럼 말이에요. 김주먹은 최지우 씨의 사인*을 받을 수 있을까요? 궁금한 분은 드라마를 보세요~"

- **남북정상회담** 영 Inter-Korean summit
  일 南北首脳会談
  중 韩朝首脑会晤
- **화제** 영 topic, issue 일 話題 중 话题
- **뿔** 영 horn 일 角(つの) 중 角、犄角
- **회장** 영 president, chairman 일 会長
  중 会长、董事长

- **훔치다** 영 steal 일 盗む 중 窃取、偷盗
- **감동** 영 be moved, be impressed 일 感動
  중 感动
- **몰래** 영 secretly 일 密かに
  중 暗中、偷偷地
- **사인** 영 signature 일 サイン 중 签名

한국 남자는
모두 군대에 가야 할까?

▶ 여러분 나라에서는 어떻게 군인이 돼요?

▶ 군인이 된 한국의 가수나 배우를 알고 있어요?

한국에서 남자가 데이트할 때 하면 안 되는 이야기가 있다. 첫 번째는 군대˚ 이야기, 두 번째는 축구 이야기, 세 번째는 군대에서 축구를 한 이야기이다. 그만큼 여자들이 군대 이야기를 싫어한다는 뜻이다. 하지만 그런 여자들도 군대에서 사랑하는 이야기는 좋아하는 것 같다. 2016년 드라마 〈태양의 후예〉가 인기였던 것을 보면 그렇다.

한국 남자 대부분은 군대에 간다. 젊은 날 몇십 개월이나 그곳에서 보내야 한다. 아직 전쟁˚이 끝나지 않은 나라에서 태어났다는 이유로 다른 나라 사람들은 하지 않아도 되는 일을 해야 한다. 군대에서는 힘든 훈련˚을 해야 하고, 가족과 애인을 만나고 싶을 때 만날 수도 없다. 그것도 매우 적은 월급을 받으면서 말이다.

누가 군대에 가고 안 가는지는 한국에서 중요한 문제이다. 같은 한국 국민˚인데 누구는 가고 누구는 안 가면 안 되기 때문이다. 특별한 이유가 없으면 남자들은 모두 군대에 가야 한다. 가수 싸이(PSY)처럼 두 번이나 간 사람도 있다. 싸이는 55개월이나 군대에 있었다!

군대에서는 다양한 일을 하던 사람과 오랜 시간 함께 생활한다. 대학에서 그림을 그리던 사람이 군대에서는 축구장˚에 줄을 긋고˚, 어떤 사람은 어려운 수학 문제를 푸는 대신 축구 점수를 계산하고 있다.

• 군대 영 military 일 軍隊 중 军队
• 전쟁 영 war 일 戦争 중 战争
• 훈련 영 training 일 訓練 중 训练
• 국민 영 nation, citizen 일 国民 중 国民
• 축구장 영 soccer field 일 サッカー場 중 足球场
• 긋다 영 draw 일 引く 중 画、划

다양한 사람들과 오랜 시간 함께 어울리며 배우는 것도 많다. 그래서 한국 사람들은 군대에 갔다 오면 '사람'이 된다고 말하기도 한다. 물론 '사람'이 되려고 군대에 가는 사람은 거의 없다.

한국 남자 대부분이 군대에 가면서 군대 문화는 한국 사회˚에 많은 영향˚을 주게 되었다. 위에서 시킨 일을 그대로 하는 것은 군인에게 매우 중요하다. 그렇지 않으면 전쟁에서 모두 죽을 수 있기 때문이다. 위에서 잘하면 좋은 결과를 빨리 낼 수 있지만, 위에서 잘못해도 밑에서 반대하기 어렵다. 한국 사람이 모인 곳이면 어디서나 이런 모습을 자주 볼 수 있다.

언제 전쟁이 다시 시작될지 모르는 나라에서 한국 남자들은 군인이 되었다. 〈태양의 후예〉에서 유시진이 말한 것처럼 "누군가는 반드시 해야 하는 일이고, 나와 내 가족, 그 가족의 소중한 사람들을 지키기 위해서"이다. 그런데 북쪽 사람들은 한국보다 더 오래 군대에 간다고 한다. 남쪽과 북쪽이 사이가 좋아지면 서로 군대에 가지 않아도 될 텐데 그날은 언제쯤 올까?

- 사회 영 society 일 社会 중 社会
- 영향 영 influence 일 影響 중 影响

"건강, 가정˚, 종교˚ 등˚의 이유가 있거나, 올림픽 같은 경기에서 높은 성적을 냈을 때처럼 특별한 경우˚에는 군대에 가지 않을 수 있어요. 그런데 스포츠 선수나 클래식˚ 음악가는 세계 대회에서 높은 성적을 내면 안 가도 되는데, 왜 가수는 안 될까요? 또 여자는 왜 군대에 꼭 가지 않아도 될까요? 이런 것들은 한국에서 뜨거운 문제예요."

"드라마 〈태양의 후예〉를 보면 군인의 말이 보통 사람들과 조금 다르죠? 군인의 말은 항상 '―다', '―나', '―까'로 끝나는데, 일본 사람의 이름인 '다나카'와 비슷해서 '다 나까'라고 불러요. 그런데 요즘에는 군대에서 이런 말을 쓰지 않아도 된다고 하네요. 그냥 평소처럼 말하면 되지 말입니'다'. 알겠'나'? 모르겠습니'까'?"

"여자가 군대에 간 남자 친구를 끝까지 기다리지 못하고 다른 남자와 사귀는 것을 보고 '고무신을 거꾸로˚ 신다.'라고 해요. 고무신은 예전에 많이 신던 고무˚로 만든 신발이에요. 한국에서는 남녀 사이에 신발을 선물하지 않아요. 새 신발을 신는다는 것은 새로운 상대를 만난다는 것을 뜻하거든요. 신발을 거꾸로 신는 것도 비슷한 의미예요. 젊은 남녀가 만나고 헤어지는 건 자주 있는 일이지만 군대에서 이런 일을 겪으면 더 힘들 것 같네요."

- 가정 영 home, family 일 家庭 중 家庭
- 종교 영 religion 일 宗教 중 宗教
- 등 영 et cetera 일 等 중 (列舉)等
- 경우 영 case 일 場合 중 情況
- 클래식 영 classical music 일 クラシック 중 古典(音乐)
- 거꾸로 영 reversely 일 逆に 중 反、倒
- 고무 영 rubber 일 ゴム 중 橡胶

30 한국의 좀비는 왜 빨리 달릴까?

▶ 한국의 좀비 영화를 본 적 있어요?

▶ 다른 나라의 좀비 영화와 어떻게 달라요?

최근 몇 년 사이 한국 영화나 드라마에 좀비˙가 많이 나왔다. 좀비
는 서양의 영화에 자주 나오는 괴물˙인데 죽어도 다시 살아난다˙. 그
런데 한국의 좀비 영화는 서양의 그것과 조금 다르다. 영화 〈부산행〉
에서처럼 많은 수의 좀비가 쉬지 않고 달린다.

　어떤 사람들은 한국의 좀비 영화에서 '빨리빨리 문화'를 읽기도 한
다. '빨리빨리 문화'는 빠른 속도를 중요하게 생각하는 문화를 말한
다. 한국 사람이 어떤 일을 할 때 '빨리빨리' 하라고 자주 말하기 때문
에 붙여진 말이다.

　그런데 한국 사람의 성격이 처음부터 급했던 것 같지는 않다. 옛날
'코리안 타임(Korean Time)'이라는 말이 있었다. 이것은 한국 사람
이 약속 시간에 늦어도 서두르지 않아서 생긴 말이다. 옛날 농사˙를
짓는 사람이 많던 때에는 시간을 정확하게 지킬 필요가 없었다. 시계
를 늘 가지고 다니는 서양 사람들에게는 이런 한국 사람이 이상해 보
였을 것이다.

　전쟁˙ 때부터 한국 사람의 행동이 빨라졌다고 말하기도 한다. 전쟁
때는 죽을 수 있으니까 빨리 움직여야 하기 때문이다. 한국 사람들은
전쟁으로 사랑하는 가족과 이웃, 그리고 집과 공장과 도로를 잃었다.

● 좀비　영 zombie　일 ゾンビ　중 僵尸
● 괴물　영 monster　일 怪物　중 怪物
● 살아나다　영 revive　일 生き返る　중 复活
● 농사　영 farming　일 農事、農業　중 农事、种地
● 전쟁　영 war　일 戦争　중 战争

전쟁이 끝났을 때 한국은 세계에서 가장 가난한 나라 중 하나였다.

나라를 다시 세우기 위해 사람들은 적은 월급으로 많이 일했다. 공장에서는 빠르고 정확하게 일해야 했다. 한국 사람들은 공장의 기계처럼 일하고 또 일했다. 한국은 빠르게 발전했다. 1인당 GNP는 1961년 82달러에서 2018년에는 3만 달러를 넘었다.

한국 사람들의 생활도 빠르게 변했다. 지금 한국에서는 밤에 인터넷으로 주문한 주스를 아침에 일어나자마자 마실 수 있다. 그리고 지하철에서는 세계에서 가장 빠른 속도로 인터넷을 즐길 수 있다. 집에서 피자를 주문하면 30분만에 배달해 준다.

이런 서비스는 빠르고 편리하지만, 좋기만 한 것은 아니다. 인터넷 쇼핑이 늘면서 쓰레기도 늘고 있고, 밤에 주문한 주스를 아침에 마시기 위해 누군가는 밤에 일해야 한다. 피자를 30분 안에 배달하려고 서두르다가 사고가 나서 죽은 사람도 있다.

최근에는 조금 불편해도 느리게 살고 싶어 하는 사람이 조금씩 늘고 있다. 이제는 한국 사람들도 〈부산행〉의 좀비처럼 살기 위해 '빨리빨리' 달리고 싶지 않은 것일까? 몇십 년 뒤에는 '옛날' 한국 사람들의 '빨리빨리 문화'를 이야기하면서 재미있어 할 것 같다.

- 가난 영 poverty 일 貧しさ 중 贫穷
- 기계 영 machine 일 機械 중 机器
- 발전 영 development 일 発展 중 发展
- 달러 영 dollar 일 ドル 중 美元、美金

"자판기에서 커피를 살 때 한국 사람과 외국인을 구별°하는 방법을 아세요? 커피가 다 나온 후 컵을 꺼내면 외국인, 다 나오기 전에 손을 넣고 기다리고 있으면 한국 사람이래요. 하하!"

"한국 사람을 고문°하는 방법이 인터넷에서 화제°가 됐어요. 그중° 몇 가지만 소개하면 이런 게 있어요. 인터넷 속도를 10mb 이하로 줄인다, 버스가 완전히 멈춘 후 자리에서 일어나 내리게 한다, 엘리베이터의 문 닫기 버튼°을 누르지 못하게 한다."

"외국에 전화를 걸 때 국가° 번호를 먼저 누르죠. 그런데 한국의 국가 번호가 뭔지 아세요? 바로 82(팔이)예요. 한국은 정말 '빨리빨리'의 나라네요."

"90년대°에 삐삐가 유행했어요. 삐삐에 전화번호를 보내면 그 번호로 전화를 걸면 돼요. 전화번호와 함께 숫자 '8282(팔이팔이)'를 남기면 빨리빨리 전화하라는 뜻이에요. 이건 '팔이팔이'와 '빨리빨리'의 소리가 비슷해서 생긴 암호°예요. 공중전화° 앞에는 삐삐로 연락하려는 사람들이 줄 서 있었어요. 지금은 사라진 풍경이네요. 그럼 저는 20000(이만°)!"

- **구별** 영 distinction 일 区別 중 区分
- **고문** 영 torture 일 拷問 중 拷问
- **화제** 영 topic, issue 일 話題 중 话题
- **그중** 영 among them 일 そのうち 중 其中
- **버튼** 영 button 일 ボタン 중 按钮
- **국가** 영 nation 일 国家 중 国家
- **년대** 영 years 일 年代 중 年代
- **삐삐** 영 beeper 일 ポケットベル 중 bp机、传呼机
- **암호** 영 secret code 일 暗号 중 暗号
- **공중전화** 영 payphone 일 公衆電話 중 公用电话
- **이만** 영 Yours Truly 일 これで。この辺で 중 到此

31 한국 사람들은 왜 군인이나 경찰과 싸웠을까?

▶ 여러분 나라에서는 사람들이 군인이나 경찰을 어떻게 생각해요?

▶ 더 좋은 세상을 만들려면 어떻게 해야 할까요?

영화 〈변호인〉이나 〈택시 운전사〉, 〈1987〉에는 군인이나 경찰과 싸우는 한국 시민들의 모습이 나온다. 영화에서 시민들은 죽거나 다치는데도 계속 싸운다. 이것이 몇십 년 전에 한국에서 정말 있었던 일이라고 믿기 힘들다. 그런데 한국 사람들은 왜 그들과 싸웠을까?

　지금 한국 사람들은 군인이나 경찰이 시민을 지키는 사람이라고 누구나 믿고 있다. 하지만 몇십 년 전에는 반드시 그렇지 않았다. 나라에서는 시민의 자유를 그렇게 중요하게 생각하지 않았다. 사람들은 길에서 군인이나 경찰을 보면 잘못한 것이 없어도 무서워했다.

　한국 사람들은 그전에는 가족이고 이웃이었던 북쪽 사람들과 싸워야 했다. 세계가 둘로 나누어져 서로 싸우던 때였다. 한국의 높은 사람들은 북쪽과 같은 편*으로 보이는 '나쁜' 국민*과도 싸워야 한다고 생각했다. 군인이나 경찰은 '나쁜' 국민과 싸우는 사람이었다.

　영화 〈택시 운전사〉의 광주 시민들과 〈변호인〉에서 독서 모임을 하던 대학생들, 그리고 〈1987〉의 대학생 박종철과 이한열은 그렇게 '나쁜' 국민이 되었다. 그 결과 많은 시민이 죽거나 다쳤다.

　시민은 스스로 지켜야 했다. 보고만 있던 사람들도 점점 피가 끓는 것을 느꼈다. 가장 먼저 끓은 것은 젊은 학생이었다. 학생들은 자신이 위험하다는 것을 알면서도 옳지 않다고 말하는 용기*를 가졌다.

- 편　영 side　일 方、味方　중 边、伙、派
- 국민　영 nation, citizen　일 国民　중 国民
- 용기　영 courage　일 勇気　중 勇气

〈1987〉에서 대학생 연희는 학생운동•을 하는 한열에게 "그런다고 세상이 바뀌어요?"라고 말하던 사람이었다. 그랬던 연희가, 한열처럼 '마음이 아파서' 함께 싸우게 된다.

세상을 바꾼 것은 연희 같은 사람들이었다. 학생은 공부나 열심히 하라고 하던 〈택시 운전사〉의 택시 운전사 만섭이나 〈변호인〉의 변호사 우석 같은 사람들도 학생과 함께 싸우기 시작했다. 그런다고 세상이 바뀌냐고 누군가는 말했지만, 세상은 결국 바뀌었다.

나라의 주인은 일부 군인이 아닌 국민임을 한국 국민은 스스로 알게 되었다. '모든 힘은 국민으로부터 나온다'고 믿게 되었다. 이제 한국에서 경찰이나 군인은 국민과 싸우는 사람이 아니라 국민을 지키는 사람이다.

한국의 시민들은 아직 싸우는 중이다. 더 나은 세상을 만들려면 시민이 목소리를 내야 한다는 것을 잘 알고 있기 때문이다. 한국 사람들은 자유를 얻기 위해 얼마나 많은 피를 흘려야 했는지를 기억한다. 그래서 1980년 5월의 광주 시민처럼, 1987년 6월의 시민들처럼 한국의 시민들은 아직도 거리에 나간다.

• 학생운동　영 a student movement　일 学生運動　중 学生运动

"가수 방탄소년단(BTS)의 노래 '마 시티(Ma City)'에서 제이홉(J-HOPE)은 고향 광주에 대해 노래했어요. 1980년 5월의 광주 민주화 운동에 대한 가사가 나와요. 이 노래로 외국의 팬들도 한국의 민주화 운동에 관심을 가지게 되었다고 하네요."

"학생운동은 옛날에도 있었어요. 요즘의 국립 대학과 비슷한 성균관의 학생들은 왕에게 반대하는 뜻을 전할 때 밥을 굶거나 수업을 듣지 않았다고 해요. 또 왕이 있는 곳까지 함께 걸어간 후 말을 들어줄 때까지 계속 앉아 있었대요. 옛날이나 지금이나 학생운동의 모습은 비슷하네요."

"1980년대에는 학생운동을 하다가 사람이 많이 죽거나 다쳤어요. 부모들은 대학생이 된 자식에게 학생운동이 위험하니까 하지 말라고 했어요. 하지만 요즘에는 그렇게 위험하지 않아요. 사람들과 함께 노래도 부르고, 자기 생각을 재미있게 표현하는 모습이 콘서트나 축제 같아요. 그래서 요즘 부모들은 아이들과 함께 가요."

- **민주화** 영 democratization 일 民主化 중 民主化
- **가사** 영 lyrics 일 歌詞 중 歌词
- **팬** 영 fan 일 ファン 중 粉丝、崇拜者、(体育、文艺)迷
- **국립** 영 national 일 国立 중 国立
- **굶다** 영 skip a meal 일 (飲食を)断つ、抜く 중 饿肚子
- **들어주다** 영 grant 일 聞き入れる 중 接受
- **년대** 영 years 일 年代 중 年代
- **자기** 영 oneself 일 自分 중 自己
- **표현** 영 expression 일 表現 중 表現
- **축제** 영 festival 일 祝祭、祭り 중 庆典、庆祝活动

32 한국 사람은 왜 공부를 많이 할까?

▶ 여러분 나라에는 대학에 들어가는 사람이 얼마나 있어요?

▶ 대학 공부는 꼭 필요할까요?

2018년 겨울, 드라마 〈SKY 캐슬〉이 한국에서 인기였다. 사랑 이야기도 아니고 유명한 배우가 나오는 것도 아닌데, 이 드라마가 인기 있었던 이유는 무엇일까? 바로 한국의 부모 누구나 고민하는 교육 문제를 잘 그렸기 때문이었다.

드라마 속 부모들은 자식을 좋은 대학에 보내기 위해 유명한 선생님을 찾는다. 그때부터 가족의 생활은 아이의 성적을 위해 바뀐다. 그런데 정말 그럴까 싶은 드라마 속 모습이 사실에 가깝다고 생각하는 한국 사람이 많았다.

한국은 세계에서도 대학에 많이 가는 나라이다. 고등학교 3학년 학생 10명 중 7명 정도가 다음 해 대학에 간다. 학생들은 더 좋은 대학에 가기 위해 학교가 끝나도 다시 학원이나 도서관, 집에서 늦게까지 공부한다. 고등학생만 그런 것이 아니다. 초등학생도 대부분 학원을 여러 곳 다닌다.

지금은 누구나 학교에 간다. 하지만 옛날에는 신분˚이 높은 남자만 학교에 갈 수 있었다. 그들은 공부를 많이 해서 시험에 붙어 높은 사람이 되고 싶어 했다. 신분이 낮은 사람이나 여자는 글자를 알 필요도 없었다. 그런데 신분이 없어지자 이야기는 달라졌다. 누구나 공부를 잘하면 높은 사람이 될 수 있게 된 것이다.

● 신분 영 status 일 身分 중 新娘

전쟁˚ 중에도 학교는 열렸다. 아이들은 돈을 벌기 위해 구두를 닦으면서도 학교에 갔다. 전쟁이 끝나고 한국 경제˚가 발전˚하면서 대학을 나온 사람들이 많이 필요해졌다. 부모들은 자식들을 대학에 보내기 위해 소를 팔고 땅을 팔았다. 소도 땅도 없는 사람이 많았기 때문에 대학에 갈 수 있는 사람은 적었다. 대학만 나오면 좋은 곳에 취직할 수 있던 때였다.

그 아이들이 부모가 되었다. 부모들은 대학에 가면 좋은 직업을 가질 수 있다는 것을 경험으로 알고 있었다. 부모들은 자식들을 열심히 공부시켰다. 대학에 가려는 사람이 많아졌기 때문에 아이들은 공부를 더 많이 해야 했다. 하루에 4시간을 자면 대학에 붙고, 5시간을 자면 떨어진다고 했다.

그 아이들이 지금 40~50대가 되었다. 그들의 자식들도 부모 때처럼 열심히 공부하고 있다. 그러나 누구나 대학에 갈 수 있게 된 지금, 대학을 나온다고 해서 꼭 좋은 직업을 얻는 것은 아니다. 부모들은 자식들을 공부시키려고 너무 많은 돈을 쓰다가 미래를 준비하지 못하기도 한다.

한국 사람들이 공부를 많이 해서 경제가 발전하는 데 도움이 된 것은 사실이다. 그러나 모두가 좋은 대학에 가기 위해 포기˚한 것도 많다. 좋은 직업을 가지려면 좋은 대학에 가야 하는 시대˚는 이미 끝난 것일지 모르는데도 말이다.

- 전쟁 영 war 일 戦争 중 战争
- 경제 영 economy 일 経済 중 经济
- 발전 영 development 일 発展 중 发展
- 포기 영 giving up 일 諦め 중 放弃
- 시대 영 period 일 時代 중 时代

"미국의 오바마(Barack Obama) 대통령°은 한국의 교육을 여러 번 칭찬했어요. 그런데 한국 학생들은 그 말을 듣고, 오바마 대통령이 한국 학교에 다녀 봐야 한다고 했어요. 오바마 대통령이 한국 학생처럼 학교 끝나고도 또 공부하러 학원에 가고, 늦게까지 공부해 보면 다르게 생각하지 않을까요?"

"1989년에 〈행복은 성적순°이 아니잖아요〉라는 영화가 있었어요. 학교에서 늘 1등을 하던 고등학생이 성적이 떨어져 자살°하는 내용인데 실제로° 있었던 일이에요. 30년이 지나 그 영화를 보던 학생이 부모가 되었는데 아직도 그런 일이 해마다 일어나요. 부모들도 어른이 되어 보니 행복은 성적순이라고 믿게 된 것일까요?"

"국제학업성취도평가(Programme for International Student Assessment)에서 한국 학생은 세계에서 높은 성적을 받아 왔어요. 그런데 최근 성적이 낮은 학생들이 늘고 있어요. 요즘 학생들은 옛날보다 공부를 더 많이 하는 것 같은데 왜 그럴까요?"

"세계적°으로 유명한 사람들이 한국에서 태어났다면 어떻게 되었을까요? 어떤 대학생이 수업이 마음에 들지 않아서 대학을 그만두었어요. 그리고 컴퓨터 회사에 취직하려고 했지만, 대학을 나오지 않아 취직할 수 없었어요. 이 사람은 결국 용산 전자° 상가°에서 컴퓨터를 팔게 됐어요. 이 사람 이름은 스티브 잡스(Steve Jobs)예요."

- 대통령 영 president 일 大統領 중 总统
- 성적순 academic rank 일 成績順
  중 成绩顺序
- 자살 영 suicide 일 自殺 중 自杀
- 실제로 영 actually 일 実際に 중 实际上

- 세계적 영 being worldwide 일 世界的
  중 世界性、全球性
- 전자 영 electron 일 電子、電気製品
  중 电子
- 상가 영 shopping street 일 商店街
  중 商业街

33 '강남 스타일'은
어떤 스타일일까?

▶ 싸이(PSY)의 '강남 스타일' 춤을 알아요?

▶ 여러분 나라에서는 어떤 지역의 스타일이 유행한 적 있어요?

2012년 가수 싸이(PSY)의 노래 〈강남 스타일˙〉이 세계에서 인기를 크게 얻었다. 말을 타는 것 같은 재미있는 춤도 세계 여기저기에서 유행했다. 사람들이 모여 함께 춤추면서 "오빤 강남 스타일!"을 불렀다. 그런데 '강남 스타일'은 어떤 스타일을 말할까?

강남은 서울의 한강 남쪽에 있는 지역˙ 이름이다. 지금은 부자들이 사는 동네로 유명하지만, 1960년대˙까지만 해도 그렇지 않았다. 그때는 서울이라고 하면 보통 한강 북쪽을 말했고, 강남에는 주로 농사˙ 짓는 사람들이 살고 있었다.

그런데 한국 경제˙가 발전˙하면서 사람들이 서울로 점점 모이게 되었다. 서울에 일할 곳이 많았기 때문이다. 사람들이 살 곳이 적어지자 나라에서는 강남에 아파트를 많이 지었다. 유명한 학교와 공공 기관˙도 그곳으로 이사했다. 도로와 전철역이 생겨 교통이 편리해지자 강남으로 이사하는 회사도 많이 생겼다. 이렇게 강남은 한국 경제의 중심이 되었다.

강남이 살기 좋아지면서 땅이 비싸졌다. 1960년대 초 3.3㎡(제곱미터)에 300~400원이었던 땅은, 1970년대 말에는 1000배가 넘는

- 스타일 영 style 일 スタイル 중 风格、样式
- 지역 영 region 일 地域 중 地区
- 년대 영 years 일 年代 중 年代
- 농사 영 farming 일 農事、農業 중 农事、种地
- 경제 영 economy 일 経済 중 经济
- 발전 영 development 일 発展 중 发展
- 공공 기관 영 public institution 일 公共機関 중 公共机关

50만 원이 되었다. 강남에 땅을 가진 사람들은 갑자기 부자가 되었다. 부자가 되고 싶은 사람들은 농사를 짓기보다 강남에 땅이나 아파트를 샀다. '강남 사람'은 곧 부자라는 뜻이 되었다.

부자 부모들은 자신이 젊었을 때 돈이 없어서 못 했던 일들을 자식들은 모두 할 수 있기를 바랐다. 부자 부모를 둔 사람들은 외국으로 여행이나 유학을 많이 갔다. 이들이 외국에서 경험한 것들은 그대로 강남의 문화가 되었다.

지금 낮의 강남은 땀 냄새가 나는 곳이다. 성공을 위해 바쁘게 움직이는 사람들이 낮의 강남을 만든다. 그중˚에는 케이팝(K-pop) 스타도 있고, 영화를 만드는 사람도 있고, 게임 회사의 직원도 있다. 밤의 강남은 술 냄새가 나는 곳이다. 화려한 술집과 레스토랑에서 누군가는 돈을 쓰고, 누군가는 돈을 번다.

이제 강남은 한국에서 가장 세련되고, 화려하고, 바쁜 곳이 되었다. 강남의 패션˚, 미용˚, 교육 같은 것이 여기저기에서 유행하고 있다. 강남 스타일이 유행하고 있는 것은, 이들처럼 부자가 되고 싶은 사람이 많기 때문일 것이다.

• 그중 영 among them 일 その中 중 其中

• 패션 영 fashion 일 ファッション 중 时尚

• 미용 영 cosmetic treatment 일 美容 중 美容

"싸이의 〈강남 스타일〉은 재미있는 뮤직비디오●로 유명해요. 그런데 사실 뮤직비디오를 강남에서 찍지 않았다고 하네요. 싸이 씨에게는 조금 미안한 말이지만, '강남 스타일'이 아닌 아저씨가 '오빤 강남 스타일!'이라고 해서 더 재미있는 것 같아요."

"1990년대 강남은 '오렌지족●'으로 유명했어요. '오렌지족'은 부자 부모를 두어서 돈을 잘 쓰고 다니는 젊은 사람들을 말해요. 이들은 명품● 옷을 입고 비싼 차를 타고 강남의 클럽● 같은 곳에서 주로 놀았어요. 그런데 왜 '오렌지족'이라 했을까요? 1980년대까지만 해도 과일을 외국에서 수입●할 수 없었기 때문에 오렌지가 흔하지● 않았어요. 그런데 1990년대에 들어와 오렌지를 수입하게 됐어요. 외국에서 온 과일인 오렌지와 해외여행이나 외국 유학을 많이 간 '오렌지족'은 비슷한 것 같네요. 이 밖에 '오렌지족'이 마음에 드는 사람에게 오렌지를 주면서 말을 걸었다는 말도 있어요. 하하!"

"강남에는 한류●로 유명한 회사들이 많이 있어요. 그래서 외국에서 온 한류 팬●들도 많이 가요. 길에서 스타를 만날 수도 있겠네요. 스타보다 팬을 만날 확률●이 더 높겠지만요."

- **뮤직비디오** 영 music video 일 ミュージックビデオ 중 MV
- **-족** 영 a tribe 일 -族 중 族
- **명품** 영 premium brand goods 일 ブランド物 중 名牌
- **클럽** 영 club 일 クラブ 중 夜店、夜总会
- **수입** 영 import 일 輸入 중 进口
- **흔하다** 영 common 일 よくある 중 常见
- **한류** 영 Korean wave 일 韓流 중 韩流
- **팬** 영 fan 일 ファン 중 粉丝、崇拜者、(体育、文艺)迷
- **확률** 영 probability 일 確率 중 概率

34 요즘 한국의 젊은 사람들은 어떤 고민을 하고 있을까?

▶ 여러분 나라의 젊은 사람들은 어떤 고민을 해요?

▶ 여러분의 고민은 뭐예요?

가수 방탄소년단(BTS)이 세계의 스타가 되었다. 방탄소년단은 젊은 사람들이 느끼는 고민과 희망에 대해 노래해 왔다. 그런데 그들의 노래가 바로 내 이야기라고 생각하는 사람들이 많다. 그들이 노래한 젊은 사람들의 고민은 어떤 것일까?

　방탄소년단이 처음 노래한 것은 학교 이야기였다. 노래 〈N.O〉에는 "학교와 집 아니면 피시방●"을 오고 가면서 "공부하는 기계●"가 된 학생들의 고민이 잘 나타나 있다. 그들은 "힘든 건 지금뿐"이니까 "조금 더 참으라고" 하는 어른들에게 "아니(NO)"라고 말한다.

　그런데 한 세대● 전에 이것과 똑같은 이야기를 노래한 가수가 있었다. 1990년대●의 가수 서태지와 아이들이다. 서태지와 아이들은 노래 〈교실 이데아〉에서 "좀 더 비싼 너로 만들어 주겠다"면서 공부하기만을 바라는 어른들의 말만 듣지 말고, 세상을 "바꾸자"고 했다.

　서태지와 아이들처럼 1970년대에 태어난 세대를 '엑스(X)세대'라고 한다. 엑스세대는 한국에서 먹는 고민 없이 산 첫 세대였다. 엑스세대가 대학생이 되었을 때는 학생운동●도 끝나고 있었다. 그들은 학생운동 대신 영화나 음악을 즐겼고, 해외여행과 유학을 갔다.

　엑스세대가 취직할 때쯤 한국의 경제●가 갑자기 나빠졌다. 한국이

● 피시방　영 internet cafe　일 ネットカフェ　중 网吧
● 기계　영 machine　일 機械　중 机器
● 세대　영 generation　일 世代　중 代、世代
● 년대　영 years　일 年代　중 年代
● 학생운동　영 a student movement　일 学生運動　중 学生运动
● 경제　영 economy　일 経済　중 经济

국제통화기금(IMF)에서 많은 돈을 빌리면서 많은 회사가 문을 닫았고, 많은 사람이 직장을 잃었다. 그 결과 부자는 더 부자가 되었고, 가난*한 사람은 더 가난해졌다.

엑스세대가 시간이 흘러 부모 세대가 되었다. 지금 세계에서 인기 있는 음악이나 영화와 드라마를 만드는 사람 중 많은 수가 바로 엑스세대이다. 이들이 젊었을 때 한 다양한 문화 경험이 큰 도움이 되었다. 그들은 새로운 문화를 만들고 있다.

요즘에는 대학생이 되어도 취직 준비로 바쁘다. 좋은 직장에서는 사람을 많이 뽑지 않는다. 어렵게 취직해도 집은 비싸고, 아이들 교육에 돈이 많이 든다. 가진 것이 없는 사람에게 세상은 더 힘들어진 것 같다.

방탄소년단의 노래 〈쩔어〉에 나오는 것처럼 어른들은 젊은 사람들을 '3포 세대'로 부르고 있다. 사랑하고 결혼하고 아이를 가지는 세 가지를 포기*했다는 뜻이다. 그러나 젊은 사람들이 그것을 포기한 것이 아니라 포기할 수밖에 없는 세상이 된 것 같다.

노래 〈뱁새〉에서 어른들은 젊은 사람들에게 더 "노오력(노력)"하라고 하지만, 그들은 이미 노력하고 있다고 말한다. 문제는 노력이 부족해서가 아니라, 가진 것이 없으면 아무리 노력해도 살기 힘들어진 세상이 아닐까?

• 가난 영poverty 일貧しさ 중贫穷
• 포기 영giving up 일諦め 중放弃

"2015년부터 '금수저'라는 말이 유행했어요. 돈 많고 능력 있는 부모를 두어서 편하게 사는 사람들을 보고, 금●으로 된 수저를 가지고 태어났다고 해요. 반대로 부모가 돈과 능력이 없는 사람은 흙●으로 된 수저를 들고 태어난 '흙수저'라고 말해요."

"요즘 대학생들은 취직하기 위해 많은 것을 준비해요. 좋은 대학에 들어가고, 대학에서도 좋은 성적을 받고, 영어 시험에서 높은 점수를 얻으려고 노력해요. 이런 것들을 '스펙'이라고 하는데 요즘 대학생들은 단군● 이후 최고 '스펙'을 가졌다고 할 만큼 능력이 뛰어나다●고 해요."

"2017년 가수 서태지와 방탄소년단이 함께 콘서트를 했어요. 젊은 사람들은 서태지가 누구인데 방탄소년단과 콘서트를 하는지 궁금했어요. 그런데 부모 세대들은 방탄소년단이 누구인데 서태지와 콘서트를 하는지 궁금했어요. 서태지는 1990년대에 한국의 '문화 대통령●'이라고 부르던 사람이에요. 케이팝(K-pop)이 서태지부터 시작되었다고 말해요."

"1990년대 어른들은 엑스세대를 이해하지 못했어요. 요즘 아이들은 버릇이 없고 어른을 무시●한다는 말을 자주 했어요. 아마 자유로운● 엑스세대가 어른들의 마음에 들지 않았던 것 같아요. 그런데 똑같은 말을 한 사람이 있었죠. 2,500년 전의 철학가● 소크라테스(Socrates)예요. 하하!"

- 금 영 gold 일 金 중 金子
- 흙 영 soil 일 土 중 土
- 단군 영 Dangun(legendary founding
  father of Gojoseon) 일 檀君 중 檀君
- 뛰어나다 영 outstanding 일 優れている
  중 出色、优秀
- 대통령 영 president 일 大統領 중 总统
- 무시 영 disregard, neglect 일 無視
  중 无视、轻视
- 자유롭다 영 free 일 自由だ 중 自由
- 철학가 영 philosopher 일 哲学家
  중 哲学家

35 한국 여자들은 어떻게 살고 있을까?

▶ 여러분 나라에서는 결혼하면 여성과 남성이 하는 일이 어떻게 달라져요?

▶ 여러분 나라에서는 결혼해서도 직업을 가지는 여성이 어느 정도 있어요?

여성 문제를 그린 소설 〈82년생 김지영〉이 영화로 만들어졌다. 많은 여성이 주부 김지영의 모습을 보면서 나와 내 가족, 그리고 친구의 이야기라고 느꼈다. 반면[•]에 김지영의 모습이 사실과 다르다고 느끼는 사람도 많았다. 어느 쪽이든지 소설이나 영화 속 이야기를 사실과 비교하고 있는 것 같다. 그러면 한국 여성들은 실제로[•] 어떻게 살고 있을까?

　대부분의 나라에서 여성은 아이를 낳아[•] 기르는 일을 해 왔다. 한국도 그랬다. 교육을 받고, 직업을 가지는 것은 오랫동안 남성이었다. 한국에서는 백 년 전만 해도 여성이 학교에 다니기 어려웠다. 그들은 대부분 자신보다 가족의 꿈을 생각하며 살았다. 김지영의 가족처럼 같은 형제라고 해도 아들을 우선했다.

　시간이 흘러 여성도 남성과 똑같이 학교에 가고, 직업을 가지게 되었다. 어머니들은 딸이 자신처럼 살지 않기를 바랐다. 딸만은 자신의 꿈을 생각하며 살기를 바랐다. 그 딸들이 교육을 받고 직업을 가지게 되면서 여성의 목소리는 점점 커졌다.

　지금 한국에서는 남녀를 차별[•]하면 안 된다. 그러나 한국 여성은 아직도 남녀 차별이 많이 남아 있다고 말한다. 여성은 남성보다 취직하기 어렵고, 월급도 적으며, 높은 자리에 올라가기도 쉽지 않다. 결

- 반면　영 the other side　일 反面　중 相反
- 실제로　영 actually　일 実際に　중 実際上
- 낳다　영 give birth　일 産む　중 生(孩子)
- 차별　영 discrimination　일 差別　중 区別対待

혼해서 부부가 둘 다 일해도 회사 일은 남편이 더 오래 하고, 집안일은 아내가 더 많이 한다.

한국 여성 중 많은 수가 김지영처럼 아이를 낳으면 일을 그만둔다. 가장 큰 이유는 아이를 키우면서 일하기 어렵고, 여성이 받는 월급이 남편보다 더 적기 때문이다. 아이를 맡길˚ 곳이 없어서 직장으로 다시 돌아가지 못하는 여성도 많다. 옛날처럼 부모와 함께 살면서 도움을 받기도 힘들다.

혼자 돈을 벌어야 하는 남편 역시 힘들다. 옛날 아버지 때처럼 남자를 우선하는 분위기는 거의 없어졌다. 요즘 젊은 남성 중 많은 수는 남자가 더 차별받고 있다고 생각한다. 남성은 대학에 들어가기 더 어렵고, 군대˚에도 가며, 힘든 일을 더 많이 한다는 것이다.

요즘 인터넷에서는 남녀가 자주 싸운다. 그러나 남녀로 나누어져서 싸울 일이 아니다. 남녀 모두 서로를 이해하고, 앞으로 함께 풀어야 할 문제이다. 남녀 차별 문제는 남녀뿐만 아니라 사회˚와 함께 풀어야 한다.

세상의 반은 여성이고 나머지 반은 남성이다. 여성은 남성의 어머니이고, 아내이고, 딸이다. 여성의 문제는 곧 남성의 문제이며, 가족과 회사와 나라의 문제이기도 하다. 그런 의미에서 우리는 모두 김지영이다.

• 맡기다 영 entrust 일 預ける 중 寄托、请别人帮忙照看
• 군대 영 military 일 軍隊 중 军队
• 사회 영 society 일 社会 중 社会

"1982년에 가장 많은 여자 이름이 지영이었대요. 작가가 어디에서나 자주 볼 수 있는 사람의 이름을 골랐다고 해요. 한국에서 가장 많은 성도 김 씨죠. 〈82년생 김지영〉이 여성의 눈에 보이는 세상을 그린 글이라면, 〈79년생 정대현〉, 〈82년생 김철수〉, 〈90년생 김지훈〉, 〈86년생 김현수〉는 남성의 눈에 보이는 세상을 그린 글이에요."

"김지영은 카페에서 1500원짜리● 커피를 마시다가 주위 사람들에게 '맘충'이라는 말을 들어요. 남편이 번 돈으로 카페에서 한가하게 커피나 마신다는 뜻이에요. '맘충'은 엄마(맘)를 '벌레(충)●'라고 하는 말이에요. 실제로 그 말을 쓰는 사람은 많지 않지만, 사람을 벌레라고 하는 건 나쁘니까 쓰지 않는 게 좋아요. 하지만 같은 벌레인데 아이들이 '공부벌레'나 '책벌레'가 되었으면 좋겠다고 생각하는 부모들은 많죠?"

"한국 여자들은 남자보다 대학에 더 많이 가요. 아이를 낳은 후 일을 그만둔 엄마들이, 아이들의 선생님이 되어 열심히 가르치기도 해요. 〈82년생 김지영〉에서 대학에서 연기●를 공부한 엄마가 아이에게 책을 읽어주는 것처럼 말이에요."

"〈82년생 김지영〉의 김지영이 평범하지● 않다고 생각하는 사람도 많아요. 김지영이 1982년생이 아니라 1952년생이나 82살이 아니냐고 하는 사람도 있어요. 요즘엔 그 정도의 차별은 없다는 뜻이에요. 또 이렇게 말하는 사람도 있죠. '남편이 배우 공유인 것부터가 평범하지 않다.'"

- **짜리** 영 worth, value, amount 일 '値する物'の意
  중 表示大小或者面值。
- **벌레** 영 worm 일 虫 중 虫子
- **연기** 영 acting 일 演技 중 表演
- **평범하다** 영 ordinary, usual, common 일 平凡だ
  중 平凡

36 한국 사람들은
어떤 집에서 살까?

▶ 여러분 나라에서는 어떤 집이 인기가 있어요?

▶ 가난한 사람과 부자가 사는 집은 어떻게 달라요?

한국 영화 〈기생충〉이 세계 여러 나라에서 인기였다. 특히 외국어 영화로는 처음으로 미국의 아카데미(Academy Awards)에서 상을 받아 세계를 놀라게 했다. 이 영화에는 부자 가족과 가난*한 가족이 나온다. 두 가족의 차이*를 가장 잘 알려 주는 것은 바로 집이다.

　〈기생충〉에서 부자가 사는 집은 높은 곳에 있다. 지하철역에서 걸어가려면 힘든 곳이다. 하지만 부자들은 자동차를 많이 타기 때문에 괜찮다. 지금도 서울 북쪽에 있는 산 밑에는 오래된 부자가 많이 모여 산다. 대부분 1~2층의 낮은 건물에 정원*이 넓다.

　요즘 부자들은 서울의 부자 동네인 강남의 아파트에 많이 산다. 부자뿐만 아니라 한국 사람들의 반 이상이 아파트에 산다. 한국은 산이 많고 도시에 사는 사람이 많아 집을 지을 땅이 부족하다. 사람들이 일하러 서울에 모이기 시작한 후부터 아파트가 생기기 시작했다.

　아파트에는 좁은 땅에 사람이 많이 살 수 있다. 아파트 주위에 학교나 전철역, 가게 같은 것이 많이 생겨 생활하기 편하다. 아파트에 사는 사람들이 늘면서 사람들의 생활도 비슷해졌다.

　그런데 아무리 아파트를 많이 지어도 제대로* 된 집에서 살지 못하는 사람이 아직 많다. 〈기생충〉에서 가난한 가족은 집의 반 정도가 지하에 있는 곳에 산다. 집이 낮은 곳에 있어서 어둡고 비가 많이 오면

- 가난　영 poverty　일 貧しさ　중 贫穷
- 차이　영 difference　일 差　중 差异
- 정원　영 garden　일 庭園　중 庭院
- 제대로　영 properly　일 ちゃんと　중 好好地、正确地

물이 찬다. 처음에는 전쟁*을 피하기* 위해 이런 집을 만들었다. 그런데 서울에 집이 부족해지자 사람도 살게 되었다.

어떤 사람은 지붕 위에 있는 방에서 산다. '옥탑방'이라고 하는 이곳은 여름에는 매우 덥고, 겨울에는 매우 춥다. '고시원'이라고 하는 좁은 방에서 사는 사람도 있다. 침대와 책상만 있는 이곳은 큰 시험을 준비하는 학생들이 공부하는 곳이다. 요즘에는 집을 살 돈이 부족하거나 잠시 지낼 곳이 필요한 사람들도 이곳에 산다.

사람들이 제대로 된 집에서 살지 못하는 가장 큰 이유는 집이 비싸기 때문이다. 2020년 서울에서 중간 가격의 아파트를 사려면 월급을 하나도 쓰지 않고 14.5년을 모아야 한다. 내 집을 사는 것은 보통 사람들의 꿈이다. 반대로 돈이 많은 사람은 살 집이 있어도 아파트 값이 올라 돈을 벌 것을 바라고 또 산다. 그리고 집이 없는 사람에게 그 집을 빌려주고 돈을 또 번다.

물론 모두가 좋은 집에 살 수는 없을 것이다. 그러나 부자와 가난한 사람의 차이가 점점 커지고 있는 것은 문제이다. 이것이 한국만의 문제는 아닌 것 같다. 부자와 가난한 사람이 사는 세상이 점점 달라지고 있다. 그래서 세계의 많은 사람이 영화 〈기생충〉을 보고 '우리'의 이야기라고 생각하는 것 같다.

● 전쟁 영 war 일 戦争 중 战争
● 피하다 영 avoid 일 避ける 중 避开、逃避、躲避

"인터넷에서 '한국 사람만 불편한 사진'이 화제˚였어요. 서양 사람이 넓은 소파에 편하게 앉아 있는 사진이에요. 그런데 사진 속 사람은 편해 보이는데 한국 사람은 왜 불편할까요? 정답˚은 사진 속 사람이 신고 있는 신발이에요. 한국에서는 서양과 다르게 집에서 항상 신발을 벗고 있거든요. 한국 사람에게 그런 사진을 한번 보여 주세요. 아마 사진 속 신발을 제일 먼저 볼 거예요."

"한국 사람이 집에서 신발을 신지 않는 것은 바닥에서 생활을 많이 하기 때문이에요. 한국 사람들은 옛날부터 바닥을 따뜻하게 하는 온돌˚로 된 방에서 살았어요. 100년쯤 전에 어떤 외국인은 그 모습을 보고 빵을 굽는 것 같다고 했대요."

"한국에는 집을 빌리는 '전세'라는 게 있어요. 전세로 집을 빌릴 때 한꺼번에˚ 돈을 내고, 집을 나가게 되면 그 돈을 다시 받아요. 그리고 매달 돈을 내는 '월세'도 있어요. 건물을 사서 월세를 받고 사는 사람도 많아요. 한 초등학생한테 앞으로 꿈이 뭐냐고 물었더니 '건물 주인'이라고 했대요. 웃어야 할지 울어야 할지……."

"한국 아파트 중에 'OOO 캐슬(castle)' 같은 영어 이름이 많은 이유를 아세요? 시어머니가 찾아오기 힘들게 하기 위해서래요~"

* **화제** 영 topic, issue 일 話題 중 话题
* **정답** 영 correct answer 일 正解 중 正确答案
* **온돌** 영 ondol(Korean floor heating system)
  　　일 オンドル 중 地暖
* **한꺼번에** 영 all at once 일 一度に 중 一下子、一次性

37 케이팝(K-pop) 그룹에 왜 외국인이 있을까?

▶ 여러분이 아는 케이팝 그룹에 외국인이 있어요?

▶ 케이팝 그룹에 여러분 나라의 사람이 있으면 무엇이 좋아요?

••••

요즘 인기 있는 케이팝(K-pop) 그룹*에는 외국인이 대부분 있다. 외국인만 있는 케이팝 그룹도 있다. 최근에는 케이팝 스타일*의 노래를 부르는 외국 가수도 생겼다. 그런데 이들을 모두 케이팝 가수라고 할 수 있을까?

　케이팝은 2000년대* 전후부터 세계에서 유행하고 있는 한국의 대중가요*를 말한다. 케이팝이라는 말은 한국이 아닌 외국에서 처음 시작되었다. 2001년 가수 보아(BoA)를 시작으로 한국 가수가 일본에서 인기를 얻게 되었다. 일본 사람들은 한국의 대중가요를 케이팝이라고 불렀다.

　한국 사람들은 한국의 대중가요가 외국에서 인기를 얻는 것을 보고 놀랐다. 외국의 대중가요가 한국에서 유행한 적은 많았지만, 그 반대는 많지 않았기 때문이다. 그때까지 한국의 대중가요는 주로 한국 사람이 만들고, 부르고, 즐기는 음악이었다.

　한국의 음악은 먼 옛날에는 중국의 영향*을, 일본에 나라를 잃었던 35년 동안에는 일본의 영향을, 이후 미국의 영향을 많이 받았다. 그러면서 한국 스타일로 바뀌었다. 그래서 케이팝이 그 나라 사람들에게 익숙하면서도 어딘지 다른 느낌을 줄 수 있었다.

　케이팝이 중국과 일본에서 유행하자 케이팝 가수들은 외국어를 공

- 그룹　영group　일グループ　중组合
- 스타일　영style　일スタイル　중风格、样式
- 년대　영years　일年代　중年代
- 대중가요　영popular song　일大衆音楽　중流行歌曲
- 영향　영influence　일影響　중影响

부해서 그 나라 말로 이야기하고 노래를 불렀다. 이런 노력으로 이들은 중국과 일본의 팬°들과 더욱 가까워질 수 있었다.

케이팝은 중국과 일본을 중심으로 아시아°의 여러 나라에서 인기를 얻게 되었다. 지금은 서양에서도 케이팝 팬들이 점점 늘고 있다. 이렇게 될 수 있었던 가장 큰 이유는 인터넷이다. 인터넷에 노래나 영상°을 올리면 여러 나라 사람들이 동시에 듣고 볼 수 있다. 인터넷에서는 언어가 큰 문제가 되지 않는다.

지금은 케이팝 팬들이 한국보다 외국에 더 많다. 만드는 사람도 그렇다. 여러 국적의 사람들이 케이팝 노래를 만들고, 춤을 만든다. 그렇게 보면 케이팝 그룹에 외국인 가수가 있는 것은 당연한 결과이다.

이렇게 케이팝은 세계 여러 나라와 서로 영향을 주고받았다°. 노래를 만드는 사람과 부르는 사람, 즐기는 사람의 국적이 다양해졌다. 그래서 요즘같이 세계가 하나가 되어 가는 때 더 유행하는 것 같다. 이제 케이팝은 한국의 대중가요를 넘어 하나의 스타일이 되고 있다.

- 팬 영 fan 일 ファン 중 粉丝、崇拜者、(体育、文艺)迷
- 아시아 영 Asia 일 アジア 중 亚洲
- 영상 영 video 일 映像、動画 중 影像、视频
- 주고받다 영 exchange 일 取り交わす 중 往来、互相

"한국에서는 연말 음악 방송에 인기 가수들이 많이 나와요. 가수들은 그 자리에서 팬들에게 감사의 인사를 해요. 그런데 요즘에는 한국어는 물론이고, 영어와 중국어˚, 일본어˚ 같은 외국어로 인사하는 가수들이 많아요. 외국인 가수와 팬이 많아졌기 때문이에요."

"요즘 케이팝 스타는 대부분 외국어를 공부해요. 노래에 춤에 외국어까지 정말 대단하죠? 전 그중˚ 하나도 제대로˚ 못 하는데 말이에요. 물론 그걸 다 잘했으면 제가 스타가 됐겠죠? 하하!"

"한국의 케이팝 팬들은 좋아하는 스타가 외국에서 활동˚을 많이 하게 되면 기쁘면서도, 아쉬워˚해요. 좋아하는 가수를 텔레비전에서 보기 힘들고, 콘서트를 보러 외국에 가야 하기 때문이에요. 여러 나라 사람들이 모이는 인터넷에서 한국어를 찾으면 반가워해요."

"케이팝이 세계에서 인기를 얻으면서 '케이 드라마(Drama)', '케이 뷰티(beauty)', '케이 푸드(food)' 같은 말도 만들어졌어요. 2020년 코로나 바이러스˚의 세계 유행 때 '케이 방역˚'이라는 말도 생겼어요. 다음에는 또 어떤 말이 나타날까요?"

- **중국어** 영 Chinese(language) 일 中国語
  중 汉语
- **일본어** 영 Japanese(language) 일 日本語
  중 日语
- **그중** 영 among them 일 そのうち(の)
  중 其中其中
- **제대로** 영 properly 일 ちゃんと
  중 好好地、正确地

- **활동** 영 activity 일 活動 중 活动
- **아쉽다** 영 being a pity 일 惜しい、残念だ
  중 惋惜、遗憾
- **코로나 바이러스** 영 Coronavirus
  일 コロナウィルス
  중 新冠病毒
- **방역** 영 communicable diseases control
  일 防疫 중 防疫

38 케이팝(K-pop) 가수는 어떻게 춤추면서 노래할 수 있을까?

▶ 여러분 나라의 음악과 케이팝은 어떻게 달라요?

▶ 케이팝이 왜 세계에서 인기 있는 것 같아요?

케이팝의 인기가 뜨겁다. 케이팝 가수는 노래는 물론이고, 춤도 잘 추고 멋있는 스타일*로 세계 여러 나라에서 인기가 많다. 이 중 하나만 잘하기도 어려운데, 이들은 어떻게 노래를 부르면서 춤까지 잘 출 수 있을까?

방송 프로그램 〈걸스플래닛999〉를 보면 케이팝 가수가 어떻게 연습하는지 잘 알 수 있다. 이 프로그램에서는 가수가 되고 싶은 사람 99명 중에서 인기가 가장 높은 아홉 명을 모아 그룹*을 만들었다.

2000년 가수 보아(BoA)가 처음 나왔을 때 초등학생 때부터 연습해 왔다는 사실에 사람들은 놀랐다. 하지만 요즘에는 그렇게 놀랄 일이 아니다. 〈걸스플래닛999〉에 나오는 사람들은 10대*에서 20대 초의 젊은 사람들이다. 이들은 이미 짧게는 몇 개월에서 보통 몇 년씩 가수가 되기 위해 준비해 왔다.

〈걸스플래닛999〉는 학교나 군대*와 비슷하다. 학교처럼 매일 춤과 노래 수업이 있으며, 시험을 보고, 성적에 따라 반이 나누어진다. 그리고 군대처럼 여러 명이 정해진 시간에 맞추어 함께 일어나고, 밥을 먹고, 잔다. 케이팝 그룹은 대부분 이들처럼 함께 살면서 오랜 시간 연습한다. 이렇게 하면 일어나서 잘 때까지 연습을 많이 할 수 있다.

가수라는 같은 꿈을 가진 비슷한 나이의 사람들이 모였다. 그리고

- 스타일 영 style 일 スタイル 중 风格、样式
- 그룹 영 group 일 グループ 중 组合
- 대 영 band, generation 일 代 중 代、年龄段
- 군대 영 military 일 軍隊 중 军队

또 하나, 서로를 이겨야 남을 수 있다는 것도 같다. 이들은 함께 살면서 가족이나 친구처럼 친하게 지내지만, 99명 중 아홉 명만 가수가 될 수 있다. 1등*을 한 사람은 그룹의 가운데에 서서 텔레비전에 가장 많이 나오게 된다. 모두가 원하는 자리이기 때문에 아홉 명 안에 들어가도 항상 긴장하고 노력해야 한다.

이들은 그룹에서 각각 맡은 역할*이 있다. 노래를 잘 부르는 사람은 노래를 더 많이 부르고, 춤을 잘 추는 사람은 춤을 더 많이 춘다. 한 명이 노래하는 동안 나머지 사람들은 춤을 더 출 수 있다. 이렇게 해서 노래는 물론이고, 화려한 춤까지 보일 수 있게 된다.

요즘 사람들은 가수가 노래뿐만 아니라 춤도 잘 추기를 원한다. 케이팝 가수들은 이 두 가지를 모두 잘하기 위해 어린 나이부터 오랜 시간을 힘들게 연습했다. 그리고 서로를 이기기 위해 항상 노력한다. 그렇게 해도 가수가 될 수 있는 사람은 매우 적다. 길고 힘든 연습 끝에 가수가 되어도 인기가 없으면 금방 사라진다*. 항상 인기를 생각해야 하니까 스트레스도 많이 받는다. 스타가 되고 싶은 사람은 많지만 될 수 있는 사람은 적으니까 어떻게 할 수 없는 것일까?

- 등 영 ranking 일 等 중 (列举)等
- 역할 영 role 일 役割 중 角色、任务
- 사라지다 영 disappear 일 消える 중 消失

"케이팝 그룹에서 가수는 리더(leader), 래퍼(rapper), 보컬(vocal), 댄서(dancer)처럼 맡은˚ 역할이 있어요. 그룹에서 나이가 가장 많은 남자를 말하는 '맏형˚', 나이가 가장 적은 '막내˚'같은 말은 한국어 그대로 외국의 케이팝 팬˚들도 써요. 나이에 따라 맡은 역할이 있다는 게 재미있네요."

"1990년대에 아이돌˚ 그룹이 많이 나왔어요. 그런데 춤을 추면서 노래하기 힘드니까 노래를 부르지 않는 경우˚가 많았어요. 녹음˚된 음악에 맞추어 입만 벌린다˚고 해서 '붕어˚ 가수'라는 말을 많이 들었어요. 그런데 이게 문제가 돼서 방송에서 모든 가수가 노래를 직접 부르게 됐어요. 그 덕분에 지금 케이팝 가수가 노래와 춤을 모두 잘하게 된 것일지도 모르겠네요."

"케이팝 가수는 20대가 가장 많아요. 나이가 들면 춤추면서 노래하는 것이 힘들기 때문이에요. 그래서 가수를 그만두면 무엇을 할지 걱정하는 팬도 있어요. 그런 팬에게 이렇게 말하는 사람도 있죠. '세상에서 가장 쓸데없는˚ 게 연예인 걱정이니까 내 걱정이나 하자.'"

- **맡다** 영 assume, take on 일 引き受ける 중 担任
- **맏형** 영 eldest brother 일 長兄 중 大哥、长兄
- **막내** 영 the youngest 일 末っ子 중 老小、老幺
- **팬** 영 fan 일 ファン 중 粉丝、崇拜者、(体育、文艺)迷
- **아이돌** 영 idol 일 アイドル 중 年轻偶像、爱豆
- **경우** 영 case 일 場合 중 情况
- **녹음** 영 recording 일 録音 중 录音
- **벌리다** 영 open 일 開ける 중 张开
- **붕어** 영 crucian carp 일 ふな(鮒)、金魚 중 鲫鱼
- **쓸데없다** 영 needless, useless 일 意味がない、余計だ 중 没有用、徒劳

39 케이팝(K-pop) 팬들은 왜 가수가 노래할 때 함께 부를까?

▶ 케이팝 가수의 콘서트에 가 본 적이 있어요?

▶ 케이팝 팬은 다른 팬과 어떻게 달라요?

2017년 한국의 아이돌[•] 방탄소년단(BTS)이 미국의 음악 방송에 처음 나왔을 때 텔레비전을 보던 미국 사람들은 놀랐다. 팬[•]들이 미리 연습이라도 한 것처럼 큰 소리로 응원[•]하고 있었기 때문이다. 그들은 가수의 이름을 차례로 부르고, 가수와 함께 또는 따로 노래를 불렀다. 방탄소년단의 팬 아미(A.R.M.Y.)는 무대[•] 밖의 가수였다.

    방탄소년단의 노래 〈아이돌(idol)〉의 무대를 본 한국 사람들도 놀랐다. 외국 팬들이 노래 중에 "얼쑤!", "좋다!", "지화자!" 같은 말을 했기 때문이다. 이것은 한국의 음악 판소리[•]에서 가수의 노래가 좋을 때 관객[•]이 하는 말이다. 대부분의 공연[•]에서 관객은 노래나 연주를 듣는 사람이다. 그러나 판소리의 관객은 가수와 함께 무대를 만든다.

    케이팝 팬들은 그들의 스타처럼 바쁘다. 공연 전부터 노래를 미리 외우고, 응원에 필요한 물건을 사거나 만든다. 그리고 공연이 시작되면 크고 정확한 소리로 노래를 하며 응원한다. 케이팝에서는 팬들도 가수와 함께 무대를 만든다. 판소리의 관객처럼 말이다.

    공연하는 동안 가수와 팬들은 사랑에 빠진 것처럼 보인다. 팬들은 자신의 사랑을 응원으로 보여 준다. 응원 방법은 대부분 정해져 있지

• 아이돌　영 idol　일 アイドル　중 年轻偶像、爱豆
• 팬　영 fan　일 ファン　중 粉丝、崇拜者、(体育、文艺)迷
• 응원　영 cheering　일 応援　중 支持、鼓励
• 무대　영 stage　일 ステージ　중 舞台
• 판소리　영 Pansori　일 パンソリ　중 板索里、盘索里
• 관객　영 audience　일 観客　중 观众
• 공연　영 performance, show　일 公演　중 公演、演出

만, 가수의 생일 같은 날에는 특별한 응원을 하기도 한다.

케이팝 팬들은 음악을 듣는 것에서 멈추지 않는다. 그들은 스타의 춤을 따라하거나° 음악을 들은 느낌을 찍어 인터넷에 올린다. 어떤 팬은 자신이 좋아하는 스타를 위해 노래를 만들어 인기를 크게 얻기도 한다. 이렇게 팬이 또 다른 스타가 되는 일이 케이팝에서는 일어난다.

케이팝 팬들은 스타를 사랑하는 것에서 멈추지 않는다. 이들은 자신의 사랑을 다른 사람과 나누고 싶어 한다. 방탄소년단의 팬 아미는 전 세계에서 다양한 활동°을 한다. 그들의 스타가 그러는 것처럼 미술관과 동물과 아이들을 위해 돈을 모으고, 약한 사람들을 위해 목소리를 낸다. 뜻이 같은 사람들이 모여 친구가 된다.

지금까지 가수와 팬의 관계는 노래하는 사람과 노래를 듣는 사람이었다. 그러나 케이팝에서 가수와 팬은 함께 노래하고, 듣고, 행동하는 관계이다. 노래를 부르는 사람과 듣는 사람이 함께 무대를 만들어 간다. 그리고 노래를 넘어 다양한 활동을 한다. 서로 나라가 달라도 음악으로 친구가 되고, 세상을 바꿀 수 있음을 케이팝 팬들은 보여 주고 있다.

● 따르다 영 follow 일 追う、從う 중 跟着
● 활동 영 activity 일 活動 중 活动

"한국의 음악 방송은 콘서트처럼 팬들이 있어요. 여러 가수의 팬이 모이기 때문에 서로 더 크게 응원하려고 노력해요. 그런데 가수에 따라 팬들의 색깔이 달라요. 1990년대* 아이돌인 에이치오티(H.O.T.)는 흰색, 젝스키스(SECHSKIES)는 노란색, 지오디(god)는 하늘색이었어요. 그런데 시간이 흘러 아이돌이 늘면서 색깔 이름이 점점 복잡해졌어요. 세븐틴(seventeen)은 '로즈쿼츠 세레니티', 엔시티(NCT)는 '펄 네오 샴페인', 아스트로(ASTRO)는 '비비드플럼 스페이스 바이올렛'이에요. 비슷해 보이지만 가수들은 무대에서 자기* 팬을 쉽게 찾는다고 하네요."

"팬들이 돈을 모아 스타에게 식사나 차를 대접*하기도 하죠. 트럭에 음식이나 차를 실어 가수나 배우가 일하는 곳에 보내면 스타가 다른 사람들과 함께 먹어요. 팬들은 이것을 '조공'이라고 불러요. 반대로 요즘엔 스타가 팬에게 선물을 주는 일도 많아요. 이건 '역조공'이라고 해요."

"콘서트에서 관객이 입을 모아 함께 노래 부르는 것을 '떼창'이라고 해요. 한국 사람들은 외국 가수의 콘서트에서도 '떼창'을 해요. 팬들은 콘서트 전부터 '떼창'을 연습하고, 콘서트 때 응원을 어떻게 할지 고민해요. 여기에 감동*해서 한국 콘서트를 특별하게 생각하는 외국 가수도 많아요. 한국 사람들은 콘서트에 노래를 들으러 가는 것이 아니라, 함께 즐기려고 가는 것 같아요. 그런데 가수의 노래를 들으러 콘서트에 갔다가 옆 사람의 노래만 듣고 왔다는 사람도 있어요. 하하!"

- 년대 영 years 일 年代 중 年代
- 자기 영 oneself 일 自分 중 自己
- 대접 영 treat 일 もてなし 중 招待、款待
- 감동 영 be moved, be impressed 일 感動 중 感动

▶ 한국 드라마를 보면서 여러분의 나라와 비슷하다고 생각한 적이 있어요?

▶ 여러분 나라와 한국은 무엇이 비슷하고 무엇이 달라요?

요즘에는 전 세계 어디에 가도 한국 드라마를 좋아하는 사람을 쉽게 만날 수 있다. 드라마 〈오징어 게임〉은 세계적*인 한 인터넷 서비스에서 가장 많이 본 드라마가 되었다. 한국 사람은 기쁘면서도 궁금하다. 왜 외국인들이 한국 드라마를 좋아할까? 한국 드라마를 좋아하는 사람 역시 궁금하다. 왜 나는 한국 드라마를 좋아할까?

한국 드라마에서는 남녀, 가족, 이웃 같은 사람 사이의 관계를 중요하게 생각한다. 그리고 그 속에서 느끼는 기쁨과 슬픔, 사랑 같은 감정*을 자세히 그린다. 아마 한국 사람이 오랫동안 좁은 땅에서 가족과 친척, 이웃과 가깝게 지내 왔기 때문일 것이다.

한국 사람들은 전쟁*이 지나면서 가족의 소중함을 더욱 느끼게 되었다. 어려울 때 가족과 서로 도우며 희망을 느끼고, 다시 살아갈 힘을 얻었다. 세계 어느 나라 사람이든지 이런 감정을 느끼기 때문에 한국 드라마에 빠질 수 있었던 것 같다.

1990년대* 말 중국에서는 〈목욕탕집 남자들〉 같은 한국 드라마가 인기였다. 중국 사람들은 드라마 속의 가족을 보고 따뜻함을 느꼈다. 2000년대 초 일본에서는 한국 드라마 〈겨울연가〉의 인기가 뜨거웠다. 서로를 먼저 생각하는 남녀의 아름다운 사랑이 이들의 마음을 움직였다. 드라마 〈대장금〉은 세계 99개 나라에서 방송되었다. 사람들

- 세계적 영 being worldwide 일 世界的 중 世界性、全球性
- 감정 영 emotion 일 感情 중 感情
- 전쟁 영 war 일 戦争 중 战争
- 년대 영 years 일 年代 중 年代

은 친구와 이웃을 소중하게 생각하는 장금을 보고 감동˚했다.

한국 드라마에는 다양한 사람이 그려진다. 전쟁이 끝난 후 한국 사람들은 성공을 위해 적게 자고, 많이 일했다. 모두가 성공을 위해 앞으로 달리고 있었기 때문에 뒤를 보지 못했다. 성공한 사람들의 뒤에는 아침부터 밤까지 일해도 살기 힘든 사람들이 있었다.

성공을 위해 열심히 노력하는 사람, 아무리 노력해도 힘들게 사는 사람- 세계 어디에든지 이런 사람들은 있다. 많은 나라의 사람들이 자신의 이야기와 비슷하다고 생각했기 때문에 한국 드라마가 세계에서 인기를 얻을 수 있었다.

한국 사회˚가 변한 것처럼 한국 드라마도 변하고 있다. 20년 전까지만 해도 여자가 부자 남자와 사랑하는 이야기가 많았다. 아마 부자가 되는 것이 최고의 성공이라고 생각하는 사람들이 많았기 때문일 것이다. 하지만 요즘 드라마에서는 주위에서 쉽게 볼 수 있는 사람들의 작은 행복을 더 많이 이야기하고 있다.

이제 한국 사람은 자신이 생각하는 행복이 무엇인지를 찾고 있다. 꼭 성공하지 않아도 자신이 원하는 일을 하면서 살고 싶어 한다. 한국 드라마를 사랑하는 세계의 사람들은 지금 어떻게 살고 있을까? 또 앞으로 어떻게 살고 싶을까? 한국 드라마도 그렇게 변해 갈 것이다.

• 감동 영 be moved, be impressed 일 感動 중 感动
• 사회 영 society 일 社会 중 社会

"한국 드라마에는 남녀의 사랑 이야기에도 가족이 꼭 나와요. 가수들도 팬˚을 '가족' 이라고 부르는 사람이 많아요. 그러고 보니 케이팝으로 유명한 어떤 회사의 이름에도 '가족(family)'이 들어가네요."

"요즘 한국에는 일로 성공하기보다 좋아하는 일을 하면서 살고 싶다는 사람이 늘고 있어요. 한 조사˚에서 19~23살의 젊은 사람 100명 중 성공이 가장 중요하다고 생각 하는 사람은 한 명밖에 없었다고 해요. 그래서 성공을 가장 중요하게 생각하고 산 세 대˚는 젊은 사람을 이해하기 어렵다고 하기도 해요."

"드라마 〈눈이 부시게〉의 배우 김혜자 씨가 큰 상을 받았어요. 김혜자 씨가 드라마에 나온 대사˚를 읽었는데 감동해서 우는 사람도 있었어요. 바로 저예요."

후회만 가득한˚ 과거와 불안하기만 한 미래 때문에 지금을 망치지˚ 마세요. 오늘을 살아가세요˚, 눈이 부시게˚. 당신˚은 그럴 자격˚이 있습니다.

―드라마 〈눈이 부시게〉 중에서

- 팬 영 fan 일 ファン 중 粉丝、崇拜者、(体育、文艺)迷
- 조사 영 survey 일 調査 중 调查
- 세대 영 generation 일 世代 중 代、世代
- 대사 영 line 일 セリフ 중 台词
- 가득하다 영 full 일 一杯だ 중 充满
- 망치다 영 ruin, spoil 일 台無しにする 중 掉、葬送
- 살아가다 영 make a living 일 生きる 중 活、活下去
- 부시다 영 dazzling 일 眩しい 중 耀(眼)
- 당신 영 you 일 貴方 중 你(尊称)
- 자격 영 qualification 일 資格 중 资格

책, 논문, 보고서, 기사

○「」표시는 책 · 논문 · 보고서 제목, ""표시는 인터넷 사이트의 기사 제목

- 한국경제(2022), "당연히 한국일 줄 알았는데… 라면 소비량 1위 나라는 어디?", 4과
- 박정현 · 이해정(2017), 「최근 10년간 한국인의 지역별 · 소득수준별 김치섭취 변화: 2005년, 2015년 국민건강영양조사 자료 이용」, 대한지역사회영양회지, 5과
- 김혜숙 · 김유진 · 임예니 · 권오란(2018), 「한국 성인 남녀의 커피 섭취와 건강관련 삶의 질 및 대사증후군과의 관련성」, Journal of Nutrition and Health, 51(6), 10과
- 김창환, 오병돈(2019), 「경력단절 이전 여성은 차별받지 않는가?: 대졸 20대 청년층의 졸업 직후 성별 소득격차 분석」, 한국사회학 vol.53. no.1. 한국사회학회, 12과
- 아시아경제(2011), "'차도남'은 환상일 뿐, 연애는 '따도남'이 좋아", 13과
- 경향신문(2008), 대학생 "첫키스까지 1주일…성 관계는 한달", 16과
- 통계청(2019), "국제결혼 현황", 17과
- 경향신문(2010), "다문화가족 소득 적어도 삶 만족도 높다", 17과
- 영화진흥위원회(2019), 「2018년 한국 영화산업 결산 보고서」, 20과
- 연합뉴스(2019), "한국 토익성적 평균 676점… 전 세계 17위 · 아시아 2위", 27과
- 연합뉴스(2019), "한국 모바일 인터넷 속도 세계 1위로 '껑충' …'5G 효과'", 30과
- 통계청(2019), 「2018 한국의 사회지표」, 32과
- 서울신문(2013), "[노주석 선임기자의 서울택리지] (19) 강남(상)", 33과
- 여성가족부(2021), "2021 통계로 보는 여성의 삶", 35과
- 한겨레신문(2019), "청년 100명 중 '성공이 중요' 단 1명 밖에 없었다.", 40과

드라마, 방송 프로그램, 영화, 노래

○ 한글(ㄱ, ㄴ, ㄷ) / 숫자 / 알파벳 순서

- 〈강남 스타일 영 Gangnam style〉 (PSY, 2012), 33과
- 〈갯마을 차차차 영 Hometown Cha-Cha-Cha 일 海街チャチャチャ 중 海岸村恰恰恰〉 (tvN, 2021), 22과, 24과, 25과
- 〈걸스플래닛999 영 Girls Planet999 일 ガールスプラネット999：少女祭典〉 (Mnet, 2022), 38과
- 〈검색어를 입력하세요. WWW 영 Search WWW 일 恋愛ワードを入力してください～SearchWWW～ 중 输入检索语.www〉 (tvN, 2019), 6과
- 〈겨울연가 영 Winter Sonata 일 冬のソナタ 중 冬日恋歌〉 (KBS2, 2002), 40과
- 〈교실 이데아〉 (서태지와 아이들, 1994), 34과
- 〈국제시장 영 Ode to My Father 일 国際市場で逢いましょう 중 国际市场〉 (윤제균, 2013), 27과
- 〈기생충 영 Parasite 일 パラサイト 半地下の家族 중 寄生虫〉 (봉준호, 2019), 4과, 36과
- 〈김비서가 왜 그럴까 영 What's Wrong with Secretary Kim 일 キム秘書はいったい、なぜ 중 金秘书为何那样〉 (tvN, 2018), 4과, 16과
- 〈여명의 눈동자 영 Years of Upheava 일 黎明の瞳 중 黎明的眼睛〉 (MBC, 1991), 16과
- 〈나의 아저씨 영 My mister 일 マイ・ディア・ミスター～私のおじさん～ 중 我的大叔〉 (tvN, 2018), 2과
- 〈내 이름은 김삼순 영 My Lovely Sam-Soon 일 私の名前はキム・サムスン 중 我叫金三顺〉 (MBC, 2005), 7과, 22과
- 〈눈이 부시게 영 Dazzling 일 まぶしくて一私たちの輝く時間― 중 耀眼〉 (JTBC, 2019), 9과, 40과
- 〈대장금 영 Jewel in the Palace 일 宮廷女官チャングムの誓い 중 大长今〉 (MBC, 2003), 40과
- 〈동백꽃 필 무렵 영 When The Camellia Blooms 일 椿の花咲く頃 중 山茶花开时〉 (KBS, 2019), 13과

- 〈동상이몽2–너는 내 운명 영 Same dream 2 - You're my destiny 일 君は私の運命 중 同床异梦 2-你是我的命运〉 (SBS, 2017), 17과
- 〈로맨스는 별책부록 영 Romance is a bonus book 일 ロマンスは別冊付録 중 罗曼史是别册附录〉 (tvN, 2019), 14과
- 〈리그 오브 레전드 챔피언스 코리아 영 League of Legend World Champions Korea 일 リーグ·オブ·レジェンド·ワールド·チャンピオンズ·コリア 중 英雄联盟韩国冠军联赛〉 (LCK유한회사), 18과
- 〈마 시티 영 Ma city〉 (BTS, 2015), 31과
- 〈모두 다 김치 영 Everybody Say Kimchi 일 みんなキムチ 중 全都是辛奇〉 (MBC, 2014), 5과
- 〈목욕탕 집 남자들 영 Men of the Bath House 일 風呂場の男達 중 澡堂老板家的男人们〉 (KBS2, 1995), 40과
- 〈미생 영 Misaeng 일 ミセン -未生- 중 未生〉 (tvN, 2014), 10과
- 〈미스터 션샤인 영 Mr.Sunshine 일 ミスター・サンシャイン 중 阳光先生〉 (tvN, 2018), 26과
- 〈뱁새〉 (BTS, 2015), 34과
- 〈변호인 영 The Attorney 일 弁護人 중 辩护人〉 (양우석, 2013), 31과
- 〈별에서 온 그대 영 My Love From the Star 일 星から来たあなた 중 来自星星的你〉 (SBS, 2013), 8과, 15과
- 〈봄날은 간다 영 One Fine Spring Day 일 春の日は過ぎゆく 중 春逝〉 (허진호, 2001), 4과
- 〈부산행 영 Train to Busan 일 新感染 ファイナル・エクスプレス 중 釜山行〉 (연상호, 2016), 30과
- 〈사내맞선 영 A business proposal 일 社内お見合い 중 社内相亲〉 (SBS, 2022), 12과
- 〈사랑의 불시착 영 Crash Landing on You 일 愛の不時着 중 爱的迫降〉 (tvN, 2019), 28과
- 〈서른, 아홉 영 Thirty-nine 일 39歳 중 三十九〉 (JTBC, 2020), 11과, 21과
- 〈시크릿 가든 영 Secret Garden 일 シークレット・ガーデン 중 秘密花园〉 (SBS, 2010), 13과
- 〈쓸쓸하고 찬란하神 – 도깨비 영 Guardian: The Lonely and Great God 일 トッケビ-君がくれた愛しい日々- 중 孤单又灿烂的神-鬼怪〉 (tvN, 2016), 6과
- 〈어서 와, 한국은 처음이지? 영 Welcome first time in Korea 일 ようこそ、韓国は初めてだよね? 중 快来，第一次来韩国吧？〉 (MBC every1, 2017~), 1과
- 〈오징어 게임 영 Squid game 일 イカゲーム 중 鱿鱼游戏〉 (Netflix, 2021), 40과
- 〈유미의 세포들2 영 Yumi's Cells2 일 ユミの細胞たち2 중 柔美的细胞小将2〉 (TVING, 2022), 23과
- 〈윤스테이 영 Youn's stay 일 ユンステイ 중 尹STAY〉 (tvN, 2021), 3과
- 〈쩔어 영 DOPE〉 (BTS, 2015), 34과
- 〈킹덤 영 Kingdom 일 キングダム 중 王国〉 (Netflix, 2019), 26과
- 〈태극기 휘날리며 영 TaeGukGi: Brotherhood Of War 일 ブラザーフッド 중 太极旗飘扬〉 (강제규, 2004), 28과
- 〈태양의 후예 영 Descendants of The Sun 일 太陽の末裔 중 太阳的后裔〉 (KBS, 2016), 29과
- 〈택시 운전사 영 A Taxi Drive 일 タクシー運転手 ~約束は海を越えて~ 중 出租车司机〉 (장훈, 2017), 31과
- 〈1987 영 1987, When the Day Comes 일 1987、ある闘いの真実 중 1987, 黎明到来的那一天〉 (장준환, 2017), 31과
- 〈2017 Asia Artist Awards〉 (seventeen, AAA조직위원회, 2021), 37과
- 〈82년생 김지영 영 Kim Ji Young born 1982 일 82年生まれ、キム・ジヨン 중 82年生的金智英〉 (김도영, 2019), 35과
- 〈IDOL〉 (BTS, Melon Music Awards, 2019), 39과
- 〈N.O〉 (BTS, 2013), 34과
- 〈SKY 캐슬 영 SKY Castle 일 SKYキャッスル -上流階級の妻たち- 중 天空之城〉 (JTBC, 2018), 4과, 32과
- 〈TT〉 (TWICE, 2016), 19과

한류로 읽는

한국 문화

초판발행	2023년 1월 16일
초판 2쇄	2023년 5월 26일
저자	최정아
편집	김아영, 권이준, 양승주
펴낸이	엄태상
디자인	공소라
조판	이서영
콘텐츠 제작	김선웅, 장형진, 조현준
마케팅본부	이승욱, 왕성석, 노원준, 조성민, 이선민
경영기획	조성근, 최성훈, 정다운, 김다미, 최수진, 오희연
물류	정종진, 윤덕현, 신승진, 구윤주
펴낸곳	한글파크
주소	서울시 종로구 자하문로 300 시사빌딩
주문 및 문의	1588-1582
팩스	0502-989-9592
홈페이지	http://www.sisabooks.com
이메일	book_korean@sisadream.com
등록일자	2000년 8월 17일
등록번호	제300-2014-90호

ISBN 979-11-6734-034-4 (13710)